I Duchi di Leuchtenberg, una Famiglia Europea

Prologo

La storia europea a cavallo della rivoluzione francese e la caduta dell'impero austro-ungarico è stata ampiamente analizzata e descritta, assieme ai suoi principali attori. Tuttavia, spesso mancano nella storiografia ufficiale quelle informazioni, spesso riservate, nella descrizione di rapporti personali, di luoghi, date ed eventi, che compaiono solamente negli scritti privati di singoli individui. Così, se si va a spulciare negli archivi, specialmente quelli privati, delle famiglie che furono protagoniste in quelle epoche, si possono trovare informazioni preziosissime, capaci di chiarire gli eventi storici e la loro evoluzione. In quell'epoca, vi era l'abitudine, purtroppo ormai scomparsa, di donare alle fanciulle   un libricino, dove confidare non solo i primi palpiti del cuore, ma anche gli eventi che si svolgevano attorno a loro. Così, pervenuti alla scoperta dei diari della Duchessa Augusta di Leuchtenberg e di sua figlia Teodolinda, si è rimasti sorpresi nello scoprire il ruolo, assai importante ma pressoché sconosciuto nella storiografia ufficiale, che questa famiglia ha avuto negli eventi principali di quell'epoca. Questa è stata anche la molla che ha indotto a ricercare informazioni anche negli scritti di personaggi che entrarono a far parte o ruotarono attorno a questa famiglia, allo scopo di completare e chiarire gli eventi descritti. Molte delle notizie sono tratte dalla libera traduzione del libro "Die Herzen der Leuchtenberg, del Principe Adalberto di Baviera

Napoleone Bonaparte, giovane generale durante la rivoluzione francese, era un giovane di ventisette anni. Aveva alle spalle una brillante carriera militare che aveva riscattato le sue umili origini di esule corso. Accogliendo l'invito di alcuni gaudenti commilitoni, iniziò a frequentare un salotto molto alla voga in quel periodo a Parigi, tenuto dalla viscontessa Giuseppina de Tascer de la Pagèrie, vedova del Visconte Alessandro di Behauarnais, ghigliottinato durante il Terrore. Fu quasi amore a prima vista. Egli s'innamorò perdutamente della bella padrona di casa e nel volgere di alcuni mesi volle sposarla. Lei aveva due figli, Eugenio, di venticinque anni e Ortensia di ventitré. L'adozione dei figli di Giuseppina fu quasi un fatto automatico.

La brillante carriera militare di Napoleone, associata a una sconfinata ambizione, lo portò a divenire primo Console della repubblica francese nel 1799, e rapidamente, nel 1804, ad autonominarsi Imperatore dei Francesi con il nome di Napoleone I. Forte delle sue conquiste, che lo avevano portato a dominare su molti territori europei, a reggere i quali aveva posto i fratelli e alcuni suoi fedeli generali, scelse, per Ortensia, il regno d'Olanda, affidato al fratello Luigi. Quanto a Eugenio, apprezzandone le doti di valore militare e di assoluta fedeltà (il suo motto fu Honneur et fidelité), volle nominarlo suo aiutante di campo, portandolo con sé sui teatri di battaglia in Egitto. Divenuto anche Re d'Italia, nel 1805 lo pose a governare questa regione nominandolo viceré d'Italia con sede a Milano e Venezia. Allo scopo di procurarsi alleati in Europa, dove aveva sistemato anche il Generale Bernadotte come re di Svezia e Norvegia, decise, nella politica di alleanze necessaria a fronteggiare gli Imperi Centrali di Germania e d'Austria di combinare il matrimonio di Eugenio con la figlia del re di Baviera Massimiliano Giuseppe I, Augusta Amalia.

Eugenio e Augusta si stabilirono quindi in Italia, con sede a Milano e Venezia. Come appannaggio, furono loro concessi ampi territori nella Marca di Ancona, tolti allo Stato della Chiesa. Le cronache del tempo ricordano i fastosi festeggiamenti che accompagnarono questa brillante, e bella, coppia nel loro viaggio dalla Baviera, attraverso Venezia e nella loro meta finale Milano. Stabilirono poi la loro residenza in una fastosa villa nei dintorni di Monza.   Uomo di provata fedeltà e spiccato senso pratico, Eugenio fondò nel 1808 la Borsa Valori di Milano. Durante il periodo italiano misero al mondo quattro figli, tre femmine e un maschio, cresciuti nei fasti della Corte milanese. Nel 1810 si consumò il divorzio fra Napoleone e Giuseppina, motivato dal fatto che lei non era in grado di dargli il desiderato erede. Giuseppina si ritirò nel suo castello della Malmaison ma Eugenio, pur provato dal dolore di questo distacco, rimase fedele al suo Imperatore.

La gloria di Eugenio e Augusta doveva avere tuttavia breve durata, poiché già nel 1812 Eugenio dovette partire come comandante delle truppe italiane francesi e bavaresi per prendere parte alla disgraziata campagna di Russia, dalla quale ritornò fra grandi stenti e privazioni alla testa dei resti della Grande Armata, ridotta a poche migliaia di soldati che si trascinarono per migliaia di chilometri nelle gelate steppe russe, inesorabilmente inseguiti dai cosacchi. Giunse in patria provato nel fisico e nell'animo. Nel frattempo, Napoleone si era unito in matrimonio con la figlia Maria Luigia dell'antico avversario l'imperatore d'Austria, nominando il figlio da lei avuto, re di Roma, ciò che causò a Eugenio la perdita del suo stato di Viceré d'Italia. Tuttavia egli continuò a essere fedele a Napoleone, sostenendolo durante il suo esilio nell'isola d'Elba e, in seguito durante la campagna dei cento giorni, sfidando con ciò l'ostilità dei molti generali e cortigiani che avevano sollecitamente approfittato della caduta del loro sovrano.

Dopo la definitiva caduta di Napoleone in seguito alla bruciante sconfitta di Waterloo, il suo confino nell'isola di sant'Elena e la perdita del Lombardo Veneto in favore dell'impero austriaco, Eugenio con la moglie e i figli (era nel frattempo nata la sua quinta figlia, chiamata Teodolinda in memoria della regina dei Longobardi proveniente dalla Baviera), riparò a Monaco, sotto la protezione del reale suocero Massimiliano Giuseppe I, il quale, dopo la nascita del loro figlio più piccolo, chiamato in suo onore Massimiliano, conferì al genero la nomina a duca di Leuchtenberg, con il titolo di Altezza Reale e in seguito Principe di Eichstaett.

Eugenio era uno degli uomini più ricchi in Baviera (il Congresso di Vienna gli aveva permesso, con l'aiuto dello zar Alessandro I di Russia, al quale era legato da profonda amicizia, di mantenere i possedimenti nella marca di Ancona, appannaggio del suo stato di Viceré d'Italia) e molto generoso nelle donazioni. I suoi pranzi, balli, rappresentazioni teatrali, corse di slitte, erano fra i più belli a Monaco, dove si fece costruire un sontuoso palazzo, in piazza Odeon, consistente in una fuga di sale di ricevimento, una galleria di quadri, teatro, grandi sale da ballo e da pranzo, ricco di fregi, statue, e mobili francesi, molti dei quali provenienti dalla Malmaison, ereditata dalla madre Giuseppina, tutto portato da Parigi secondo il gusto neoclassico dell'epoca. Attorno alla sala da pranzo correva come fregio un calco del corteo di Alessandro Magno, realizzato dallo scultore Thorwaldsen. Nella galleria si trovavano, secondo una lettera della regina Carolina, matrigna di Augusta, a sua sorella d'Assia, le tre grazie che l'imperatrice Giuseppina aveva commissionato al Canova e che suo figlio aveva fatto completare. Nel teatro entrava la Famiglia con le dame, i gentiluomini di Corte e i Signori della società di Monaco. Eugenio faceva cantare i suoi carmi francesi e Augusta teneva corte come una volta a Milano e a Monza. Con la sua grandiosa beneficenza e liberalità si rese molto benvoluto anche dal popolo.

Il principe ereditario Luigi, fratello di Augusta, dapprima a lui ostile per essere francese e legato al deposto Imperatore dei francesi, aveva sepolto il suo risentimento dopo averlo scoperto un caloroso sostenitore della Costituzione e delle Camere.

Tuttavia questo idilliaco ménage non poteva durare a lungo. Nel 1822, la figlia maggiore Giuseppina si fidanzò con il principe ereditario di Svezia, Oscar, figlio di Bernadotte e della regina Désirée. Questi era bello e simpatico e il fatto che fosse di religione evangelica dovette essere accettato, dato che alla Corte di Monaco si era di stretta osservanza cattolica. Provato dagli stenti della campagna di Russia, durante la quale aveva condiviso le fatiche, i rischi e gli stenti della truppa a lui affidata, Eugenio ebbe un colpo apoplettico, dal quale si ristabilì in tempo per assistere al matrimonio della figlia; ma la malattia si ripresentò pochi mesi dopo portandolo alla tomba a fine gennaio 1824 all'età di appena quarantatré anni. Il suo corpo fu deposto, accanto alla tomba della figlioletta Carolina, nella cripta della chiesa di San Michele. Era uso, presso le famiglie regnanti, imbalsamare il corpo e conservare il cuore in una teca d'argento. Questo fu murato in una parete della Cappella nel palazzo Leuchtenberg.

Eugenio lasciò un gran vuoto nel palazzo di monaco ma Augusta seppe tenere con mano ferma le redini della famiglia, sia per quanto riguardava la gestione dell'ingente patrimonio, che per l'educazione dei figli. Dopo il matrimonio di Giuseppina, le restavano altri cinque figli (una sesta, Carolina, era deceduta a pochi mesi di età): Eugenia, di sedici anni, Augusto di tredici, Amalia di dodici, Teodolinda di dieci ed il piccolo Max di sette. Le ragazze erano seguite dalla signorina Maucomble, detta Fanny e il piccolo Max dal tenente Schuh. Factotum della famiglia era il conte Mejan che era stato aiutante e consigliere di Eugenio, chiamato familiarmente papà Meian. Dei beni in Italia si occupava il conte Ré.

Augusto, il figlio maggiore e successore di Eugenio, ereditò Eichstaett, il palazzo Leuchtenberg, la casa di campagna a Ismaning e la metà del patrimonio; l'altra metà fu di spettanza delle figlie non ancora sposate e del piccolo Max. La gestione del patrimonio restò comunque saldamente nelle mani della Madre, tutrice unica e assoluta.

In maggio, si presentò a Ismaning il Principe ereditario di Hoenzollern Heckingen, Federico Guglielmo Costantino, in famiglia chiamato solamente con l'ultimo nome, per chiedere alla Madre la mano della figlia Eugenia. Era tipico per la Duchessa annunciare il matrimonio della figlia a tutti i sovrani, quindi anche all'attuale re di Francia, Carlo X.

Il 1825 portò ad Augusta, mentre soggiornava a Eichstaett, un nuovo doloroso distacco: la morte di suo padre Massimiliano. Sentiamolo dalle sue parole: " La sera ero con i miei figli e le dame nel salone. Le mie figlie suonavano e tutti si mostravano molto contenti. Per non turbare questa felicità non lasciavo sin dalla morte di mio marito. Poiché sedevo con la schiena rivolta alla porta, non notai che la mia molto quando lei mi si parò davanti pallida e tremante. Io credevo che si sentisse male e le chiesi che cosa avesse, se avesse avuto un malore. No, lei disse, Vostro Padre, il re, è malato". Augusta voleva

partire subito per Monaco, ma fu trattenuta, facendole capire che:
"…mio padre sin dalla notte fra il 12 e il 13 non era più in vita; che
lo si era trovato morto nel letto. Io ero fuori di me e nessuna lacrima
leniva il mio cuore tormentato da mille dolori". Giunta di primo
mattino alla residenza estiva della famiglia reale a Nymphenburg,
ricevette dalla matrigna Carolina la descrizione della morte del
padre: Egli, ancora la sera del 12 aveva giocato a carte al ballo
dell'ambasciatore russo Woronzoff ed era tornato alle dieci a
Nymphenburg. All'arrivo, aveva detto al postiglione:" Non è vero?
Sono bravo a tornare a casa così presto". Quindi era andato come di
consueto a letto. Quando il cameriere, come il solito alle sei,
portando un bicchiere di acqua zuccherata lo volle svegliare, non
ricevette risposta; si avvicinò e vide i tratti della morte sul suo volto.

A causa del lutto, fu spostato il matrimonio di Eugenia. La morte
dello zar Alessandro di Russia fu un altro colpo al cuore di Augusta.
Con lui perdevano un grande protettore della Famiglia e il più fedele
amico di Augusto. Augusta, per il tramite dell'ambasciatore
Woronzoff si mise immediatamente in contatto con il nuovo zar
Nicola I, affinché egli, come già aveva fatto il fratello, prendesse a
cuore gli interessi dei Leuchtenberg.

A stemperare il dolore, giunse la notizia, da Stoccolma, della nascita
del successore al trono, Carlo Duca di Schonen, figlio di Giuseppina.
Augusta si lamentò con il Re di Svezia poiché la cerimonia della
prima uscita della puerpera si era svolta in una chiesa evangelica.
Veramente, nel contratto nuziale si era stabilito che Giuseppina
dovesse partecipare alle cerimonie della Chiesa evangelica
solamente nelle grandi occasioni ufficiali, mentre la prima uscita
dopo il parto era un affare strettamente privato della famiglia. La
regina Giuseppina aveva mantenuto con grosse difficoltà la propria

Fede Cattolica e specialmente proteggeva i pochi cattolici in Svezia. Aveva, nel castello, la sua cappella cattolica privata e il suo cappellano personale per l'assistenza religiosa.

Il 22 maggio a Eichstaett vi fu il matrimonio di Eugenia con Costantino di Hohenzollern Hechingen. I festeggiamenti si aprirono con un'udienza per gli impiegati e ufficiali del nuovo battaglione dei Cacciatori che aveva preso guarnigione il primo maggio. Il 20 maggio ci furono le prove per il ricevimento e le contro danze. Il fidanzato si presentò correttamente alla vigilia delle nozze. Il matrimonio era previsto verso sera nella cappella di casa, dove ci si recò in gran gala, mentre un occhio di sole faceva capolino fra le nuvole. Il vescovo tenne un lungo sermone. Nei giorni successivi la giovane coppia dovette partecipare a una lunga serie di balli, cene e rappresentazioni teatrali, dopo di che giunsero a Echingen, residenza di Costantino, dove la nuova Principessa ereditaria fu a lungo acclamata dalla popolazione. Purtroppo, da questo matrimonio non nacquero figli ed Eugenia dovette riempire la sua vita non molto divertente con la carità e la devozione, mentre Costantino si dedicava specialmente alla musica.

A fine giugno del 1827 giunse a Ismaning la notizia della felice nascita di un secondo principe svedese. La regina Dèsirèe scrisse in francese e il re Carlo Giovanni (Bernadotte) in tedesco, che questo bambino era venuto al mondo il giorno 18, undici minuti dopo mezzogiorno, nel castello di Haga, un sano principe di bell'aspetto per il quale saranno scelti, nel santo battesimo, i nomi di Francesco Gustavo Oscar, e al quale sarà conferito il titolo di Duca di Upland.

Ai primi dell'anno 1829, Augusta ricevette dalla sorella Carlotta, moglie di Francesco I d'Austria, la proposta di candidare sua figlia

Amalia con il genero dell'imperatore, Dom Pedro I del Brasile.
Questi aveva sposato la figlia di Francesco I d'Austria, Leopoldina
ed era rimasto vedovo da alcuni mesi. Augusta, pur solleticata nella
propria ambizione, aveva molte perplessità. Amalia, diciassettenne,
non era ancora del tutto sviluppata. Inoltre si diceva che Leopoldina
fosse morta di dolore a causa del cattivo comportamento del marito.
Prendersi cura di cinque figliastri non sarebbe stata poca cosa per
una ragazza così giovane. Dom Pedro aveva anche avuto due figlie
legittimate dalla sua amante ufficiale, la più grande elevata al rango
di Duchessa di Goyaz, e aveva interrotto questo scandaloso legame
solo sei mesi dopo la morte della moglie. D'altra parte, Dom Pedro
era un padre affettuoso, pieno di cura e anche molto bello, forte e
sano, agile in tutti gli esercizi ginnici, amante della caccia e dei
cavalli, buon musico e compositore. Il suo appannaggio ammontava
a sette milioni di franchi, a parte le imponenti entrate private, ma
poiché era anche parsimonioso, il suo patrimonio aumentava di anno
in anno. L'Imperatore Francesco I sarebbe stato felice di affidare i
suoi nipotini alla figlia di sua cognata. Insomma, praticamente tutto
giocava in favore di questo matrimonio e Augusta capitolò. Fu
inviato a Dom Pedro un ritratto di Amelia ed egli ne rimase
entusiasta. Non rimaneva che celebrare le nozze per procura e poi
affrontare il lungo e periglioso viaggio sino in Brasile. Amelia però
rinunciò a una costosa cerimonia devolvendo in beneficenza
all'orfanotrofio la somma prevista e che le era stata portata a questo
scopo dal commissario straordinario del Brasile, marchese
Barbacena. Il fratello Augusto fu incaricato dalla madre di
accompagnarla, anche allo scopo di ottenere dal futuro cognato il
conferimento di uno dei predicati del padre, vale a dire il titolo di
Altezza Reale o Imperiale, che il fratello di sua madre, divenuto re
Luigi I di Baviera, si ostinava a negare a sua sorella. I 2 agosto si

svolse, con una semplice cerimonia privata, il matrimonio per procura. Il nunzio apostolico Carlo Mercy d'Argenteau condusse la sposa all'altare e lo zio Carlo fece le veci dello sposo. A parte la Famiglia Leuchtenberg con tutta la Corte vi erano, con il loro seguito, accanto alla regina vedova Carolina, i coniugi duca Max in Baviera, marito di un'altra sorella di Augusta, Ludovica, il maggiordomo maggiore bavarese conte Rechberg e il ministro degli esteri conte Almasperg come testimoni; dal Brasile, il marchese Barbacena, l'ambasciatore a Parigi marchese Rezende, il comandante de Vena Magalhaes, il segretario della legazione d'Oliveira. A tavola vi erano quaranta coperti.

La madre si accomiatò dai due figli prodiga di consigli e raccomandazioni. Una colonna di otto carrozze si diresse, attraverso Stoccarda e Colonia, in direzione di Ostenda. Solo la prima carrozza con Amelia e Fanny era con tiro a sei; tutte le altre con tiro a quattro. Barbacena con i suoi connazionali li precedette a Londra, dove Maria da Gloria, figlia di Dom Pedro e da poco nominata regina del Portogallo, si trovava alla Corte d'Inghilterra in attesa di affrontare con loro il viaggio di ritorno in Brasile. Nonostante la giovane Imperatrice viaggiasse in incognito come duchessa di Santa Cruz, in tutte le tappe riceveva festose accoglienze. A Ulm trovò a salutarla la zia Ortensia con il figlio più giovane, il futuro Napoleone terzo.

Il 23 agosto giunsero a Ostenda con un tempo orrendo e dovettero aspettare due giorni. Affrontarono comunque la traversata da Ostenda a Portsmouth con una violenta tempesta, su una nave a vapore affittata da Barbacena, che durò ventisei ore invece delle diciotto previste. Il 27, a Portsmouth incontrarono la giovane regina del Portogallo, che si era affrettata a salire a bordo della fregata brasiliana "l'Imperatrice", per conoscere la sua matrigna. Due giorni dopo presero il mare con meta Rio de Janeiro. A bordo si stabilì una rigida etichetta, insolita sulle navi brasiliane. Le due Maestà del Brasile e del Portogallo con Augusto dovevano mangiare da soli. La guardia sul ponte si schierava davanti all'Ammiraglio, al Capitano e agli alti comandanti, in armi, sia per la ritirata di sera alle otto che per l'alzabandiera alle otto del mattino e a mezzogiorno per le preghiere. Alla ritirata si ammainava la bandiera e le due sentinelle a prua e a poppa della nave sparavano un colpo di fucile. In queste occasioni la banda suonava inni composti dall'Imperatore, adottati tutti insieme come marcia da parata. La piccola squadra era composta dalle fregate "L'Imperatrice" e "Isabella" e da una veloce corvetta.

Per tutta la settimana solamente cielo e mare. Augusto si dedicò ai segreti della navigazione, mentre la piccola Regina impartiva lezioni di portoghese. Il 2 ottobre passarono l'equatore con un tempo splendido. Finalmente il 15 ottobre si vide all'orizzonte la baia di Granabara. Augusto, sin dall'ingresso, fu soggiogato dalla città di Rio. Scrisse alla madre: " *Ci si deve immaginare, dopo che per due mesi si è visto solamente cielo e mare, improvvisamente avere davanti agli occhi una catena di montagne e una foresta di alberi, che appena corono le case che vi stanno dietro e, quando si arriva più vicini, le bandiere di tutte le nazioni che hanno relazioni commerciali. Tutta la regione è abitata da una folla immensa di uccelli sconosciuti agli europei, e un'innumerevole quantità di canoe, piroghe, scialuppe, che girano nel porto da una nave all'altra. Il primo pezzo di terra che si vede all'arrivo nella capitale brasiliana è il Capo Frio. Di lì, con vento favorevole, non ci si mette un giorno per giungere alla barra del porto di Rio, dove si può entrare solamente dopo una visita. Il vento di mare si alza regolarmente ogni giorno alle undici del mattino e persiste tutta la giornata. Quando si giunge più vicino ci si stupisce delle forme bizzarre dei monti attorno alla città. Si vedono con la forma di un uomo che giace disteso, il cui naso è rappresentato dal Coscorado e i piedi dal Pan di zucchero. Da lontano non si possono distinguere le isole che stanno davanti alla barra. Si giunge vicino all'isola di Razo su cui vi è il faro. Dietro vi sono le isole Rodunda e molte altre con nomi meno distinti. A destra della barra si erge il forte Santa Cruz che domina l'entrata e il forte de Lage su una rupe. Ai piedi del Pan di zucchero sta il forte de San Joao e ancora più avanti il forte de Villegaynon costruito dai protestanti francesi inviati da Coligny, dove è scorso tanto sangue francese. Inizialmente la città è completamente nascosta dagli alberi delle navi all'ancora, però si vede presto la chiesa da Gloria. Tutta la città sta come un anfiteatro sulla riva del mare e sulle numerose isole della baia di Rio".*

A causa dell'anticipo, non si era potuto informare l'Imperatore del loro arrivo, da Capo Frio, con il telegrafo ottico. Egli pertanto giunse inatteso con la barcaccia della fregata che si era recata all'arsenale della Marina. Si arrampicò in fretta sulla nave, aiutato da Barbacena e dalla piccola Maria da Gloria. Era talmente eccitato che, dopo aver rivolto ad Amelia alcune parole imbarazzate, era impallidito e aveva avuto un breve mancamento. Solo dopo alcuni minuti si riprese e fu in grado di occuparsi della moglie. Così lo descrivono: *" Egli non è alto, robusto ma assolutamente non grasso, capelli scuri e ricciuti, occhi grandi e belli, un poco marchiato dal vaiolo, volto sveglio, spiritoso, pieno di vita. Ha aspetto molto militaresco e buon portamento; è in complesso un bell'uomo".* La fregata fu agganciata a una nave a vapore che la condusse alla sua postazione all'interno del porto, dove si ancorò salutata da numerosi colpi di cannone. Cortigiani e ufficiali, alcuni anche della Marina francese, si schierarono. Salirono a bordo anche i figli imperiali, Januaria,

Francisca, Paula e Pedro, bambini veramente bene educati.
L'Imperatore, a causa del protocollo ritornò malvolentieri al suo
palazzo.

Il giorno dopo si celebrò il matrimonio. Il mattino l'Imperatore tornò
sulla nave con i figli e il seguito. Puntualmente alle dodici iniziò, con
i saluti di bandiere e cannoni, il passaggio all'Arsenale da dove
proseguirono a piedi, fra due ali di aspiranti di marina, su tappeti di
fiori, sino a un arco di trionfo non ancora del tutto terminato, oltre al
quale, in un portico della Corte attendevano i più alti gentiluomini.
Granatieri e Corazzieri montavano la guardia d'onore. Dall'altra
parte del portale attendevano le carrozze che avevano forme
antiquate e dovevano aver già servito molti Re portoghesi. Quella
dell'Imperatore era l'unica moderna e attaccata a otto cavalli
bianchi. Tutte le rimanenti erano tirate da insignificanti muli, che,
sotto le ricche bardature barocche sembravano ancora più meschini,
ciascuna con un tiro a sei o a quattro. Le carrozze erano
accompagnate dai dipendenti imperiali a cavallo e a piedi. Quella
dell'Imperatrice aveva otto mule. Le livree di corte erano nei colori
del Brasile, verdi con fregi d'oro, pantaloni verdi o bianchi. Il
cocchiere della carrozza imperiale portava, oltre ai fregi d'oro,
spalline d'oro e una spada. Le uniformi degli aristocratici di Corte
erano pure verdi e oro.

L'Imperatore voleva andare in Chiesa accompagnando la sua sposa,
ma Barbacena rimase fermo sul suo diritto di accompagnarla
all'altare. Dom Pedro la seguì irritato, accompagnato da Maria da
Gloria e Augusto. Un mulo cocciuto bloccò la carrozza
dell'Imperatrice. Nonostante i sette compagni dell'animale tirassero
con molta forza e una grandine di colpi cadesse sulla povera bestia,
furono necessari ancora molti minuti per metterlo in movimento,

cosa che alla fine fece con un gran salto. La carrozza si era appena
messa in cammino che Amelia dovette nuovamente fermarsi per
sopportare un lungo discorso incomprensibile di saluto da parte del
magistrato. Nelle strade e sulla piazza della Corte si pigiava il
popolo con esclamazioni di evviva. Tutte le finestre erano occupate
da signore e gentiluomini in abito di gala, che sventolavano
fazzoletti bianchi. Si dovettero attraversare ancora due archi di
trionfo. In uno, fanciulle vestite a festa recitavano e mimavano
poesie, nel secondo erano appese corone di fiori. Sul portale della
chiesa stava il Vescovo con i suoi ecclesiastici, per riceverli Anche
la chiesa era riccamente decorata e il tesoro, d'oro e d'argento, era
esposto. Tutti i corazzieri presentarono le loro alabarde. Salvo il
corpo diplomatico e quelli ammessi al corteo non c'era nessun altro
nella piazza della chiesa. Il matrimonio fu corto, come fu invece
lungo il Te Deum con la musica composta dall'Imperatore.
Cantarono due famosi cantanti. La giovane Coppia era inginocchiata
su cuscini di velluto rosso. L'Imperatrice era molto raccolta, mentre
l'Imperatore sembrava annoiarsi enormemente per la lunghezza delle
cose. Dalla chiesa la famiglia Imperiale accompagnata dalla Corte, si
recò nella sala del trono attraverso un antico chiostro che la
collegava alla Residenza. La giovane coppia prese posto sotto un
baldacchino intessuto d'oro, per la cerimonia del baciamano. La
Residenza, non molto grande, comprendeva quasi solo sale di
rappresentanza a parte un alloggio per la coppia imperiale. Dopo il
baciamano si svolse il pranzo in diverse stanze e in diversi turni,
dove, secondo l'uso brasiliano si serviva solamente la minestra. Tutti
i rimanenti cibi, in grandiosa scelta, erano preparati coperti o esposti
a buffet. La Famiglia imperiale era servita da camerieri e paggi.
Quelli di Monaco, troppo timidi, si trovarono in svantaggio e
dovettero prima imparare questa maniera di mangiare. L'Imperatore

parlò molto e fece brindisi con lo champagne. Al secondo turno, quelli che sinora erano stati a guardare si precipitarono come lupi affamati sui posti e sui cibi. Al tavolo del seguito andò alla stessa maniera. La coppia imperiale restò al Castello. I bambini furono rimandati subito nella residenza imperiale di Sao Cristovao, alcuni chilometri dalla capitale. Per Augusto ed i suoi uomini fu scelta una casa privata conveniente nelle vicinanze. Come giunsero nel quartiere presso Sao Cristovao, venne loro incontro il padrone di casa con grande imbarazzo, poiché a causa dell'arrivo improvviso non li aveva conteggiati come suoi ospiti. La loro servitù giunse ancora molto più tardi, con i bagagli. Avevano aspettato tutto il giorno sulla nave di essere chiamati ed alla fine si erano organizzati da soli. La graziosa pensione era stata solo da poco tempo acquistata da un medico. Il pianterreno era costituito da una grande sala da pranzo, al primo piano il duca aveva la sua abitazione ed al secondo furono alloggiati i suoi gentiluomini. Al mattino presto arrivò anche la servitù brasiliana; dal padrone di casa all'ultimo servitore se ne contavano trentadue. Solo nella stalla, per dodici cavalli ed altrettanti muli vi erano diciassette persone. Anch'essi erano vestiti di verde con bordure d'oro e portavano cappelli con bordure d'argento. Quattro muli furono scelti per la carrozza a due posti del duca, due per un viaggio più piccolo. Tre cavalli da sella erano a sua disposizione ed altri tre per i suoi gentiluomini. Gli altri furono destinati ai cavalieri di scorta. Un cameriere fisso a lui assegnato doveva prendersi cura di Augusto. Il mattino seguente poterono ammirare la vista *"della magnifica valle di St.Cristoph con le sue innumerevoli case di campagna e giardini -gli ultimi nella rigogliosa vegetazione- che si stende dal castello dei divertimenti imperiale a St. Cristoph, non erroneamente chiamato vista Quinta Boa, sino ai sobborghi, quindi confinata fra la baia ed i monti*

Corcovados. Un monte roccioso sopra Saco d'Aleros chiude la visuale sulla città e sul suo porto. Dall'altra parte si vede *il Campo St.Cristoph, l'antico chiostro sulla collina....ora una caserma....ed una parte della baia con molte delle sue isole".* Ogni giorno alle otto arrivavano da Sao Cristovao un ufficiale, un sergente un caporale e dodici soldati semplici dei Cacciatori dell'imperatore, per fare la guardia per ventiquattro ore; essi presentavano le armi ogni volta che il duca entrava o usciva. Un soldato faceva la sentinella. L'ufficiale di turno, all'ora prevista aprì il corteo per il baciamano, seguito dai consoli d'Austria, Francia, Inghilterra, America del Nord, Olanda, Sardegna ed diversi altri. Seguirono i brasiliani. Ciascuno che possedesse un vestito in qualche modo adeguato era entrato; prima di tutti la massa degli impiegati dei civili e militari di tutti i gradi. Essi andavano passo passo uno dietro l'altro sino al trono, si genuflettevano e baciavano la mano prima all'imperatore, poi all'imperatrice quindi ai bambini, e se ne andavano nello stesso ordine attraverso un'altra porta. La cerimonia durò sino alle due. Quelli di Monaco tornarono indietro e lasciarono l'alta nobiltà da sola per la visita alla chiesa Jencora da Gloria, molto venerata da Dom Pedro. Il 19 si iniziò a Rio il festeggiamento per il compleanno dell'imperatore, con ricevimento e parata. Amelia osservava da una casa sulla piazza. Pedro si portò davanti alle truppe; Augusto e Spreti lo seguivano a cavallo. I due cavalieri si rallegrarono di avere sotto di sé di nuovo dei cavalli, anche se questi non erano buoni. Dopo un'altra riunione in una casa di campagna a Botafogo, particolarmente graziosa, la Corte si stabilì a Sao Cristovao, illuminata a festa. Ora i due fratelli erano vicini senza le costrizioni della Corte. Augusto fece anche amicizia con i bambini piccoli. L'imperatore è *"fou d'Amelie"*, scrisse egli alla madre; anche l'imperatrice è convinta che lui la farà felice *"e questa è anche la mia impressione....Egli vizia sua moglie. Recentemente le ha regalato due fili di 240 diamanti tutti molto grossi e belli. Ma mi fa sopratutto piacere che egli porti sempre con sé il ritratto di mio Padre. Egli è anche pieno di attenzioni nei confronti di me, Mejan e Spreti... Amelia gli è sempre appresso, anche nelle sedute del consiglio di stato e nelle riunioni di affari....Egli desidera che essa sia a conoscenza di tutto".*

Dom Pedro aveva anche fondato per Amelia, in occasione del matrimonio, un "Ordem da Rosa", una bandoliera rosa con sottili righe bianche sul bordo e dappertutto rose rosa di smalto e le iniziali della coppia intrecciate una nell'altra A e P. Il rosa era il colore preferito di Amelia e la rosa il suo fiore preferito. Sull'inizio di questa istituzione si danno due versioni. Secondo una, Dom Pedro, come vide per la prima volta Amelia nel suo vestito bianco ornato di rose, avrebbe esclamato. "Bella come una rosa!" e sarebbe stata decretata la creazione di quest'ordine. Secondo l'altra, egli, conoscendo la sua predilezione per le rose ed il rosa, le avrebbe offerto al suo arrivo la gran croce in brillanti. Sulla stella a sei punte con il doppio monogramma, si serrava una ghirlanda di rose rosa e di foglie verdi, e sul retro si leggeva, scritto in nero su sfondo blu, "Amor e fidelidade". L'Ordine della rosa di Amelia fu uno dei preferiti di tutti gli ordini Imperiali brasiliani, specialmente dal suo figliastro Dom Pedro II.

Rio, con i suoi 220.000 abitanti era allora ancora primitiva. I bianchi predominavano, ma non si mostravano poiché quando faceva caldo non uscivano di casa. Si vedevano poche belle case. La Residenza, l'arsenale ed alcuni edifici di privati molto ricchi stavano verso il sobborgo di Botafogo dove anche la maggior parte del corpo diplomatico viveva in graziose abitazioni con giardino. Le più belle strade di Rio erano la Rua Direita molto lunga e discretamente larga, e la Rua Daidor, quasi completamente abitata da commercianti francesi. Questa era molto angusta per mantenerla più ombrosa. La Rua vallonga, non molto bella, era interessante per gli stranieri perché vi si vendevano gli schiavi.

Spreti descrive una visita del locale mercato di schiavi, con i suoi uomini. *"Tutte le case sono organizzate per il mercato degli schiavi ed hanno nel piano terreno una sola grande stanza dove gli sfortunati negri accoccolati a terra in fila lungo le pareti, in parte seduti sopra banchi di legno si trovano esposti per la vendita. Nel mezzo delle sale è situata una scrivania alla quale siede il mercante di schiavi ed alla quale sono indirizzati gli sguardi angosciati e timorosi degli sfortunati. Questi sono per lo più del tutto nudi o hanno solo piccolissimi grembiuli a coprire i genitali. La testa è rasata a zero. I negri appena giunti sono generalmente molto magri, da essi sporgono informi le grosse pance, inoltre sono coperti da capo a piedi da una eruzione che dà loro un aspetto abominevole. In completa ebetaggine ed abbandono essi siedono là indipendentemente da età e sesso, sino a quando non compaiono i compratori ed essi sono condotti appresso per la visita, così come si fa da noi al mercato bestiame per l'acquisto di una bestia. La vista di questo mercato è sotto ogni aspetto orrenda solamente per gli europei che non abbiano vissuto là e nessuno percorrerà la strada do Vallonga una seconda volta senza una valida ragione, anche se è considerata la più bella della città".* Essi erano andati alla partenza di una nave da schiavi, che era in partenza per l'Africa, per approvvigionarsi di tale merce umana.

Le piazze principali di Rio erano quella davanti alla Residenza ed all'arsenale e la Piazza della Costituzione davanti al

Theater d'Acclimation, precedentemente Cap Sta. Anna.
Quest'ultima era così grande che vi si sarebbe potuto manovrare con
diecimila uomini.

*"Vi sono anche una biblioteca ed un museo....La sala del
teatro sarebbe stata superba anche in una capitale europea. Quando
nelle strade poco distanti un mulo cade morto, lo si lascia a terra
fino a che gli avvoltoi lo abbiano divorato. Maiali e capre
giranoliberi per la città; a dispetto del divieto di polizia,
passeggiano per le strade e spesso si confondono in mezzo ai negri, i
quali di solito giacciono e si riposano nelle strade sotto il sole. Le
orecchie europee ci stanno a disagio per il rumore dei carri e per le
grida stridule dei negri, con le quali si incitano vicendevolmente al
lavoro. Altrettanto male si trovano gli occhi alla vista degli uomini
mezzi nudi. A parte poche carrozze a quattro ruote dei residenti più
ricchi, le altre sono piccole, tirate da due muli e seguite da un
giovane di stalla a cavallo. Alcuni stranieri vanno a cavallo. Questi
cavalli non sono belli e sono molto piccoli. Essi vengono dal Sud o
da Minas Geraes e sono in genere mal dressati. Quasi ogni
brasiliano possiede un cavallo con il quale andare a passeggio la
sera, tanto hanno paura di affaticarsi andando a piedi. Se non
hanno un cavallo cavalcano un mulo".* Le cose più belle che
visitarono furono St. Cristophe, Botafogo, la Punta do Cajn, la
cascata di Feignero, Lagoa con il giardino botanico e la fabbrica
delle polveri. Augusto, amico della natura, ammirò sopratutto la
imponente vegetazione, i bellissimi alberi, fiori, frutti e gli uccelli di
molte specie dai colori cangianti, come raccontò alla madre.

L'imperatrice mostrò di essere venuta a sapere del
malcontento che serpeggiava nel paese dal precedente ministro De
Andrada, che era stato messo al bando; così si curò di stabilire un

nuovo regime con il suo agente di matrimonio Barbacena, non senza il suo aiuto. Egli poté calmare lo scontento, ma non farlo cessare.

Rezende scrisse da Parigi a Mejan, che la Spagna, che non riconosceva Dom Pedro come imperatore del Brasile, lo aveva dimostrato dichiarando Dom Miguel re del Portogallo e, a quanto si dice, la Sardegna e Napoli avevano poi seguito il suo gioco. Dal ministero Polignac ci si doveva aspettare di tutto. Dal Brasile giungevano notizie che l'imperatore era più che mai favorevole ad una unione con il fratello.

Mejan, il factotum di Casa Leuchtenberg, aveva ottenuto dall'imperatore, per desiderio della Duchessa Augusta,   la nomina di Augusto a duca di Santa Cruz, con il predicato di Altezza Reale. Augusto fu commosso, quando l'imperiale cognato venne da lui con l'importante atto di nomina e il giorno dopo gli portò anche la gran croce del suo Ordine di Dom Pedro per lui e per sua madre. Egli scrisse a casa che se lo zio a Monaco (il re Luigi I) dovesse ignorare,-come era anche successo- il titolo, questo rimaneva egualmente nella Famiglia, ed allegò una lettera al Re con la preghiera di approvarlo. Si era sperato che un matrimonio di Maria da Gloria con Dom Miguel avrebbe fatto cessare la discordia fraterna. Se si fosse raggiunto un accordo, la Spagna avrebbe riconosciuto Dom Pedro imperatore del Brasile, come egli avrebbe fatto con il fratello, come re del Portogallo.   Pedro rimase inflessibile.

Il 21 aprile Augusto si congedò da Sao Cristovao, L'imbarco ebbe luogo il 23, dalla casa di campagna imperiale a Botafogo, in più barchette, dopo un pranzo di trenta coperti con i più alti impiegati dello stato. La fregata ricevette le alte cariche di Corte con il "saluto reale". la "Prince Imperiale" aveva sessantaquattro cannoni ed era un poco più grande dell'"Isabella". Questa volta anche Spreti era d'accordo sugli alloggiamenti e gli approvvigionamenti. Vi erano a bordo numerosi buoi vivi, così che per tutto il viaggio non mancasse la carne fresca. Un forno a legna provvedeva al pane fresco. Ci fu tempesta, calme, e tre morti: morì la piccola figlia del cuoco, un negro fu proiettato fuori bordo e non lo si poté più recuperare, ed anche un mozzo nero morì per la così detta malattia africana o nera. In cinquantadue giorni si arrivò a Brest e ci si ancorò lì per andare subito a terra. La prima delusione venne dalle autorità sanitarie, che issarono sulla fregata per tre giorni la bandiera gialla della quarantena a causa del male africano. Augusto era pieno d'impazienza di fare la sua visita a Corte a Parigi e subito dopo di visitare la sua proprietà di Navarra presso Evreux, ereditata dalla nonna Giuseppina. La delusione fu subito completa, poiché, il 19 Giugno, il sottoprefetto di Brest rese noto l'ordine, ricevuto da Parigi, che al duca di Leuchtenberg fosse vietato l'uso di tutte le strade attraverso la Francia, anche quella per Parigi. Augusto era così indispettito dal comportamento del ministro Polignac e del suo re, che voleva di nuovo imbarcarsi ed andare ad approdare in Inghilterra. Poiché ciò non era possibile, comandò a Spreti, avendo rinunciato alla Navarra, di individuare il cammino più breve per andare di lì, via Strasburgo, presso la sorella Eugenia ad Heckingen. *Io avevo sperato di ritornare a Monaco "tout francais". Questo sogno, che avrebbe reso completa la mia gioia, è ora andato in fumo...proprio in Francia, che io amo tanto e dove sarebbe stato il mio massimo desiderio vivere*, si lamentò egli con la Madre. Si sarebbe potuto consolare, poiché i giorni di Carlo X e di Polignac erano contati.

In quest'anno 1830 si alzò il vento del malcontento in diversi paesi dell'Europa. Non erano tuttavia delle rivoluzioni radicali antimonarchiche come a suo tempo la grande rivoluzione francese; le monarchie potevano ancora reggersi. In Europa si erano formati due gruppi: sostenitori del vecchio stampo assolutistico, sotto la guida di Metternich, ed alcuni governi liberali con una Costituzione.

La Francia diede il via, in luglio, con la sua rivolta contro Carlo X ed il suo reazionario ministero Polignac. I francesi si aspettavano dal figlio di Filippo Egalitè, Luigi Filippo, simpatia per i desideri dell'era moderna. Carlo X si ritirò in esilio. Augusto si congratulò da Ismaning con il nuovo re dei francesi Luigi Filippo, nella speranza che fosse favorevolmente disposto verso la sua Famiglia, poiché il titolo ed il tricolore gli ricordavano Napoleone: questi rilevò altrettanto amichevolmente che manteneva il rispetto per Eugenio Behauarnais, *"così che mi è e sarà sempre gradito potervene dare testimonianza....Votre trés affectionné frére Louis Philippe"*.

Per Augusto di Leuchtenberg la separazione dei Belgi dal Reame d' Olanda fu ancora più interessante che il cambiamento al trono di Francia, mentre suo zio sul trono di Baviera era tutto preso dal destino della Grecia, che alla Conferenza di Londra era stata dichiarata indipendente. La Grecia ed il Belgio aspettavano un re.

Il re Luigi notava il 12 dicembre, che un corriere da Bruxelles aveva portato la notizia secondo la quale suo nipote Augusto sarebbe stato scelto da un comitato come sovrano del Belgio. Egli non gli invidiava quel trono, nonostante che anche il suo secondo figlio Otto fosse stato nominato come candidato. I Belgi speravano nell'aiuto della Francia nella loro battaglia per l'indipendenza.

Non si voleva tuttavia crederci, sino a che fu reso noto un rapporto della seduta del Congresso belga, che diceva che erano stati nominati oltre ad Augusto, il re Luigi Filippo ed il suo secondo figlio, il duca di Nemours. Il re dei francesi aveva ricevuto 607 voti, Nemours 644 ed il Duca di Leuchtenberg 3695. Mejan era dell'opinione che Luigi Filippo, che aveva dichiarato poco prima la sua amicizia per Eugenio Behauarnais, non malvolentieri lo avrebbe visto come vicino, ed avrebbe lui stesso sollecitato questa scelta. Sarebbe stata anche una bella missione costruire la fortuna di quel popolo, specialmente di uno che si era distinto per il suo amore per la libertà. Augusto era deciso di accettare, dopo il colloquio con la madre, se lo avesse desiderato la maggioranza del Congresso. Egli non aveva assolutamente cercato di ottenere il favore di questa scelta e poteva quindi solamente rispondere che per lui gli obblighi che ne derivavano sarebbero stati sacrosanti. Perciò fu ancor più grande la delusione che proprio Luigi Filippo fosse contrario a questa scelta.Il duca accettò il rifiuto con calma eccezionalmente ammirevole. "*Il sogno è finito*, rispose dal corpo di guardia dei Cavalleggeri ad Ansbach. *Era bello e mi avrebbe fatto onore. Si era pensato a me senza che io lo avessi cercato. Voglia la Francia, in chiunque sarà scelto, trovare un così buon francese, come avrebbe trovato in me. Sono felice ora di trovarmi qui. Nonostante ciò io ancora continuo ad implorare la fortuna per la Francia. Io sono cresciuto con il motto di mio Padre -honneur et fidelité- davanti agli occhi, ed io lo onorerò dovunque il destino vorrà spingermi*". Egli fu molto ferito, specialmente per un articolo nel giornale di Norimberga sulla seduta dell'11 Gennaio a Bruxelles, e per uno scritto del ministro degli Esteri francese Sebastiani, un ex generale di Napoleone. Soprattutto, lo ferivano le dichiarazioni di Sebastiani e di Luigi Filippo, che la scelta del duca di Leuchtenberg sarebbe stata la più sfortunata, e che il Governo Francese non lo avrebbe mai riconosciuto. Il re dei francesi aveva detto al Maresciallo Gerard o al Generale Lafayette, che egli consigliava i Belgi di non appoggiare la scelta del principe Augusto se ci tenevano a mantenere l'amicizia francese. Il re ed il ministro lo avevano con ciò indicato come nemico della Francia. Gli potevano solo rimproverare di essere figlio del principe Eugenio, egli pure francese -e che francese! Ora questa bella Francia, il solo oggetto dei suoi desideri, gli era preclusa per sempre. Egli si sentiva *Francais avant tout,* e solo così voleva essere considerato.

Nel frattempo, un'insurrezione contro Dom Pedro I era appena finita; egli aveva abdicato in favore del figlio omonimo e ritornava in Europa assieme a Maria Da Gloria, per conquistare il trono portoghese per questa sua figlia maggiore. I figli più giovani erano rimasti a Rio sotto un Consiglio di Reggenza.

Dall'Italia giunsero notizie di insurrezioni di carbonari a Modena, Parma, Roma ed in Romagna. Queste interessavano anche i Leuchtenberg, poiché i regimi rivoluzionari non avevano risparmiato i loro possedimenti in Ancona. Inoltre i due figli della sorella di Eugenio, Ortensia, Napoleone Luigi e Luigi Napoleone erano carbonari. Il maggiore morì di polmonite a Forlì. Ortensia, duchessa di St. Leu, era allora proprio a Roma e cercò di raggiungere i figli in Romagna. Durante il viaggio, le venne incontro suo figlio Luigi Napoleone con la notizia della morte di suo fratello. Essa voleva trasferirsi con lui da Ancona a Corfù, ma dovette fermarsi, poiché lui si ammalò di morbillo. Ancona fu occupata dalle truppe austriache. Appena Luigi fu in grado di viaggiare, la Madre lo installò, vestito da cameriere, sulla carrozza e lo condusse con passaporti falsi, fra grandi pericoli, via Siena, Pisa, e Cannes, a Parigi. Luigi Filippo gli pagò l'ulteriore viaggio in Inghilterra. Le speranze e le azioni di

Luigi Napoleone erano, dall'adolescenza, per una restaurazione dell'impero napoleonico sotto la sua condotta, mentre Napoleone II, come duca di Reichstadt e Principe di Parma, secondo l'opinione di Metternich a Schönbrunn, si mostrava pronto al raggiro, e sua madre a Parma conduceva una nuova vita con il Principe Montenuovo.

Augusta volle andare, dopo vent'anni di assenza, a Parigi dove erano si erano trasferiti Dom Pedro e la sua famiglia. All'arrivo, la sera del 9 Novembre 1830, essa vide per la prima volta il suo genero Dom Pedro. Egli la ricevette al piede delle scale, la ringraziò per la sua felicità con Amelia, e si scusò per il fatto che essa avesse dovuto cedere il suo trono- Lo aveva richiesto l'Onore. Essa lo trovò d'ottimo aspetto e vivace. Evidentemente egli non conosceva la falsità della diplomazia europea, gli disse, poiché era troppo aperto e troppo sincero nei suoi discorsi. Egli dispose che la suocera utilizzasse i suoi appartamenti privati. Amelia era divenuta così alta e bella che lei la riconobbe a malapena. Maria da Gloria si mostrava timida, molto alta per la sua età e già allora parecchio grassa. La piccola illegittima duchessa Isabella Goyaz, che tutte le domeniche veniva dall'Istituto per pranzare con papà, era la più graziosa.

Dom Pedro, subito dopo il parto della moglie, volle mettersi alla testa dell'armata di invasione pedrista, che si era radunata sull'isola Terceira, nelle Azzorre, allo scopo di scacciare i miguelisti dal Portogallo e portare sul trono Maria da Gloria. Le fregate scelte per l'invasione passarono l'inverno in un porto francese. Il governatore di Terceira Don Cabrona, aveva respinto tutti gli attacchi di Dom Miguel, ed aspettava lì che l'attacco s'intensificasse sotto Dom Pedro. Un'insurrezione nella città pedrista di Oporto fu ferocemente repressa da Michele. I miguelisti erano ancora in prevalenza. Dom Pedro chiese denaro e alleanze, per rinforzare le sue truppe raccolte sull'isola Belleville sulla costa bretone. Le navi erano sotto il comando dell'inglese Sartorius. Dom Pedro compose persino un inno per la sua armata di invasione.

La duchessa scrisse a Papa Gregorio XVI, che all'inizio dell'anno precedente era asceso al soglio pontificio, per raccomandargli Max, il nuovo padrone dei beni italiani che erano situati nello Stato Pontificio, e ricevette presto una buona risposta. Poiché le truppe papali non poterono dominare i Carbonari Gregorio dovette richiamare ad Ancona quelle austriache, cosa che diede occasione al re dei Francesi, di fare, da parte sua, la stessa cosa. I francesi vennero su tre navi da battaglia e si spinsero con violenza nella città. Augusta pose loro a cuore la difesa dei possedimenti dei Leuchtenberg. Francesi ed Austriaci rimasero ad Ancona sei anni.

La ragione per il viaggio italiano della duchessa Augusta era il preoccupante stato di salute della sua figlia minore. I medici di Teodolinda avevano messo in guardia contro un inverno in Baviera e consigliarono latitudini più dolci. Ci si decise per l'Italia. La Madre non era proprio entusiasta di dover essere per un tempo più lungo là dove sotto Napoleone aveva vissuto la sua grandezza. Per questo non volle fermarsi nel Lombardo-Veneto austriaco, che rappresentava all'incirca il "suo" regno italiano. L'Italia del concetto odierno era allora al massimo un concetto geografico. Il futuro primo re d'Italia, Vittorio Emanuele, era ancora un bambino. Suo padre Carlo Alberto della Casa Savoia Carignano, da un anno re di Sardegna, viveva a Torino. Questo regno di Sardegna comprendeva, a parte il Piemonte, la terra di origine dei Savoia, Nizza, Grenoble, Genova e l'isola di Sardegna. La Toscana e Modena erano secondogeniture asburgiche. A questi, si aggiungevano a sud lo Stato della Chiesa e il regno Borbonico delle due Sicilie, con capitale Napoli. Fra quasi tutti questi regnanti esistevano rapporti di parentela; inoltre molti membri della Casa Bonaparte vivevano in esilio in Italia con le loro famiglie.

Il viaggio iniziò in settembre con tiro di muli, lungo la via mala, che allora faceva ancora onore al suo nome, e proseguì attraverso il san Bernardino sul lago Maggiore. A Torino attendeva i viaggiatori il conte Ré, amministratore dei beni italiani. A causa di difficoltà di protocollo, la coppia reale sarda non si fece vedere. La casa affittata a Nizza per l'inverno, nel quartiere della croix de marbre, stava davanti alla città ed aveva un giardino con quattro cipressi. Il governatore di Nizza si presentò immediatamente e pose sé stesso e il suo palco a Teatro a loro disposizione. Al transito della frontiera francese al ponte di Var, le si strinse il cuore *quando vidi i granatieri e gli invalidi con la coccarda tricolore*. Ella andò in pellegrinaggio sul luogo dove Napoleone era approdato venendo dall'Elba. Poi Augusta giunse con Teodolinda a Firenze, dove occupò la casa di Monsieur Blanc. Entrambe non si trovarono particolarmente a proprio agio. L'aspetto di Augusto che le aveva raggiunte con Eugenia, senza Costantino, terrorizzò la Madre. Allora soggiornavano a Firenze, in esilio, numerosi componenti della famiglia Bonaparte: l'ultima sorella vivente di Napoleone, la principessa Carolina di Lipona, precedentemente regina di Napoli, e la contessa di Survilliers, il cui marito Giuseppe Bonaparte si trovava ancora in Inghilterra; inoltre Luigi, duca di St. Leu, precedentemente re d'Olanda, separato da sua moglie Ortensia Behauarnais, ed infine Geronimo, duca di Monfort, precedentemente re di Westfalia, il quale viveva stabilmente a Firenze con la moglie del Württeemberg ed i figli. Incontrarono i fratelli Geronimo e Carolina sul Corso. La contessa di Survilliers, precedentemente regina di Spagna, le ricevette nel suo appartamento su di una "chaiselongue", che da tre anni non aveva più lasciato. Ella era una sorella della regina svedese Désirée, una signora particolarmente amabile ed amichevole. Il suo galante cognato Geronimo Monfort era in quel momento da lei, e non si lasciò sfuggire l'occasione di condurre le due signore Leuchtemberg a un ricevimento, dove si trovava la sua rotondetta moglie Caterina, sorella del re del Württemberg, con i suoi figli più giovani Matilde e Napoleone. Il maggiore, Jérome o Geronimo, era a Stuttgart per il servizio militare, Matilde, che sposerà il conte Demidoff, aveva solo tredici anni, ed il suo fratellino di dieci anni, chiamato Plonplon, secondo Teodolinda *"un superbe enfant"*, era molto somigliante all'imperatore Napoleone. Esse visitarono il duca di St. Leu, marito di Ortensia, nella sua casa di campagna davanti alla porta S. Gallo. Egli aveva una emiparesi e le ricevette appoggiandosi ad una porta.

A maggio, i nostri viaggiatori si avviarono su carrozze separate verso Castellamare. Teodolinda, con la sua Fanny, viaggiò per nave da Livorno a Napoli, dove aveva appuntamento con sua zia, la granduchessa Stefania. In ricordo di Napoleone guardò dalla sua carrozza sul ponte sfilare l'Elba. Il fratello Augusto nel frattempo visitò, accompagnato dal conte Ré, i suoi beni nella marca di Ancona. La Madre viaggiò via terra, con Eugenia e suo marito che nel frattempo le avevano raggiunte, verso Roma. Qui ci si permise solo il tempo strettamente necessario per le visite più importanti. Si dovettero mettere in fila nella colonna di carrozze sul Corso, per visitare l'appartamento   di Ortensia nel Palazzo Ruspoli. La proprietaria era ad Aremberg. La casa vuota, con i numerosi ricordi ivi raccolti, rese triste Augusta. Ancora più impressione le fece Madame mére, la madre di Napoleone Letizia, nel palazzo Bonaparte all'incrocio fra il corso e Piazza Venezia. Il Papa le aveva messo a disposizione il Palazzo Rinuccini. Da quando, due anni prima, si era fratturata il femore, non poteva più lasciare la casa e si faceva trasportare dal letto alla "chaiselongue" e viceversa. Così essa vegetò ancora due anni e mezzo. *"Si avverte un senso di rispetto davanti a questa Signora ottantacinquenne, che ha sofferto così tanta sfortuna e la sopporta con tanto coraggio. Essa ci mostrò un tavolino, sul quale l'imperatore faceva colazione a S. Elena. Il salone è pieno di ritratti di famiglia"*. Essa si era fatta costruire un balcone di legno all'angolo fra il Corso e Piazza Venezia, per osservare da lassù cosa succedeva in questa animata parte di Roma. Da Madame mére proseguì il pellegrinaggio al giardino, fatto impiantare su ordine di Napoleone sul Pincio, ed a villa Borghese, dove aveva vissuto la famosa

Paolina Bonaparte. Il fratello di Letizia, il cardinale Fesch, fece visita ad Augusta. Il Papa Gregorio XVI   la ricevette assieme alla figlia Eugenia, molto amichevolmente, nella biblioteca del Vaticano. Dopo un'occhiata al Colosseo   al chiaro di luna, ci si avviò alle cinque del mattino, verso Napoli, dove già aspettavano Stefania del Baden con le sue figlie e Teodolinda. Stefania invitò le Leuchtemberg ad una rappresentazione di gala al teatro dell'opera di S.Carlo, per il compleanno del re. La regina Maria Cristina, una principessa Savoia-Sardegna, era bella, mortalmente pallida ed infelice. Il re Ferdinando non era amato, notò Augusta, si occupava solamente delle forze armate che tormentava crudelmente, senza capirci nulla. L'ambasciatore austriaco conte Lebzeltern venne nel palco e le invitò al suo ballo in occasione del matrimonio del granduca di Toscana con la principessa Maria Antonietta di Sicilia. Anche questa coppia era   in Teatro. Teodolinda constatò che la famiglia reale riempiva cinque palchi e che il re era stato accolto molto freddamente. Si dovette attendere a Napoli sino a che la casa di Castellamare fosse agibile. Così si potette osservare con comodo, dal golfo di Napoli, una eruzione del Vesuvio.

Teodolinda si ristabilì a Castellamare e accolse con sorpresa Augusto, al suo arrivo il 1° luglio, per il suo buon aspetto. Egli aveva ricevuto da sua sorella Amelia da Parigi, buone notizie sulla guerra in Portogallo. Dom Pedro a Oporto aveva respinto tutti gli attacchi di Dom Miguel, ed il successore di Sartorio, Napier, era sbarcato nel sud del paese ed aveva già conquistato diverse province. L'imperatore contava di essere a metà maggio a Lisbona. La conclusione stava dunque immediatamente davanti a loro. Il 2 agosto un certo signor Frisse a Castellamare si congratulò per l'entrata di Dom Pedro a Lisbona. Dom Miguel era fuggito in Spagna. Quasi contemporaneamente, Dom Pedro scrisse al cognato Augusto che la partenza di Amelia dalla Francia si sarebbe verificata a fine mese da Le Havre e che certamente contava che lui la accompagnasse. Tornate a Roma, le raggiunse una lettera della sorella Giuseppina da Stoccolma, che dà un'immagine della vita monotona della principessa reale svedese: *"Quando penso con quanta facilità ci si muove oggi da un capo all'altro d'Europa, mi pare proprio che potrei certo venire , per poter vedere voi tutti. Ma è più facilmente detto che fatto...Qui non c'è alcun evento di società.. Poiché la società è troppo piccola per dividersi e ci si vede spesso, non posso affermare che si organizzino piacevolmente queste riunioni e soirée. La capacità di conversazione è andata completamente perduta. I giovani sussurrano e ridacchiano sempre fra di loro... .gli adulti giocano, le signore più anziane siedono una accanto all'altra, si guardano vicendevolmente o fanno osservazioni. Io preparo piccole cene per questi incontri. Si chiacchiera, si fanno lavori manuali, qualcuno recita e l'ora della separazione si avvicina impercettibilmente. Noi abbiamo tentato di modificare queste manifestazioni, ma con l'etichetta, l'ordine in base a rango e riguardi, non si può fare come si vorrebbe. Mio marito si alza spesso alle sette, io però in inverno mai prima delle otto. Dopo la prima colazione partecipo alle lezioni dei miei due figli maggiori e faccio lavori manuali, leggo o scrivo. Dalle dodici fino all'una e mezzo vado fuori e ritorno quindi a casa. Alle tre mi reco a pranzo che si serve alle tre e mezzo. Alle cinque e mezzo ci ritiriamo; io ritorno dai miei figli o faccio i fatti miei. Alle sei e mezzo il thè. Fra le otto e le nove sono presenti i figli, dalle nove alle dieci facciamo musica, le signore ricamano ed i signori leggono i giornali. Alle dieci la cena ed alle undici non c'è più nessuno. Quanto più si vive nel gran mondo, tanto più a mio parere si ha il dovere, di tanto in tanto di stare con sé stessi e ricordare cosa si è visto e fatto. Essere sempre nel disordine, in movimento ininterrotto, sempre pensare ad altre cose, a ciò che è più importante, quando si abbia il tempo di pensare, questa non è vita.....Io non mi trovo in nessun luogo così bene se non nel mio grande ambiente, con il mio lavoro manuale, pensando a ciò che ho visto, fatto e pensato, e giungo alla conclusione che imparo qualcosa. Io mi faccio un giudizio, un piano di comportamento in questa o quella occasione che può verificarsi, così che io non sia presa di sorpresa, infatti non faccio parte delle teste brillanti, che sempre sono dalla parte del giusto – o no...Ora vivo già da undici anni nel gran mondo e sempre imparo qualcosa...Conosco benissimo i miei errori... ma conoscerli non significa che si possa subito dominarli...Vorrai perdonare questa lunga lettera, nella consapevolezza che io credevo di parlare direttamente con te, una fortuna che probabilmente mi sarà per sempre impedita.   Io spero e credo che noi un giorno ci ritroveremo ed allora potremo essere felici di aver tentato di svolgere i compiti affidatici! Addio.*

Il 27 febbraio solenne udienza privata dal Santo Padre. Si attraversano otto sale piene di guardie. Monsignor Patrizi apre una porta, si genuflette ed annuncia: La duchessa di Leuchtemberg. Il Papa nel suo abito da camaldolese di lana bianca, non si lasciò baciare la mano da lei. Egli è alto ed ha una espressione devota. Quando Augusta volle parlare di Dom Pedro, egli fece un gesto di diniego, poiché lui aveva mandato via i vescovi miguelisti ed aveva incamerato i beni della Chiesa.

Nel frattempo, giunse al termine la guerra fraterna; dopo la sconfitta di Dom Miguel, a Thomar. Villaflor fece un trattato con il suo avversario Lemos, ad Evoramonte, contro il volere di Michele, secondo il quale Dom Miguel rinunciava al trono e con il compenso di 375.000 franchi avrebbe lasciato per sempre il Paese. Poiché questi, da Genova, denunciò il contratto come imposto, non ricevette il denaro. Ulteriori sforzi per ottenere il trono rimasero senza successo. Egli sposò una principessa Löwenstein e morì nel castello Heubach, di questa famiglia in Franconia, nel novembre 1866.

Nella famiglia reale bavarese qualcosa era cambiato nel corso dei due anni. Il principe Otto era andato come re in Grecia, sua sorella Matilde a Darmstadt, sposa del granduca Luigi di Hessen e l'ultima delle figliastre del re, la principessa Maria, come sposa del principe ereditario e correggente Federico Augusto, a Dresda. A Teodolinda mancarono molto. Soprattutto le mancava molto la sua educatrice Fanny, che la sorella Amelia aveva portato in Portogallo. Si doveva prima abituare alla sua nuova educatrice signorina von Andlau.

A metà agosto Dom Pedro aveva aperto le Cortes con un ottimo discorso e fu scelto dalle due camere come reggente di sua figlia, ma morì neanche sei settimane dopo, all'età di trentasei anni. Amelia dovette scrivere a sua madre, che l'ultima volontà di suo marito era che suo cognato Augusto sposasse sua figlia Maria da Gloria. Nove giorni dopo la morte del suo sovrano, il marchese de Rezende aveva, dal palazzo d'Ajuda a Lisbona, redatto una lettera ad Augusto ed a papà Méjan su questo argomento. Méjan veniva sollecitato a spingere Augusto ad accettare. Il latore della lettera, con il romantico nome di Bayard, si mise in viaggio verso Monaco. La Madre scrisse con il cuore angosciato al figlio ad Eichstätt, che già il solo pensiero le procurava profondo dolore. Augusto riportò da Eichstätt a Tegernsee una straziante lettera di Amelia dal letto di morte di Dom Pedro. Essa e sua figlia avevano ricevuto, assieme a lui, i sacramenti. Egli, nel suo testamento, aveva destinato ad Augusto il suo cavallo da sella personale e la sua sciabola. Lo pregava di sostituirlo, come padre, per la piccola Maria Amelia e di sposare la sua Maria da Gloria. Bayard giunse con così ampie deleghe e con proposte così concrete, che un rifiuto non era praticamente più possibile. Quanto difficile fu per Augusto accettarle, si desume dalla lettera che egli scrisse da casa a casa a papà Méjan, dopo l'incontro con Bayard. Méjan doveva dire a Bayard che egli non capiva come lo si potesse improvvisamente mettere davanti all'alternativa. Egli non avrebbe accettato per orgoglio, e neppure per venire incontro ai desideri di suo cognato o per la commozione che gli procurava la regina, o per dare consolazione e sostegno a sua sorella. Solo la difesa delle recenti istituzioni di Dom Pedro contro i vecchi e nuovi nemici, era decisiva. Per questo egli doveva avere però più voce in capitolo, che solamente come principe consorte. *"In una parola, io non vorrei, se possibile, essere un nulla o inutile"*. Méjan doveva quindi introdurre nelle trattative che era in procinto di compilare, un passo che gli avrebbe procurato in Consiglio autorità, diritto di voto e rango. Bayard aveva consegnato ad Augusto la sciabola di Dom Pedro e cercava di conquistarlo per la regina. Le Cortes ed il popolo lo attendevano. Anche l'Inghilterra era già d'accordo. Lui aveva chiesto quarantotto ore di riflessione. La regina lo voleva nominare comandante in capo del reggimento di suo padre. I disegni per la divisa erano allegati alla lettera.

Maria da Gloria accettò tutte le condizioni. La sua posizione la costringeva ad offrire essa stessa la sua mano, invero era convinta di aver fatto la scelta giusta, seguendo il consiglio e l'ultima volontà di suo padre. Volentieri afferrava l'occasione di invitare Sua Altezza Reale a partecipare al Consiglio per il bene della Nazione.

Il 1° dicembre si svolse con gran pompa, a Lisbona, il matrimonio per procura, nel quale il duca di Terceira condusse la sposa all'altare. Il marchese de Ficalho si recò a Monaco con l'anello matrimoniale. Così il duca era già principe consorte della regina del Portogallo, quando il re bavarese gli conferì, in occasione del suo ventiquattresimo compleanno, l'ordine di Casa di S. Uberto. Partì da Monaco il 2 gennaio 1835. A Francoforte lo attendeva un corriere portoghese con la notizia, da Londra, che il re d'Inghilterra gli mandava uno Yacht ad Ostenda così che arrivasse da lui con tutte le testimonianze di onore. L'invito del re dei Belgi, Leopoldo di Sassonia Coburgo, il quale era salito su questo trono invece di lui, comprensibilmente non gli riuscì all'inizio molto gradito, ma fu in generale così amichevolmente accolto, che questi pensieri si dileguarono subito. Egli scrisse da Bruxelles, che un aiutante del re lo aveva atteso a Löwen. Secondo lui, la coppia reale fu perfetta. A Londra fu invitato a pranzo da Lord Wellington con tutti i ministri inglesi ed il corpo diplomatico. Una carrozza di corte lo portò in cinque ore presso il re Guglielmo IV. Egli sedette al tavolo presso la regina, nata principessa di Sassonia-Meiningen. Il re brindò alla coppia portoghese, Augusto a quella inglese. Il capo della missione portoghese confidò a Méjan, che il suo amico Wellington gli aveva detto che ci si sarebbe considerati fortunati se la loro pretendente al trono Vittoria avesse trovato un marito come Augusto. Una delle sue prime visite a Londra fu al conte Survilliers, Giuseppe Bonaparte, per portargli notizie della sua famiglia in Italia. Dopo un pranzo dall'ambasciatore portoghese a Falmouth ci si recò sul "Monarque", per la traversata verso Lisbona. Essa durò tre giorni. All'ingresso nel porto di Lisbona, il forte e le navi da guerra spararono salve di saluto e molte scialuppe circondarono la nave, ancorata davanti all'arsenale di marina. Fra i primi salirono a bordo l'ammiraglio inglese e l'ambasciatore di questo paese, per dargli il benvenuto, quindi Amelia con i ministri. Essa si gettò fra le braccia del fratello così desiderato, il quale andò in gala, fra due file di gente festante, dalla sua regina e moglie nel castello Necessidades. Egli la dovette aiutare nel primo momento di imbarazzo. Essa gli apparve più alta e bella di prima. L'etichetta richiedeva che egli si recasse, per la prima notte, sulla sua nave. *"Io trovo questo molto comico, ma l'etichetta è dappertutto sciocca. Domani alle undici andiamo insieme in   chiesa e dopo non avrò più bisogno di tornare alla nave"*. La regina, con la nomina a comandante in capo dell'armata, gli aveva aperto una attività autonoma.

La Monaco di Luigi aveva fatto progressi. La pinacoteca era ora così completa, anche all'interno, che in primavera potevano esservi appesi i quadri. Augusta trovò la costruzione reale della Residenza sulla piazza Max-Joseph "superba", ma non avrebbe voluto abitarvi. *"Gli affreschi di Schnorr sono molto belli e le sale di grande bellezza. C'è una scala a chiocciola molto notevole per la sua eleganza, ma assolutamente scomoda, nessuna stanza piccola. Tutto è grande e formidabile"*. Nel Palazzo si lesse con orgoglio sul "Temps" del 24 febbraio, che la Baviera, e specialmente la famiglia di Eugenio Behauarnais era stata scelta per procurare nuovi troni resi disponibili dalla rivoluzione. *"Il giovane Otto regna in Grecia; il duca di Leuchtemberg è divenuto marito di Dona Maria;   la figlia maggiore del principe Eugenio ha sposato l'erede di Bernadotte, ora re di Svezia, la sua seconda figlia, la duchessa di Braganza, era sposata con Dom Pedro, imperatore del Brasile.* Per Teodolinda   si pensò perciò al duca di Orléans.

Anche a Lisbona era carnevale. La regina si era presentata a suo marito vestita da contadina svizzera, la piccola Amelia come ragazzetta bavarese e la Goyaz come ragazzetto tirolese. Il principe consorte Augusto riferì a sua madre che avrebbe assunto il comando superiore dell'armata. Egli si sentiva assai bene con la sua solida vita. Quando il tempo era bello, cavalcava o conduceva la famiglia tutti i giorni nei dintorni. Gli alberi producevano fiori che a Firenze o a Napoli compaiono solamente in maggio o in giugno.. A mezzogiorno faceva caldo. Nelle Cortes si parlava tanto come nelle Camere di altri paesi. Egli era pieno di piani per il futuro. Egli aveva già visitato tutti i fabbricati pubblici dell'arsenale, fino al più piccolo asilo per i poveri e si era fatto apprezzare come presidente della Accademia delle Scienze. Nella sua ultima lettera del 21 marzo Augusto scriveva: *"Baciamano da Maria. Essa è cresciuta in maniera veramente notevole ed è divenuta più bella; da quando sono qui è dimagrita un poco, cosa che le sta bene. Molto più importante è che lei mi incanta".*Due giorni dopo seguì la moglie alle corse dei cavalli, con il mal di gola. Durante la notte ebbe la febbre e fu sottoposto a salasso. "Angina croupale" la chiamarono i medici poco scrupolosi ed il 27 marzo eseguirono un ulteriore salasso, poiché la febbre era cresciuta. Questo era troppo. La sera dopo, alle due, morì.

Entro due settimane la triste notizia giunse a Monaco. Dai diari di Augusta e Teodolinda si   desume, che Amelia aveva detto a suo fratello che solo Dio lo avrebbe potuto salvare. Egli l'aveva presa tranquillamente ed aveva chiesto un prete tedesco. Poiché questo non era subito disponibile, si chiamò il vecchio prete che era stato vicino a Dom Pedro. Egli era così commosso che Augusto lo aveva dovuto prima tranquillizzare: *"Io sono soldato, ho la coscienza pulita e non temo la morte, anche se avrei vissuto ancora volentieri, per contribuire al rappacificamento   degli animi in Portogallo"* Due ore prima della morte, egli aveva detto ad Amelia che lei avrebbe dovuto amare Maria come una seconda figlia. Poi parlò a bassa voce con questa per alcuni minuti, fece chiamare Méjan, le Dame, gli aiutanti, li abbracciò, incaricò Amelia di trasmettere il suo affetto alla Madre ed ai fratelli. Rimase in piena coscienza sino alla fine. Tutte le sofferenze diminuirono, giunse le mani, disse che fosse fatta la volontà di Dio, e spirò.   Cinquanta testimoni e tutti i medici stranieri furono presenti all'autopsia. La sepoltura si svolse con tutti gli onori riservati ad un Infante. L'ultimo di marzo, trasferimento con parata funebre militare nella tomba di S. Vincente presso quella del suo cognato e suocero Dom Pedro. I soldati portarono la bara e i generali i lembi del manto funebre. Amelia, alla testa del seguito, sostenuta dal marchese Rezende, preceduta dal marchese de Almeida e seguita dal marchese di Cantagallo, il quale sosteneva il suo strascico, era inginocchiata presso la bara e la aspergeva di acqua benedetta. Quindi la seguì con il corteo fino alla carrozza funebre ed attese sino a che il conduttore, con il cavallo di Augusto, non si mise in moto.

Max Leuchtenberg era cresciuto diversamente da Augusto. Essendo nato a Monaco non aveva più vissuto della grandezza del padre. Non aveva ancora sette anni quando il padre morì, ed ora era nel diciottesimo. Durante la lunga assenza di sua madre in Italia, aveva completato i suoi studi sotto la guida del suo educatore Capitano Schuh. A malincuore la madre riprese per la seconda volta la tutela. Per prima cosa, essa spedì Max con Schuh dalla sorella in Svezia. Nei "Consigli materni" a lui affidati, si dice che egli era adesso il rappresentante della famiglia. Sinora egli aveva guardato la vita con occhi di bambino. Tutto il suo orgoglio era stato essere un sottotenente bavarese. Naturalmente egli doveva amare la patria di sua madre, ma doveva rendersi conto di quanto dipendesse da lui fare all'estero una buona impressione. Si sarebbe dovuto confrontarlo con il padre ed il fratello *"e anche con invidia, poiché sfortunatamente c'è una grande gelosia ed una certa animosità nei confronti della nostra famiglia, specialmente fra coloro che hanno altre opinioni"*. Egli non doveva dimenticare che suo padre era francese e che anche lui aveva sangue francese nelle vene. Egli doveva considerare il capitano Schuh d'ora in poi come un amico. Dieci anni di attaccamento e di assistenza gliene davano il diritto. E poi profeticamente: *"Se il destino ti chiamerà ad una brillante posizione, allora segui l'esempio del nostro tanto amato Augusto e non dimenticare i tuoi doveri cristiani"*.

Due giorni dopo, Augusta e Teodolinda partirono con un Coupé alla volta di Firenze, così amata da Augusto. Le dame di Corte Aretin ed Andlau le seguirono con le loro cameriere in una berlina viennese; in una diligenza, le cameriere della madre e della sorella, con il cuoco. Il maresciallo di Corte, Maurizio Méjan le precedeva con un piccolo calesse per scegliere i cavalli di posta, in un altro stava il maestro di Corte con un servitore, seguito da un piccolo furgone con quattro bauli. Durante la prima notte si viaggiò con una piccola lanterna sul fondo della carrozza e dopo una breve sosta a Verona, Mantova e Firenze, ai primi di luglio si raggiunse Livorno. Lì era prevista una lunga cura di bagni di mare.

Le lettere di Max dalla Svezia diedero alla madre l'unica gioia. Il re di Danimarca lo aveva accolto molto amichevolmente durante l'attraversamento del suo Stato. La guardia si era presentata con rullare di tamburi ed il re aveva parlato del suo incontro, al congresso di Vienna, con il padre Eugenio. *"Io ho proprio ragione, quando affermo che i miei figli sono trattati dappertutto meglio che non in Baviera, dove non si rispetta il passato e la fama del Padre"*. Giuseppina ed Oscar furono entusiasti del giovanotto, affascinante in ogni rapporto personale. L'incontro avvenne a Medevi, dove Giuseppina con i suoi bambini si godeva il fresco dell'estate.

Meno tranquillizzanti erano le notizie da Lisbona, dove il gruppo di Palamela tentava di allontanare Amelia dalla regina, e presentava il protestante Ferdinando di Sassonia-Coburgo come il nuovo principe consorte.

Quando comparve il colera a Marsiglia, Villefranche, Torino e Genova, si tolsero le tende da Livorno. Si giunse con difficoltà, attraverso il cordone del colera, a Bologna. Da Bolzano si svoltò verso Merano per vedere Ortensia ad Arenenberg. Fu un triste rivedersi, il 17 agosto. Madre e figlia trovarono Ortensia più forte e suo figlio Luigi cambiato in meglio. Oltre alla solita compagnia erano presenti tre emigranti italiani, amici del futuro Napoleone III dal tempo dei Carbonari. *"Essi hanno maniere amichevoli e divertenti, ma tipo nuova Francia, vale a dire "sans géne, sans facon"*, costatò Teodolinda. Al piano terreno si trovavano le sale e nei due piani superiori le stanze da letto. Luigi abitava nella casa accanto all'edificio principale. Egli si occupò molto di sua cugina, la condusse in giro nel giardino, al galoppo nella sua carrozzella trainata da un asino ed era presente a tutte le gite. In occasione del viaggio a Costanza egli cavalcò con il conte Aresi dietro la sua carrozza.. La zia Ortensia dipinse il suo ritratto e incoraggiò la cognata a rettificare le menzogne, messe in giro soprattutto dal generale Danthouard, in diverse pubblicazioni su Eugenio. Il 24, vigilia del giorno di S. Luigi, gita tutti insieme alle cascate del Reno a Sciaffusa. Il cugino Luigi piaceva sempre di più alla romantica Teodolinda. Egli le declamava Schiller e Racine, e lei ammirava la sua buona memoria, *"in tutto egli è affascinante"*. Il mattino dopo, già alle quattro, scoppiarono dei mortaretti nelle vicinanze, ma dormivano tutti così profondamente, compreso il festeggiato, che non li sentirono. Al gioco delle frasi, la sera successiva, Luigi dimostrò il miglior talento. Ad una frase scritta da Teodolinda, quale differenza vi fosse fra amore ed amicizia, egli rispose: *"l'amour blesse, l'amitié guerit, l'amour enflamme, l'amitié rechauffe, l'amour passe, l'amitié reste. Io ho riconosciuto il suo scritto"*. Il soggiorno giunse al termine, con rammarico di Teodolinda. *"Luigi è perfetto, ha maniere piacevoli, un cuore eccellente, ama lo studio, mostra rispetto ed attenzione nei confronti della madre, si compiace di ogni piccolezza. La sua generosità va così lontano, che quando un povero gli chiede la carità ed egli ha già utilizzato il denaro destinato alle opere di bene, gli dà la sua giacca o la sua biancheria. Ogni giorno viene la sua vecchia governante e lo bacia. Tutto il mondo ama il giovane principe. In ogni occasione egli ha un amichevole sorriso ed una buona parola. Si alza alle cinque e non lascia il suo ufficio prima di mezzogiorno. Egli ha appena terminato un lavoro sull' artiglieria, a quanto pare molto profondo. Felice la donna che lo possederà! E' il giorno del famoso tiro al bersaglio. Noi vi siamo andati con la carrozza...Luigi ha organizzato, per la nostra partenza, dei meravigliosi fuochi artificiali....Tutto il paese era accorso e mandava grida di gioia....Quando Luigi giunse nel salone gli andammo incontro con dei fiori in segno di ringraziamento"*. Luigi cavalcò sino a Costanza accanto a loro e poi sino alla nave a Meersburg. Si pernottò a Memmingen. A Monaco aspettava papà Méjan molto preoccupato per gli sviluppi in Portogallo. Maria da Gloria si era lasciata mettere contro la sua matrigna. Teodolinda la scusò, per la sua giovinezza.

All'inizio di ottobre, Augusta si recò per la prima volta, dopo mezzo anno, di nuovo a teatro per un pezzo di Raimund. Improvvisamente si aprì la porta del palco ed entrò Max, felicemente di ritorno dal viaggio, un giorno dopo il suo diciottesimo compleanno, cresciuto e di buon aspetto.

Il 12 ottobre la coppia reale festeggiò le nozze d'argento, e poiché il primo re (Massimiliano Giuseppe I) aveva introdotto la festa di ottobre (Oktoberfest) per celebrare il matrimonio di suo figlio, se ne festeggiò in maniera particolare il venticinquesimo in quest'anno, con l'ascensione di una mongolfiera. I Leuchtenberg erano, per l'apertura, nella tenda reale. Due giorni dopo, si fece una corsa di carri di tipo romano. I cocchieri guidavano vestiti da romani. Un carro era del duca Max, uno del conte Vieregg, il terzo del banchiere Mayer ed il quarto del conte Lerchenfeld. Avrebbe vinto quello ducale bavarese se alla fine non si fosse rotto il timone, rilevò Teodolinda.   Nella mostra dei quadri, le era piaciuto quello dell'arrivo del re Otto a Nauplia, di Peter Hess, poi una scena di battaglia di Adam, il ritratto di Stieler delle contesse Holnstein ed Irene Arco, i cartoni di Cornelius, la vetrata per la chiesa di Mariahilfe, in costruzione nell'Au ed un servizio di porcellana da Nymphenburg con tutte le statue della Gliptoteca. Essa osservò con occhio critico la chiesa di S. Luigi, di Gaertner, appena terminata, con figure di Schwanthaler sulla facciata.

Per il giorno del giubileo di matrimonio, il re posò la prima pietra della chiesa di S. Bonifacio sulla Karlstrasse, sotto la pioggia. Qui egli, con il seguito, passò in rassegna la Guarnigione, a cavallo, nella sua Ludwigstrasse davanti al palazzo Leuchtenberg. Dopo la parata, il re si ritirò nelle sue stanze sulla Piazza Max-Joseph, dove per prima cosa recò alla regina il decreto di fondazione di una prebenda dell'ordine teresiano, tratta dalla sua cassa di gabinetto. Al pranzo per quaranta persone nelle nuove stanze reali, parteciparono anche Augusta con la figlia ed il figlio. Essa aveva molto da ridire. I corazzieri stavano di sotto, sulla scala, invece che davanti alla porta dell'anticamera, perché sopra non vi era sufficiente posto. Le sale erano belle, ma soprattutto nella zona riservata al re assai poco pratiche. Inoltre, con il tempo piovoso, vi faceva molto freddo. La sala da pranzo era graziosamente adorna, ma troppo piccola per una tale abitazione. Il re brindò alla salute dei tre Max. Teodolinda trovò la sala del trono piacevole, ma il trono stesso sembrava un "throne de cabinet". I pavimenti le piacquero di più che non la tende rosse di damasco.

Si decise di fare un viaggio in Svezia per visitare la regina Giuseppina. Al mattino presto dell'11 giugno 1836, partenza da Monaco; Augusta con Eugenia, Teodolinda e Max, la contessa Sandizell, la Baronessa Aretin e la dama di corte di Eugenia, baronessa Neubert, il conte Maurizio Méjan, l'aiutante di Max conte Bergheim, ed il Dr. Wurm. Oltre a ciò, abbondante personale di entrambi i sessi in cinque carrozze con ventiquattro bauli. Il viaggio cominciò male. I cavalli del conte Méjan, che di nuovo come furiere viaggiava avanti, presso Ingolstadt si impaurirono e corsero contro un muro. Méjan rimase agganciato con un piede, nel volo in avanti, e cadde così male, che rimase incosciente e fu ritenuto morto dalla duchessa che sopraggiungeva. Egli poté invece proseguire il viaggio verso il primo quartiere notturno previsto, che era Eichstätt. Lì nuova agitazione nervosa, poiché era la prima volta che vi tornavano, dopo il raggiungimento della maggiore età di Augusto. La vista del gabinetto di scienze naturali di Augusto, del giardino che vi era stato costruito attorno, e delle sue stanze abbandonate, fu eccessiva per Madre e sorella. La Madre si stese immediatamente sul letto. La figlia notò il giorno dopo, che essa era passata per la terza volta da Norimberga, senza vedere questa città. Per questo quindi le fu concesso andare a Fuerth e ritorno, con la nuova ferrovia. Il postiglione indusse le Signore a vedere la partenza di questo nuovo mezzo di trasporto. Si fecero persuadere dal Direttore, Sig. Platner, a partecipare al viaggio, *"così che Mama riservò tre carrozze, in cui noi tutti, comprese le cameriere, prendemmo posto. Queste otto carrozze attaccate una all'altra, sono aperte sui due lati, ma chiuse davanti e dietro. Esse possono facilmente contenere otto persone. Più si è lontani dalla locomotiva, più è piacevole e si sente meno l'odore del fumo. Noi sedemmo nella carrozza numero sette e giungemmo in tredici minuti alle porte di Fuerth. I passeggeri scesero, altri salirono e dopo ulteriori tredici* *minuti scendemmo nuovamente a Norimberga. Il movimento è molto piacevole. Nonostante si vada con maggiore velocità, non si avverte troppo l'azione dell'aria. Il prezzo della corsa è molto basso ciò che rende comprensibile la quantità dei passeggeri".*Come invece fu lento il viaggio con i cavalli da posta, sino alla prossima stazione notturna! La città natale della regina Teresa, Hildburghausen, non impressionò molto Teodolinda. Dalla frontiera prussiana si rese evidente questo "*pays militaire. I postiglioni, che cavalcano veloci alla maniera inglese, indossano guanti bianchi. Le eccellenti strade sono delimitate da piante da viale".* Nella Langensalza, vi erano dei mulini a vento. Nel "Roi de Prusse" a Mühlhausen i viaggiatori si presero le pulci. A Harburg, si raggiunse subito il vaporetto dell'Elba e si viaggiò per un'ora verso Amburgo. L'Hotel "Vecchia città di Londra" era al completo. Augusta trovò Amburgo meravigliosa e piena di movimento, ma non rimaneva il tempo per visitarla, poiché a Kiel, allora danese, già attendevano le navi svedesi. Nonostante che la carrozza di Eugenia avesse perso una ruota subito dopo Amburgo, si arrivò in tempo. Ci fu un contrasto fra Madre e figlio, poiché Max aveva combinato di salire immediatamente sulla nave "Gylfe", mentre Augusta voleva un poco riposarsi prima della traversata. La piazza, davanti alla nave impavesata, era piena di curiosi; truppe danesi erano giunte marciando, le autorità aspettavano, la musica risuonava. La duchessa era così infuriata, che non salutò nessuno, e non lasciò il tempo a Méjan di presentarle il conti Adelswert ed Oxenstierna, inviati da Oscar. Le figlie tentarono di salvare la situazione con una maggiore amabilità. Alle due del mattino furono salpate le ancore.

La domenica, 19 giugno, si annunciò con una tempesta. Si comportarono meglio Eugenia, Rosa Aretin e Méjan. Verso sera il rullio aumentò. La nave scricchiolava in tutte le giunture, le sedie cadevano una sull'altra; nelle prime ore del giorno le onde irruppero nel salone, dove stava il letto di Teodolinda. Subito dopo si scatenò un temporale con grandine. La "Gylfe" cercò riparo presso l'isola Öland, presso la costa svedese. Tuttavia, la notte fu pessima. Alle nove apparve il castello

Tullgarn, residenza di campagna di Oscar a sud di Stoccolma, dove era stato concordato un saluto familiare intimo, prima dell'ingresso ufficiale nella capitale. Si videro in lontananza persone che sventolavano dei fazzoletti ma non ci si poté vestire a causa del malessere e dello scuotimento. Augusta uscì barcollando dalla sua cabina. Alla vista di Giuseppina che si avvicinava a bordo di una scialuppa, ritornarono gli spiriti vitali. Giuseppina si gettò piangendo, dopo una separazione di tredici anni, nelle braccia di sua madre. La si trovò bella e poco cambiata, Oscar amichevole come sempre. Quindi si andò con una barca verso il grande castello che stava dietro un boschetto, che Oscar aveva ereditato dalla sorella di Carlo XIII, Albertina. Dopo la prima colazione di famiglia si andò nel grande parco. La gente dei dintorni era accorsa per vedere i parenti della sua amata principessa ereditaria. Teodolinda si meravigliò che le chiare notti erano interrotte quasi solamente fra le dodici e l'una. Al mattino alle sei ci si recò nuovamente a bordo, questa volta con Oscar e Giuseppina. Ci fu a Stoccolma una grandiosa accoglienza. I cannoni del forte spararono colpi di saluto e quelli della nave risposero. Le navi cannoniere disposte in linea spararono salve. Le bande militari suonavano "God save the King" I marinai in divisa blu alzarono i remi e gridarono Hurra. Così fecero anche quelli che stavano sui pennoni e sventolavano i berretti. Anche le navi da trasporto nel porto erano impavesate. A destra si vedevano case di campagna, a sinistra fabbriche.. In confronto con le casette rosse, il castello sembrava più grande. Ci si ormeggiò direttamente davanti alla stazione. La gente sostava sulla piazza. Giuseppina indicò le finestre del secondo piano, da dove i suoi figli sventolavano dei fazzoletti. Il re venne dal castello a salutarli sulla nave, diede il braccio ad Augusta, Max a Giuseppina ed Oscar condusse le cognate. Così si andò a piedi al castello su di una guida rossa attraverso la folla festante, si salirono cinquanta gradini verso il vestibolo, negli appartamenti della regina Désirée, dove questa aspettava assieme al seguito. Quindi la coppia reale accompagnò i parenti su di una scala a chiocciola nelle stanze a loro riservate. Giuseppina corse avanti e cinque bimbetti, quattro maschietti ed una femminuccia si gettarono esultanti vero di loro. *"I tre più grandi parlano un poco francese, ma Eugenia ed Augusto lo capiscono solamente,* costatò la zia Linda. *Appena la coppia reale si fu allontanata, i bambini gridarono: "Ora siamo soli".* Teodolinda si scusò dalla prima cena di ottanta persone dalla regina. *"La regina Désirée è piccola,* scrisse nel suo diario, *molto forte, capelli neri....i suoi lineamenti tradiscono che era bella. Essa capisce appena lo svedese e non lo parla mai. La sua conversazione non è avvincente. Lei preferisce quando qualcuno la fa ridere. Essa ha sempre nostalgia della sua natia Marsiglia. Mi ha detto che possiede una casa a Parigi, che l'attende. Lì vuole andare quando sarà libera, cioè dopo la morte del re. Essa lo chiama "mon ami", ma quando parla di lui, "le Roi". Lei lo vede solo alla sera. Le sua stanze sono graziose. Essa non lavora, ci ha mostrato un lavoro manuale iniziato dieci anni prima....La galleria, che unisce il suo appartamento con la sala da ballo, contiene statue, vasi di porfido, quadri selezionati".* Dopo un piacevole pranzo da Giuseppina si svolse, nel salone bianco di Augusta, una sfilata di Corte. Settecento Signore e Signori le passarono davanti con genuflessioni ed inchini. Dopo, la famiglia dovette lasciare il salone, poiché arrivò lì il corpo diplomatico. Nel frattempo arrivò il re. *"Il re ha settantatrè anni, alto, si mantiene eretto. I suoi capelli sono ricciuti ed iniziano ad ingrigire. Ha un naso molto lungo, occhi vivaci e penetranti. Il suo aspetto si anima quando parla, cosa che fa lentamente ed a brevi frasi. Preferisce raccontare delle sue conquiste e battaglie. Le sue maniere sono semplici, buone e dignitose. Dopo che se ne fu andato, noi facemmo la nostra grande entrata nel salone, con tre riverenze".* Per l'onomastico del re, il giorno successivo, il giorno di S. Giovanni, vi fu, al pomeriggio davanti alla città, una grande parata militare. Le Signore andarono in carrozza con la regina. Lei e Giuseppina indossavano i prescritti costumi di corte di seta moirée guarniti di pizzo con doppie maniche svedesi a sbuffo. Inoltre un cappello di paglia di riso con piume. Come sempre, quando la famiglia reale usciva, si erano già trovati sulla scala dei curiosi. Augusta andò con la prima Dama di corte in un Landeau, Teodolinda con la regina, la quale, per sembrare più alta, sedeva su due cuscini. A fianco di ciascuna delle porte della carrozza, cavalcava un cavaliere. Le strade erano belle e

pulite, ma il selciato irregolare. Quando si avvicinava alla carrozza uno dei
pochi mendicanti, la regina faceva segno al Lacchè il quale gli gettava una
banconota. Dopo aver passato la piazza con la statua in bronzo di Carlo
XIII si giunse alla pianura di Ladugardsgaerdet, popolata di truppe e di
osservatori. La vista ricordò a Teodolinda il Theresienwiese durante la
Oktoberfest. Come vera figlia del principe Eugenio guardò la parata con
occhio critico: *"Il re giunse al galoppo accompagnato da Oscar, Max, e
molti generali di stato maggiore. Egli si fermò un momento presso di noi e
si fermò quindi ad una certa distanza. 10.543 uomini sfilarono due volte
davanti al loro re; una vista bellissima. Tutti i corpi musicali dei
reggimenti, circa 300 musicanti, suonarono insieme, con stupefacente
precisione, una marcia composta da Oscar. Oscar appariva superbo a
cavallo. Io vidi con gioia che anche il mio Max aveva successo"*. Dopo la
parata si andò al padiglione di Drottninborg per un breve riposo. La vista
delle persone affollate di sotto, dava l'impressione di un "parterre des
fleurs". Si pranzò al suono delle orchestre militari in una tenda, ed al
ritorno, alle tre del mattino, era chiaro come a mezzogiorno. Il giorno
dopo, Teodolinda ammirò il cognato che si esercitava sul campo. Egli
comandava da solo a cavallo in un grande quadrato aperto, il 1° e 2°
reggimento della guardia. *"Si udiva solo la sua alta voce e quindi un unico
attacco come se si trattasse di un'unica arma"*. Giorni dopo lei guardò da
un'altura un attacco di 10.000 uomini sotto il rombo dei vicini cannoni.
*"Queste manovre mi interessano appassionatamente. Vorrei essere un
ussaro"*. Intanto Oscar fece servire sotto il padiglione una cena su piccoli
tavoli, con entusiasmo della regina. Nonostante la pioggia, essa fu presente
anche alle successive manovre. Piacque a Teodolinda anche che Oscar ed i
suoi Gentiluomini, fossero quasi sempre in uniforme. Essa la trovava molto
più elegante, *"che questi lunghi neri frack. Oscar è un bell'uomo di media
altezza. Il suo volto esprime bontà, cosa che fa rubare i cuori. Sempre
pronto a cedere, egli è talora troppo poco rigido. Egli vuole rendere
sempre felice la gente, ama appassionatamente la mogli ed i figli. Per
rispetto ai suoi genitori, spesso ascolta sino alle due di notte suo padre
raccontare le storie del secolo passato. Egli si alza alle sette, lavora sino a*

mezzogiorno, riceve visite, ascolta suppliche e si occupa degli affari militari...Le sue attenzioni per mamma e per me hanno suscitato la mia ammirazione". A sera venne un anziano da Dalekarlien, per vedere il suo duca, cioè Augusto, non ancora di cinque anni. Egli pianse quando il "petit patapouf" gli porse la mano e gli donò degli anelli fatti da lui con crine nero di cavallo, che il piccolo offrì anche alle zie. *"Come sono carini questi bambini. Carlo, duca di Schonen, nato nel maggio 1826, ha un buon cuore. Presumibilmente diventerà simile al re. Gustavo, duca di Upland, nato nel giugno 1827, è alto quasi come il fratello. Egli ha un aspetto astuto e capelli biondi e ricciuti. Talvolta mi ricorda mio fratello Augusto e spesso lo zio Carlo. Egli è allegro, buono, impara molto più durante le manovre. Oscar, duca di Ostgotland, nato nel giugno 1829, è più delicato, ha una piccola incantevole figura, è tenero e sensibile. Egli piange quando vede qualcuno piangere. La piccola Eugenia, nata nell'aprile 1830, è ben costruita, di colorito scuro, con occhi neri, vivaci, pungenti. Essa è allegra, vivace, gioca volentieri con i giovani, delicatamente e specialmente affezionata alla zia Eugenia. Il piccolo duca Augusto di Dalekarlien, nato nell'agosto 1831, ha pure una bella figura, di colorito scuro, grasso e forte. Egli ama molto le signore....cosciente di sé si fa volentieri ammirare, si fa notare, è adulatore. Egli si fa notare da me e mi ama molto. Tutti mi chiamano lilla Linda e tutti hanno gli occhi di Giuseppina"*. A Stoccolma c'era anche una raccolta di costumi di re e di regine svedesi. Si vide l'uniforme con la quale Carlo XII era caduto ed il suo cappello con il foro di proiettile, la camicia insanguinata di Gustavo Adolfo della battaglia presso Lutzen, il domino in cui Gustavo III fu assassinato in teatro durante un ballo in maschera.. La "salle des états " occupa, con la cappella, tutta la larghezza del castello. Le quasi seicento bandiere ottenute nelle battaglie, erano prima nella chiesa Ridderholm, ed in occasione dell'incendio di questa, alcuni anni prima, avevano potuto essere ancora salvate, assieme ad alcune armature ed alla spada di Gustavo Adolfo. Il 10 giugno il re diede, come tutte le domeniche, quando il tempo lo permetteva, un pranzo di famiglia a Rosendal. Egli aveva fondato personalmente questa residenza di campagna ed il bel parco. Quasi tutti i mobili e le stoffe nelle graziose stanze, erano stati prodotti in Svezia. Si mangiava sotto una tenda di mussolina bianco-rosa. Fuori, attorno al padiglione, si accalcavano sempre numerosi curiosi. A casa, Oscar cantò dei canti popolari svedesi e norvegesi. Nel suo appartamento, dove anche Max era ospitato, c'era sempre pronto un pianoforte per suonare. Il 14 ci si trasferì con cavalli di contadini a Rosemberg, situata nella parte nord di Stoccolma. Gli abitanti, che mantenevano le strade in buone condizioni, procurarono anche i cavalli; si sistemavano dietro alla carrozza, o vi correvano a fianco. Il cambio dei cavalli fu fatto in pochi secondi. I quattro cavalli attaccati uno di fianco all'altro, furono facilmente messi in movimento con la frusta. Davanti, il postiglione con i suoi due cavalli. Si andò così velocemente, che la spinta dell'aria sembrava quella che c'era sulla ferrovia fra Norimberga e Fuerth.. Le salite furono affrontate di gran carriera. Davanti ad una discesa i cavalli furono fermati per un momento, poi furono allentate le redini e si giunse al fondo. Stranamente, non vi furono incidenti. Si andò lungo la strada verso Uppsala fino a Staga. Gli ospiti furono sistemati benissimo con vista sul giardino. Al pranzo annunciato per sette persone, giunse la regina alle nove e mezzo ed il re alle dieci. Il giorno dopo, alla escursione forzata al castello Skogkloster, la regina si fece di nuovo aspettare a lungo e quindi fece mettere nella carrozza tanti oggetti, che Giuseppina, che le sedeva davanti, non aveva più posto per i piedi. Augusta notò che almeno il cesto ed il vaso da notte avrebbero potuto essere sistemati nella carrozza delle cameriere. Si andò a gran galoppo con un unico cambio di cavalli fino al Maelarsee e con un vaporetto al castello del conte Brahe, una copia di quello di Aschaffemburg, che il costruttore, feldmaresciallo Wrangel, aveva preso come esempio.. Come tutti i Wrangel, anche l'attuale proprietario raccoglieva ricordi e chiese ad Augusta ed a sua figlia, i loro guanti. Al ritorno, pioveva tanto dentro alla carrozza, che si aprirono gli ombrelli. Si percorsero le nove miglia svedesi in due ore. Dopo pranzo il re giocò ancora a biliardo con Max. *Il re è sorprendente*, registrò Augusta stanca morta. Per la prima colazione il re invitò Désirée nel cosiddetto Tempio, stanze aperte da tutti i lati, con il tetto sopra, così che la fitta folla attorno, poteva osservarli. Era uso che gli abitanti di Stoccolma, alla domenica si recassero volentieri là dove si radunava la Corte. Questa volta, essi erano venuti con cinque navi a Rosemberg e li seguirono per la passeggiata, sino a che Oscar gli portò via gli ospiti su una barca a vela. La regina non si fidò and andare con loro. Dopo pranzo essa lottò con il sonno, mentre il re parlava di politica e di programmi. Teodolinda trovò che la regina era difficile da intrattenere, essa si faceva solo raccontare, *"si alza sempre alle undici, ci mette due ore a vestirsi, si gingilla. La cena, ordinata per le otto, viene continuamente riscaldata. Verso le nove ritorna, fa toilette, cena, rimane sino alla undici nella sala e poi va dal re da mezzanotte alle due"*. Lunedì 18, verso sera, si ritornò con gioia dei bambini a Stoccolma e si continuarono le visite. Più interessante di Marienberg e dell'istituto dei cadetti nel castello di Karlsberg di Carlo XII, parve a Teodolinda l'allevamento delle sanguisughe della facoltà di medicina, in quattro stagni. Ce ne dovevano essere sessantamila. Da lì, le bestie affamate andavano nelle farmacie. Prima che le vasche gelassero, venivano prelevate quelle necessarie per l'inverno. Gita al castello Haga in quarantatré calessi da due a quattro posti. Max condusse Giuseppina, Augusta con la regina in un tiro a quattro, Oscar, Eugenia e Teodolinda in uno alla "daumont". Mentre si gironzolava nel parco, scoppiò un temporale. Al galoppo, le ultime carrozze alla carriera, si andò al castello. Si arrivò però ancora sotto la pioggia, che non fece bene agli abiti di organza. Pranzo in due sale e ballo con controdanze seguendo la musica militare di Oscar. Il pubblico si affollava tanto alle finestre che andavano sempre in frantumi. Nonostante che il ballo durasse sino alle undici, si ritornò che era ancora chiaro. Il giorno dopo si andò a Gripsholm sul Maelersee ad ovest di Stoccolma. Questa volta per richiesta di Augusta, i cinque bambini potettero andare con loro. Désirée vinse la paura ed andò con loro, sotto lo sguardo della folla, sul vaporetto "Gustavo Wasa". Teodolinda fu entusiasta del giro e della vista della città, con il castello nel mezzo. Dopo una colazione a bordo, ci si ormeggiò, salutati con Urrà dalla folla, alla "Ile de Grifons" su cui sta il castello Grypsholm. Oscar fece il cicerone in questa oscura costruzione gotica, precedentemente una fortezza degli Jagelloni. C'erano anche "oubliettes" ed un carcere sotterraneo senza luce del giorno. Al ritorno la nave ballava, con grande disagio della regina. Il 23 giugno fu dedicato allo scambio dei doni di addio, spille da cravatta e gemelli per i Signori, braccialetti, anelli e vestiti ricamati per le Signore. Il re diede ad Augusta il suo ritratto in un medaglione circondato da diamanti, e lo stesso in braccialetti di perle ad Eugenia e Teodolinda, Augusta notò che per quanto riguardava il mangiare, il re era molto parco e mandava indietro in cucina molti cibi. Appena si era seduto a tavola gli si portava dell'acqua di colonia ed un tovagliolo, ed egli ne beveva. Dopo pranzo, accompagnava la famiglia in un bellissimo padiglione situato lì appresso, con tappezzeria a strisce bianche e rosa e mobili moderni. Egli tornava sempre a parlare delle sue battaglie, specie quella di Lipsia, che sarebbe stata persa dagli alleati, se egli non fosse andato all'assalto con i nuovissimi corpi dei pompieri, che avevano portato lo scompiglio nelle file francesi. Domenica, Brahe portò altri doni. Quindi si andò sotto la pioggia sul ponte di una nave su di un braccio del Maelersee al grande castello estivo di Drottningholm sulla riva del lago, soggiorno preferito da Gustavo III.   Li avevano preceduti delle cameriere con i grigi costumi di Corte. Si andò su carrozze scoperte attraverso il grande parco, con una pagoda cinese. Belle scale e sale con "Gobelins", grazioso teatro, dove Giuseppina era già entrata in scena, ed un maneggio coperto. Quattro navi a vapore, che avevano già utilizzato per la seconda volta nelle gite, sostavano sulla riva. Alle sette arrivò la coppia reale ad una tavolata di centoquaranta persone con il corpo diplomatico ed altri dignitari e musica da tavola. Questa volta c'era bel tempo e sul rientro splendeva la luna. Durante la preparazione dei bagagli arrivarono altri regali. Dal re un tavolo di porfido contornato di bronzo. Oscar donò a sua suocera tazze e vasi con immagini dei luoghi da lei conosciuti ed un fermacarte coperto di pietre. Max ricevette tre vasi, due quadri e due barre d'argento, come quelle che si ottengono nelle miniere. Anche Eugenia e Teodolinda vasi e fermacarte. La regina portò ad Augusta ed alle sue figlie dei medaglioni di diamanti con la sua miniatura, due quadri per Max, quaderni con disegni di paesaggi e di costumi. La piccola Eugenia piangeva, poiché essa ed il fratellino minore non avevano il permesso di andare con loro a Malmö, come i maggiori. Il 26 il re diede un pranzo di addio. *Tutto è grande e notevole a questa corte,* notò Teodolinda, e che la regina fece regali anche al seguito bavarese. Nel giardino era stata organizzata una festa popolare. Per il tè si andò ancora una volta a Rosendal. Désirée aveva fatto venire dei cantori della "Harmonie" che cantarono anche canzoni tedesche. Dopo il ritorno, il re prese definitivamente commiato da loro in maniera molto cordiale. Inoltre regalò alle Signore dei colliers e fece cadere sui Signori una pioggia di Ordini. Alla fine si fece promettere da Augusta che essi sarebbero tornati entro due anni. La regina aveva serbato il suo commiato per la mattina della partenza, il giorno dopo. Le scale e la piazza del castello erano di nuovo pieno zeppe, quando ci si recò sulla "Gylfe" per il viaggio verso Tullgarn, da dove doveva iniziare il ritorno in patria. Alla partenza i forti spararono nuovamente salve di saluto, tutte le navi facevano mostra del gran pavese. Hurrà e sventolio di fazzoletti. Appena si giunse in mare aperto, cessò l'allegria. Teodolinda si piegava ogni quarto d'ora su di un cannone ed anche Augusta era completamente sfinita. Le numerose secche impedivano di fermarsi più vicino alla costa. Marinai con lanterne diressero il difficile ingresso a Vaesterwik. Poiché allora non c'erano alberghi, alcuni privati ritennero un onore di accogliere gli importanti viaggiatori. Augusta andò barcollando, con l'emicrania, nel suo alloggio. Ci fu poco tempo per guarire, poiché al mattino dopo era stata fissata una sfilata di corte dei militari e delle autorità. Il capitano si aggirò, per compassione verso il suo prezioso carico, fra le rocce della piccola isola. Talora il pilota rifiutava la responsabilità. Augusta giaceva nella sua cabina di sotto e Teodolinda di sopra in un'amaca. Sul ponte si diventava completamente neri, poiché il vento soffiava il fumo sulla faccia.Si passò accanto all'isola di Öland, con il castello Borgholm, in parte bruciato, dove Eric e Carlo X erano vissuti. Nell'alloggiamento notturno di Kalmar, illuminato a festa, c'erano fuochi di gioia, archi di trionfo e ghirlande sino alla casa del governatore. Augusta si sentiva così male, che Oscar fece preparare i due calessi che avevano portato con sé, per far condurre le Signore via terra a Karlskrona, mentre lui con Max, Eugenia ed i bambini, si recò là con la nave. Giuseppina e

Teodolinda videro al mattino, dalle finestre, gli eroi del mare che partivano e visitarono poi la cattedrale.

Il viaggio proseguì veloce in cinque tappe, sempre con un tiro di quattro cavalli appaiati. Davanti Méjan con il governatore. La duchessa era piena di lodi nei confronti del genero. Nessuno, salvo Eugenio, avrebbe modificato per lei all'ultimo minuto il piano di viaggio. Egli non era mai di cattivo umore, aveva sempre parlato amichevolmente con tutta la gente. Si viaggiò attraverso una terra fertile. Il raccolto era in corso, la gente, nel suo grazioso costume nazionale, era molto amichevole. Ad ogni sosta si avvicinavano alla carrozza e si informavano sulla famiglia. A Karlskrona le strade erano sparse di fiori e le finestre adornate con ghirlande. Mortaretti annunciarono l'arrivo della carrozza e salve di cannoni quello del "Gylfe". A causa della grande ressa si dovette procedere a piccoli passi verso la casa del comandante ammiraglio Lagerbielcke. La contessa era dama di Corte della duchessa. Lì la duchessa e Teodolinda furono alloggiate e ci fu anche la presentazione d'obbligo delle autorità. Le lenzuola piacquero molto a Teodolinda. *Gli svedesi se ne fanno un gran lusso.* Il resto della famiglia fu suddiviso in altre case. Al pranzo con i delegati per cinquanta persone, non vi fu nessuna disposizione secondo il rango. La coppia dei principi ereditari fece circolo. Al termine vi fu un ballo in municipio. Dietro ad una avanguardia di fanciulle vestite di bianco si salì la scala cosparsa di fiori. Gli importanti ospiti sedettero su di un palco. Oscar e Giuseppina aprirono le danze con una Anglaise. Alla prossima stazione Baekaskog, solo il seguito andò per via d'acqua. Dappertutto si acclamava la coppia dei principi della corona. A Romeby, delle fanciulle con i diversi costumi nazionali svedesi portarono cesti di frutta. Quando Giuseppina presentò sua madre, le donne la ringraziarono di aver loro donato una tale principessa ereditaria, *"mai una madre ha fatto un tale viaggio".* A Karlskrona ci si dovette fermare sulla piazza principale, poiché la popolazione portò dolcetti e frutta in cestelli d'argento e fu servito champagne. Il borgomastro tenne un discorso, e fanciulle vestite di bianco gettavano fiori. Il governatore di Schonen, conte de la Guardie, offrì, a causa del freddo della notte, il suo calesse per il proseguimento del viaggio. Si arrivò, infatti, dopo un viaggio di undici ore, verso il mattino a Baekaskog, e lì ci fu nuovamente la presentazione dei dignitari ed il tè. La famiglia questa volta fu alloggiata assieme. Ci si fermò cinque giorni. Il giardino era pieno di ciliege. Augusta poteva raccoglierle dalla sua finestra. Per il suo onomastico, il 3 agosto, i parenti in camicia da notte fecero le congratulazioni alla duchessa. Oscar le donò un braccialetto d'oro con i suoi capelli. Ospiti a cena e nel giardino musica militare da Kristiansstad. Dopo il tè, fuochi di bengala sul canale e danze. Le contesse di Oxenstjerna e Löwenhaupt fecero danze nazionali svedesi, ed alla fine tutti ballarono sotto la direzione di Oscar, "Nigapucka". Per il giorno dopo era in programma una gita a Kristiansstad, una città con cinquemila abitanti e settecento uomini di guarnigione. All'arrivo, a mezzogiorno spararono i cannoni sulle mura e la gente sulle strade gridava Hurrà. Sulla porta della città c'era un arco di trionfo con il motto di Eugenio Behauarnais "honneur et fidelité" da un lato, e dall'altro "amour et dévouement". Si scese dal governatore e si andò a piedi per le strade, si visitò la chiesa e nell'arsenale si videro, con dispiacere di Teodolinda, dei cannoni con la N napoleonica. Si ascoltarono dei cori cantati dagli scolari e si terminò la giornata con un pranzo offerto dalla città in una magnifica sala nella casa dei massoni, con brindisi e musica militare. La partenza si svolse, come l'arrivo, con salve di cannone di saluto ed Hurrà. I rossi fazzoletti da testa delle donne animavano il quadro. Il giorno dopo si visitò il possedimento del conte Wachtmeister, Ljungby. Il 7 agosto Oscar organizzò una festa popolare con danze, sulla piazza davanti al castello di Baekaskog. Le fanciulle portavano lunghe trecce. Max andò giù con Oscar, per cenare con i più preminenti degli invitati. Le signore guardavano giù dalle finestre. Al mattino proseguì il viaggio. Il conte Axel de la Guardie aveva invitato per la prima colazione nel suo castello Maltersholm situato su di un'altura.. Dopo un giro nel magnifico parco, si continuò attraverso campi e paludi al possedimento del conte Jean de la Guardie, Löfverstad, maresciallo di Corte della regina, il quale, benché malato, era venuto espressamente da Stoccolma. Il giorno dopo si andò, su pesanti carri da dieci posti, attraverso il grazioso parco dell'università della città di Lund, che fu visitata nell'ultima tappa del viaggio verso Malmö. All'arrivo a Lund, vennero contadini con giacche blu scuro con bottoni d'argento, calzoni gialli e cappelli sollevati, cavalcando incontro a loro. Pranzo nella Orangerie per duecento persone con brindisi, canti e musica militare, fanciulle vestite di bianco, caffè in una tenda. Studenti e ragazzetti contadini li seguirono anche per la partenza alla sera. Quando con una simile scorta si entrò a Malmö e si scese nel palazzo del governatore, ormai imbruniva. Qui sfilata di Corte. La truppa aveva atteso tre ore in parata. Era la prima volta che la coppia di principi ereditari veniva a Malmö. Oscar aprì la sfilata a cavallo, con fuoco greco. Il giorno dopo ci fu un enorme banchetto, con discorsi e strofe adulatorie dopo ogni brindisi, nella bella sala del municipio. Lì ci fu alla sera anche il ballo. Le Signore sedevano su palchi tutto intorno. Augusta guardò le danze con i nipotini. Il mattino, Teodolinda costatò che dal porto di Malmö si poteva vedere con il cannocchiale quello di Stoccolma. La mattinata fu dedicata alla visita delle costruzioni della assistenza sociale e fu l'ultima sera prima della separazione della famiglia. Il giorno dopo si andò, abbattuti, attraverso una grande folla, al porto, e al momento della separazione sul "Gylfe" scorsero molte lacrime. *Dio sa, quando ci rivedremo,* notò la Madre. *Oscar era assai pallido ed i nipoti piangevano, come tutti gli altri. La mia povera Giuseppina era in una condizione terribile. Io soffocavo, poiché sin dalla morte di mio figlio non riesco quasi più a piangere.* Appena fuori dal canale ci si arenò sulla sabbia e ci vollero due ore per galleggiare di nuovo. La famiglia Oscar osservava da una altura.Da Kiel si proseguì subito verso Amburgo. La carrozza dei bagagli con il maggiordomo si rovesciò lungo il percorso. Ci vollero doti di persuasione, sino a che la porta della città, già chiusa, lasciasse entrare i viaggiatori.

Il viaggio di ritorno andò su Berlino e Dresda, poiché Augusta voleva visitare le sue sorellastre, la principessa ereditaria Elisa di Prussia e la sua gemella Amalia, principessa Giovanni di Sassonia. Dopo il pernottamento a Ludwigslust si scese la sera nell'albergo Città di Roma, a Berlino, dove l'ambasciatore bavarese conte Waldkirch annunciò la visita di Elisa per la mattina dopo, ed Augusta annunciò a lui la sua al re a Charlottenburg. Essa trovò il fratello di suo cognato, il futuro Federico Guglielmo IV, particolarmente attento e simpatico. Egli ed Elisa mostrarono il museo dei quadri, sculture e vasi antichi, istituito dal re nel 1824. A Teodolinda piacque particolarmente l'appartamento di zia Elisa nel castello, mentre la confusione nell'appartamento neogotico del principe ereditario faceva intuire la sua intensa attività mentale.

Il re Federico Guglielmo III era venuto apposta da Potsdam a Charlottenburg, per salutare la duchessa ed invitare insieme la parte della famiglia raggiungibile, ad un pranzo. Augusta l'aveva visto per l'ultima volta in occasione del suo fidanzamento con sua cugina Luisa von Strelitz, a Darmstadt. Allora lei aveva quattro anni. Delle quattro sorelle, alle quali Jean Paul ha dedicato il suo "Titan", la regina Luisa e la madre della regina bavarese Teresa, Carlotta, non erano più in vita. Luisa era già morta da sedici anni ed il re da lungo tempo si era rimaritato con la contessa Harrach, la quale portava il titolo di principessa Liegnitz. La conversazione andò meglio di quanto la duchessa si fosse aspettata dal re, che era ritenuto un taciturno. Teodolinda registrò: *Il re è alto, imponente, silenzioso, sua moglie, la principessa von Liegnitz, piccola, piacevole, e fa una buona impressione.* Il terzo figlio del re, Carlo, grazioso, divertente e galante era ritenuto un po' superficiale. Sua moglie, Maria di Weimar, le parve al contrario fredda e "complimenteuse". Il principe Augusto, zio del re, trovò presso Teodolinda minore clemenza. Lei chiamò odioso il duca Carlo von Meklenburg-Strelitz. Inoltre c'erano il principe Augusto del Württemberg, fratello della granduchessa Elena, e il duca Ernesto di Cumberland. Al tocco delle due ci si mise a tavola. Linda era un po' sperduta fra il principe ereditario e Carlo. Il primo le piaceva, l'altro era per lei troppo sfottente. Durante la cena si fece musica ed alla fine furono presentate le Signore ed i Signori della corte. Poi, Elisa condusse i viaggiatori a Schönhausen, alla residenza di campagna della duchessa di Cumberland, costruita completamente all'inglese, su di una strada polverosa. Il re si raccomandò, per mezzo del suo maresciallo di corte conte Wittgenstein, di prolungare il soggiorno sino al 20, poiché egli voleva dare a Potsdam una festa. Il giorno dopo si visitarono, con la guida di Elisa, gli ateliers di Rauch e di Tieck. Teodolinda definì lo scultore Rauch,   che il re Luigi di Baviera già in era napoleonica aveva incaricato di scolpire i busti per il previsto Walhalla, come "homme simple, fin et d'un grand talent". Alla sera, all'opera, nel grande palco di mezzo. Il re sedeva con il Liegnitz in un piccolo palco presso il palcoscenico. Essi poi vennero in quello grande. Si dava "die Nachtwanderin" – la sonnambula. La coppia dei principi ereditari arrivò già alle otto del mattino, per il proseguimento del viaggio verso Potsdam; mostrò, sull'isola dei pavoni. il castello neogotico fatto costruire da Federico Guglielmo III, con il serraglio e la casa delle palme. A Glienicke essi furono accolti molto gentilmente dal principe Carlo con la moglie e due figli. C'erano fantini inglesi ed una quantità di cani; nel giardino, un padiglione con vista sul mare. Più oltre, a Babelsberg, al palazzo neogotico del principe Guglielmo, non ancora terminato. Il palazzo di marmo fece a Teodolinda una triste impressione. Charlottenburg, il "Chateau de plaisanterie ou Siam » del principe ereditario, le piacque di più. La coppia dei principi ereditari abitava però, come sempre quando il re si trovava a Potsdam, nel Sanssouci, la dama di Corte di Elisa nella camera di Voltaire. La famiglia prussiana era riunita nel nuovo palazzo. Per prima cosa si vide a teatro un piacevole pezzo preparato dalla principessa Amalia di Sassonia, "l'allievo", ed un balletto, e si cenò poi nella sala dei marmi su piccoli tavoli. Serviva un odioso, piccolo nano cinese. Teodolinda sedeva fra il margravio Max del Baden ed il vecchio principe Augusto di Prussia, il quale, come lei registrò, aveva, a quanto si diceva, 365 figli illegittimi. Augusta sedeva al tavolo del re, il quale fu particolarmente gentile e loquace, del tutto contrariamente alle sue abitudini. Alle dieci ci si accomiatò, ci si vestì nel Sanssouci e si partì per Dresda. I postiglioni prussiani portavano giacche blu con risvolti rossi, quelli sassoni gialle con risvolti blu. La sera dopo, alle otto, si giunse nell'Hotel di Sassonia, dove già si trovavano le sorellastre di Augusta, Amalia e la regina Maria, con i loro mariti. Augusta trovò Amalia piuttosto cambiata nei nove anni dal loro ultimo incontro, e più invecchiata della sua sorella gemella Elisa. Le sorelle mostrarono dapprima il castello, con galleria di quadri e volta verde. Per pranzo si andò alla residenza estiva reale di Pillnitz. Lì, si rividero con la granduchessa Maria di Toscana e le sue due nipoti. C'erano anche il principe Max, la principessa di Lucca e la scrittrice principessa Amalia di Sassonia, sorella del re. Dopo pranzo al cosiddetto Weinberg, una proprietà del re con magnifica vista sull'Elba, daini e caprioli nel parco. Il giorno dopo si proseguì la visita di Dresda, prima colazione a Pillnitz e gita ai bastioni nella svizzera sassone. Maria corse a tal punto, che tutti arrivarono sudando alle barche, che ci misero tre ore per arrivare, sull'Elba, alla fermata delle carrozze, mentre Giovanni raccontava storie di fantasmi dei diversi castelli. Il giorno seguente cominciò con una visita alla raccolta di porcellane nel palazzo giapponese. Il pomeriggio e la sera furono passate in famiglia fino a mezzanotte a Pillnitz, sotto la pioggia. Al mattino presto cominciò il viaggio di ritorno verso Monaco. Ci si misero tre giorni, che Teodolinda passò con un violento mal di denti. A Landshut si seppe che il re Otto di

Grecia si era fidanzato con la principessa di Oldemburg – ancora una Amalia -, ed il giorno dopo l'arrivo, Eugenia ritornò ad Echingen.

Dopo la spedizione trionfale in Svezia, Augusta si ritirò ad Ismaning, anche perché imperversava ancora il colera. Inoltre, le sembrava saggio fare un poco di economia, dopo il costoso viaggio – questo era costato 15.000 fiorini, dei quali lei aveva pagato una metà ed i tre figli l'altra -.

Teodolinda temeva che Max non avrebbe rappresentato la famiglia così brillantemente come in precedenza aveva fatto il suo amato fratello maggiore. Egli era invero buono, ma si faceva facilmente influenzare e non si dava abbastanza seriamente da fare. Egli piantava tutto il giorno fiori, leggeva poco ed inoltre non era così gentile come lo erano il padre ed il fratello, non era puntuale, vestito trascuratamente. *Egli non ha l'ambizione di fare di sé un qualcuno, ed io temo, che nessuno parlerà mai di lui nella stessa maniera come si parlava di suo fratello. Oh, "mon Auguste", tu solo hai sollevato la nostra famiglia; ora essa non è più nulla, e non lo sarà mai.*

In Portogallo, la situazione di Amelia era considerevolmente mutata. Essa doveva accontentarsi, fuori dalla Corte, di un ruolo secondario. Solamente delle agitazioni politiche la riportarono per alcuni giorni nel castello di Belem assieme a Maria da Gloria. Questa fu costretta a sostituire la costituzione introdotta da suo padre, con quella del 1822. La Corte si rifugiò a Belem, poiché questa sta vicina al Tejo e navi inglesi si assunsero il compito della difesa, ma dovette subito ritornare nel palazzo das Necessidades.

A causa del colera si rimase ad Ismaning e si andò a Monaco solo per un pranzo, al quale partecipava anche il re Otto, in costume greco. In occasione di una visita della regina Teresa ad Ismaning, con i suoi due figli maggiori, Teodolinda trovò Otto meno rigido che prima del suo fidanzamento. Il principe ereditario Max era intelligente ed accresceva le sue cognizioni, ma non aveva ancora un suo giudizio. Egli s'intratteneva preferibilmente con persone spiritose ed evitava volentieri le difficoltà.

Il 2 ottobre fu festeggiato ad Ismaning il diciannovesimo compleanno di Max, il quale il giorno dopo partì per Arenenberg da zia Ortensia. Luigi Napoleone non era lì. Max ritornò il 9 ottobre e Luigi si recò il 25 a Sigmaringen, presumibilmente per la caccia; in realtà andò invece a Strasburgo, per il suo primo tentativo di colpo di stato contro Luigi Filippo. Il giorno dopo Augusta lesse sul giornale dello sfortunato colpo di stato di Luigi Napoleone. *Il nostro cugino Luigi St. Leu con sconsiderata istigazione, tenta di far sollevare la guarnigione di Strasburgo. Fra le grida "Vive Napoléon". Egli è stato arrestato e portato in prigione, come pure Mr. Parquin ed il capitano Nandray. Si deve aver perso la testa, per giungere alla convinzione di far insorgere il presidio di una fortezza. Si mostra anche scarso amore per la patria, quando si vuole giungere al potere versando sangue francese. Cosa gli capiterà adesso? Io avevo una diversa idea del carattere di Luigi, lo ritenevo misurato, giudizioso e dedito alla madre. Chi sa se i realisti gli hanno addebitato questo caso, per liberarsi di lui. Questo deplorevole giovanotto mi fa pena.* Luigi Filippo lo spedì negli Stati Uniti d'America, su di una nave da guerra francese. Inoltre Augusta notò nel suo diario, che egli difficilmente sarebbe uscito dalla prigione, se sua madre, ammalata per un cancro all'addome, non si fosse recata subito in Francia, a chiedere grazia per suo figlio. Il re invero non la ricevette, ma provvide a che a lui non accadesse nulla, se si fosse recato negli Stati Uniti.

Il destino della famiglia Leuchtenberg subì una svolta del tutto inattesa. Il re Luigi I a metà aprile aveva ricevuto dal principe Giuseppe Wrede, figlio del feldmaresciallo ed aiutante dello zar Nicola, un invito orale, per il principe ereditario Max, di partecipare alle manovre a San Pietroburgo ed alle grandi esercitazioni di cavalleria con quarantamila cavalli nella Russia del sud. Il re invece annunciò a sua sorella, in occasione della festa di onomastico di Augusta, il 3 agosto, che sarebbe stato molto contento che suo figlio Max partecipasse come inviato bavarese alle manovre russe ad Odessa. *Max arrossì di gioia,* notò Teodolinda, *e Mama ed io ci guardammo strabiliate. Poi il re si rivolse a Mama e disse:"Il nostro fratello Carlo ha rifiutato, perché per lui il viaggio è troppo caro ed il principe ereditario ha addotto come scusa la sua condizione fisica.....Io non voglio assumermi alcuna responsabilità se accadesse qualcosa. Pensateci tutti insieme fino al 7. Io vi do l'autorizzazione, di farmi nominare un ufficiale della mia armata come accompagnatore". Dopo aver detto altre cose gentili, ci lasciò sbalorditi e confusi....Questo viaggio sarà la base della fama di Max, poiché, raccomandato dal re allo Zar, sperimenterà un buon trattamento. Questo viaggio puramente militare lo porterà in contatto con molti principi. Mama è quindi decisa ad accettare, ed io mi rammarico di non essere un uomo, per poter accompagnare Max.*

Max Leuchtenberg accompagnò poi la madre e la sorella a Bad Kreuth presso Tegernsee e fece ascensioni sui monti con il barone Zoller. Egli fu molto fiero, quando il re, per aumentare la sua autorità presso lo Zar, lo promosse da sottotenente a colonnello del suo reggimento di cavalleggeri. Quando entrò nella stanza di Teodolinda come colonnello dei cavalleggeri, le sembrò talmente somigliante ad Augusto che scoppiò in un pianto spasmodico. Il padre Méjan gli diede, secondo le sue abitudini, dei consigli scritti per lo studio durante il lungo viaggio. Sinora, nessun principe era stato inviato dal re, a diciannove anni,   nel grande quartiere generale dell'imperatore di Russia. Questo passo in un mondo sconosciuto non era facile e la prima impressione era decisiva. Soprattutto doveva apparire gentile e riservato, doveva essere particolarmente gentile con la gente umile, poiché i grandi lo ritenevano ovvio. Luigi XIV si toglieva il cappello, quando parlava con una cameriera. Al primo incontro con lo Zar, doveva esprimergli la sua gratitudine per ciò che suo fratello Alessandro aveva fatto per suo padre. Per il futuro doveva guadagnarsi delle simpatie, poiché, se l'imperatore di Russia lo avesse sostenuto, non avrebbe più avuto difficoltà per i suoi possedimenti in Italia. Non lasciarsi sfuggire delle osservazioni contro la Francia, poiché nessuno apprezzava l'ingratitudine. Anche lo zio Luigi gli diede buoni consigli. Egli gli proibì di andare a San Pietroburgo, ma gli permetteva di ritornare per Costantinopoli ed Atene, se non ci fosse stato là né la peste né il colera. La sera alle otto, Max partì in calesse con il conte Paumgarten, il barone Zoller   ed il Dr. Wurm con un secondo. La sorella Linda, che naturalmente era scoppiata in lacrime, scrisse, *egli fece pena per quanto piangeva.* Essa passò il resto del mese con la madre a Kreuth.

Sin dall'inizio dell'anno 1837 apparve chiaro che Ortensia non poteva più essere salvata. *Le preoccupazioni ed il dolore a causa dell'incredibile impresa di suo figlio Luigi e il suo precipitoso viaggio a Parigi ebbero come risultato terribili emorragie e dolori. Si respinsero i consigli dei medici. Si fece venire un chirurgo da Parigi per operarla. Tuttavia questo dichiarò che la malattia era troppo avanzata, per tentare un'operazione.* Essa contava su questa operazione, e scrisse a suo figlio che lei lo benediva, qualora l'operazione fosse fallita. Egli si recò subito in Inghilterra e proseguì il viaggio con un passaporto falso, poiché gliene era stato rifiutato uno regolare. Il conte Tascher, inviato ad Arenenberg da Monaco, portò cattive notizie. La duchessa di St. Leu si nutriva ormai solamente di uova ed oppio e guardava con coraggio alla sua fine; parlava anche della sua sepoltura. Essa desiderava essere sepolta a Rueil, vicino a sua madre Giuseppina. Se questo desiderio avesse causato eccessive difficoltà, allora ad Eichstätt, nel non ancora esistente mausoleo della famiglia Behauarnais. *Luigi è presso di lei e tenta con le sue premure di rimediare ai suoi errori,* notò Teodolinda, *La mia povera zia vorrebbe ancora vederci. Io spero che questo desiderio di una morente, sia accontentato.*

Augusta seppe che Luigi Napoleone era giunto all'inizio di agosto presso sua madre e che aveva sfruttato la sua forzata sosta a Londra, per avviare attraverso il duca del Sussex un progetto di matrimonio fra Max Leuchtenberg e la futura regina Vittoria d'Inghilterra -cosa che risulta da una sua lettera del 12 agosto alla zia Augusta da Arenenberg-. In questa, egli dapprima la ringraziava per il consolante atteggiamento verso sua madre, nel penoso momento dell'impresa di Strasburgo. Egli l'aveva trovata un poco meglio di quanto non avesse temuto. Il duca del Sussex lo aveva accolto a Londra come un padre. Questi lo voleva portare, con l'aiuto dei Whigs, in una posizione molto elevata. *Nonostante io sia molto lusingato da questa proposta, vi dico sinceramente che vostro figlio sotto diversi punti di vista ne sarebbe assai più idoneo di me. Poiché io sono continuamente in contatto con il duca del Sussex, vorrei molto volentieri vedere mio cugino. Un tale successo sarebbe nell'interesse di noi tutti.* Essa non doveva confidarlo a nessuno al di fuori di Max. Firma già "Nap. Luigi Bonaparte" Che si sia trattato di un progetto di un matrimonio con la regina Vittoria, risulta dal diario di Augusta.

Invece di Max, ad Arenenberg andò Augusta, con Teodolinda e Maurizio Méjan. Luigi Napoleone attendeva davanti a Costanza la nave che giungeva da Meersburg. *La mia compassionevole zia ci tese la sua mano emaciata e sorrideva,* scrisse Teodolinda. *Essa sussurrò alcune parole che a fatica potei comprendere. Essa è magra, gialla, non riesce a mangiare e giace tutto il giorno a letto….Le tre dame di compagnia e le due cameriere la vegliano. A colazione Luigi raccontò nei particolari la sua spedizione a Strasburgo. Io mi permisi di contraddirlo. Passammo tutta la mattinata da mia zia. Essa si addormenta ad ogni istante, parla poco e a voce molto bassa.* Al pomeriggio, con Luigi, gita al castello Gottlieb dove Ortensia voleva passare l'inverno. *La paziente sta meglio. La sua voce è più forte e ha mangiato dell'uva proveniente da Fontainbleau,* che le ha portato Me. Vieillard. 7 settembre: il miglioramento si mantiene, così che con il bel tempo essa può sedere un'ora all'aperto. Linda concepì nuove speranze. Luigi condusse i suoi parenti a Mainau. Il proprietario, un conte, che ha tanti debiti che si potrebbe avere questa proprietà per 35.000 franchi, non c'era. Augusta apprese dagli entusiastici discorsi di suo nipote, che egli era fermamente convinto che la Francia lo volesse lì. Egli ritornò anche sul progetto di matrimonio per Vittoria di Inghilterra e disse che Sussex aveva proposto Max, poiché lui non voleva accettare. *Io risposi*

*che non avrei assolutamente tentato di accettare questa proposta e che
anche mio figlio non voleva assolutamente saperne di un matrimonio
dettato solamente dalla politica. Inoltre non volevamo aver nulla a che
fare con ciò che sembrava un intrigo.*

L'8 settembre, la zia Ortensia fu portata nuovamente nel suo
giardino. Poiché essa affermò che il bel tempo doveva essere sfruttato per
una gita, Luigi fece attaccare il suo Phaeton inglese ed accompagnò
Teodolinda a Hohenheim. Un poco irritata, poiché egli continuava a
parlare del suo colpo di stato a Strasburgo, Augusta gli dichiarò di non
aveva ritenuto possibile che questa impresa fosse nata da lui ma che un
impostore avesse utilizzato male il suo nome, poiché lei la pensava come lo
zio Eugenio, il quale non aveva mai voluto percorrere altra via che quella
dell'onore, e aveva allevato i suoi figli in questo senso. Luigi rispose a ciò,
che la sua situazione era diversa, egli pensava solamente al bene della
Francia. Il giorno dopo, secondo Teodolinda, egli ebbe una spiegazione
con la   zia, dicendole che   voleva il matrimonio di Max con la futura
regina d'Inghilterra per ottenere il suo appoggio per l'ascesa al trono di
Francia, dopo la morte di Luigi Filippo.

Il 10 settembre, prima della partenza, consulto medico fra il Dr.
Schönlein da Zurigo, il Dr. Comeau ed il Dr. Sauler da Costanza, con
l'errata conclusione che la malattia sarebbe durata ancora degli anni. *Con
questa debole speranza di guarigione, ci accomiatammo alle otto dalla
mia buona zia. Essa apparve tranquillizzata, mi affidò diversi incarichi per
il prossimo anno, ci fece promettere di ritornare ai primi dell'anno, e ci
ringraziò per la nostra visita. Io ebbi il coraggio, di trattenere le mie
lacrime. Luigi ci accompagnò fino a Costanza.... Il poveretto aveva le
lacrime agli occhi, quando ci lasciò.*   Gli ultimi istanti di sua madre erano
stati terribili, scrisse egli il 10 ottobre alla zia Augusta, da Arenenberg:
*essa mise la mia mano sul suo cuore e raccomandò a Dio tutti gli astanti,
ancora alcune parole per la Francia, per la sua famiglia, quindi i suoi
occhi si fissarono ed essa emise fra le mie braccia il suo ultimo respiro. Io
non dimenticherò mai questa straziante circostanza.. Essa ha voluto tenere*

sino alla fine il braccialetto che Voi le avete donato.

La zia Carlotta, l'imperatrice vedova, fu assai commossa che Max fosse transitato da Vienna per vederla. Per questo, lui aveva dovuto viaggiare giorno e notte, da Lemberg, per raggiungere in tempo utile la città di Wosnessensk sul Bug, a cento chilometri dal suo sbocco nel Mar Nero. Otto giorni per questo tratto in carrozza erano calcolati insufficienti. Max giunse proprio in tempo al suo quartiere. Il piccolo padre, lo zar, aveva ordinato la presentazione dell'armata in grande stile, in questa smisurata pianura particolarmente adatta per le esercitazioni di cavalleria. Nicola I, a parte il desiderio di maritare le sue figlie, era tutto preso dal grandioso svolgimento militare ed in ciò era, se possibile, ancora superato da suo fratello Michele. I fabbricati destinati all'alloggio ed al divertimento dei principi e dei dignitari, dovettero essere costruiti. Lacroix scrive, nella sua storia di Nicola I, che furono edificati interi palazzi, sale da ballo e da teatro, archi di trionfo per lo più di legno ed elevati sopra dei palchi, pareti di lino dipinte, ed inoltre passeggiate, giardini con statue e fontane a getto. Nell'accampamento, Max fu alloggiato in una delle graziose case costruite per gli ospiti importanti e gli fu assegnato un aiutante personale.

Schiere di soldati e d'artigiani avevano lavorato per mesi a questa specie di miracolo. Il generale di cavalleria, conte Witte, capo delle colonie militari in Ucraina, era l'effettivo ispiratore di quest'enorme spettacolo e comandava gli 80.000 uomini appiedati e 40.000 a cavallo. La fanteria era accampata su di un'estensione di cinque verste, su un altopiano a nord est della città ed era costituita da 25.000 ex soldati delle colonie militari, completata da truppe del genio, duecento cannoni, cavalleria e dragoni. Le colonie militari erano un'invenzione del conte Araktschejew, al tempo dello zar Alessandro. Esse erano composte di soldati, in congedo sino a nuovo ordine, che erano sistemati in guisa di reggimento e rappresentavano una specie di riserva d'esperti militari in caso di guerra ed erano contadini della Corona, legati alla terra, comandati come soldati sino al sessantesimo anno d'età. Le fanciulle nate dal loro matrimonio potevano sposare solamente dei soldati. I figli erano addestrati in collegi militari.

Lo zar tenne una specie di prova generale prima dell'arrivo degli ospiti. Trecentocinquanta squadroni e quarantaquattro cannoni erano disposti in cinque file nella piana di Wosnessensk. Seguito dal suo stato maggiore, con solo centocinquanta generali, passò in rivista a cavallo fila per fila. Ogni reggimento rispondeva al suo saluto con un Urrà. Di fronte era stato costruito un altare. Dopo il Te Deum, si svolse la parata. Quindi egli si slanciò verso i dragoni schierati in una fila. Ad un comando essi saltarono giù dai cavalli e manovrarono come fanteria.

Dei parenti prussiani, arrivarono il principe Augusto, pronipote della zarina, fratello di Luigi Ferdinando caduto a Saalfeld, che Max conosceva già da Berlino, ed il suo cugino, principe Adalberto di Prussia. La descrizione del cronista di Max Leuchtenberg avrebbe entusiasmato la mamma: *il suo volto grazioso, il suo portamento distinto, le sue maniere eleganti, la sua perfetta educazione, ed il suo comportamento accattivante lo mettevano al di sopra, soprattutto fra i principi tedeschi, suoi parenti.*

Lo Zar ed il granduca Michele lo cercarono immediatamente dopo il suo arrivo. Lo Zar era, come tutti i fratelli, un'elegante, graziosa apparizione, nella sua uniforme attillata secondo la moda di quel tempo. Egli fu particolarmente gentile, affermò che aveva saputo, a Berlino, dell'ottima impressione che Max aveva lasciato dietro di sé e lo invitò subito a San Pietroburgo. Egli voleva d'ora in poi considerarlo una vecchia conoscenza. L'arciduca Giovanni lo accolse osservando che era molto felice di conoscere il figlio del principe Eugenio. Nonostante che fossero stati avversari in guerra, egli aveva serbato di lui rispetto e devozione.

Le manovre cominciarono il 1° settembre con i movimenti dei quattro corpi di cavalleria ed artiglieria su un'estensione di quattro miglia. Lo zar condusse personalmente l'assalto a Wosnessensk. Quaranta cannoni dell'artiglieria ippotrainata aprirono il fuoco, i corazzieri attaccarono in linea e in colonne. Alla fine si slanciarono avanti i dragoni, saltarono giù dai cavalli ed attaccarono a piedi. Il giorno dopo, tiro a palla della fanteria e dell'artiglieria. Inoltre, il corpo dei dragoni fu disposto ai fianchi, in fitte colonne, con l'artiglieria. Lo Zar cavalcò verso i bersagli per vedere i centri. Poi fece suonare l'allarme dai genieri. Questa giornata di manovre si concluse con una visita all'accampamento della cavalleria.

Il 3 settembre, anniversario dell'incoronazione dello Zar, l'imperatore partecipò ad una Messa solenne nella chiesa dell'accampamento della fanteria, con tutti gli ospiti ed i generali. Alle quattro ci fu un banchetto nella sua casa. Nel frattempo si visitarono gli allevamenti di cavalli della colonia militare. Alla sera, illuminazione a festa di Wosnossensk e grande ritirata davanti al quartiere imperiale, condotta dal corpo trombettieri della cavalleria, tamburi e bande musicali della fanteria – oltre 1500 uomini. Si concluse con il bellissimo inno dello Zar. Il giorno dopo fu completamente dedicato alla cavalleria. Appena lo zar arrivò dal terreno di manovra, fu battuta la marcia generale. In un istante i cavalieri furono sui loro cavalli e cavalcarono in colonne. Le batterie si appostarono ed aprirono il fuoco. Poi tutta la linea di battaglia avanzò, l'artiglieria cambiò la posizione. I corazzieri attaccarono attraverso varchi appositamente lasciati liberi. I dragoni li seguirono attraverso le due linee, marciarono contro le protezioni e fecero fuoco a rotazione. Alla fine tutta la cavalleria si dispose nuovamente in colonne.

Al mattino del 5 settembre il granduca Michele fece gettare, dalla divisione dei genieri, in brevissimo tempo, un ponte su un fiumicello. Lo zar attendeva da Mosca, nel pomeriggio, la zarina, con la granduchessa Maria, e lo zarevic Alessandro, il quale era stato in Siberia dai governatorati di Kursk e Poltawa. Nicola andò a cavallo incontro alla zarina ed alla sua figlia preferita, con un seguito di cinquanta generali, davanti alla città.

La zarina Alessandra, che come principessa prussiana si chiamava Carlotta, era la terza figlia di Federico Guglielmo III e della regina Luisa; aveva trentanove anni ed aveva sette figli viventi. Il futuro Alessandro II, che aveva allora diciannove anni, aprì la serie, poi seguirono le tre figlie Maria, Olga ed Alessandra ed altri tre figli, Costantino, Nicola, e Michele di cinque anni. La figlia maggiore Maria, chiamata Mary era particolarmente nelle buone grazie del padre. Gli era così somigliante, che di profilo sembrava la sua miniatura. Era molto vivace ed irresistibile nella sua amabilità del tutto naturale; odiava la finzione e la costrizione. Si poneva così seducentemente al disopra delle convenzioni, che non si poteva essere arrabbiati con lei, ma era instabile nei suoi sentimenti e se ne lasciava guidare a tal punto, che la madre era terrorizzata.

L'illuminazione a festa, la sera dell'arrivo della zarina, superò anche quella dell'anniversario dell'incoronazione. La piazza davanti al quartiere dello zar era adorna di archi di trionfo, obelischi, colonne, ed altre imitazioni. Essi splendevano in tutti i colori e mostravano le iniziali della coppia imperiale. Tremila bambini dei coloni militari cantarono gli inni, accompagnati da altrettanti musicanti. Seguì la "grande ritirata". Al ricevimento della zarina che seguì, Nicola presentò personalmente il nostro Max a lei e a Mary.

Il Dr. Mandt scrisse nelle sue memorie che lei era anemica e non ancora sviluppata, con un'espressione triste. Fino alla primavera l'aveva tenuta sotto stretto controllo, perché potesse partecipare "alle manovre di fama mondiale". Egli descrisse Max Leuchtenberg come un bellissimo giovanotto con l'ombra scura dei baffi nascenti sul labbro. Egli *più che le uniformi e dei cavalli, aveva visto l'avvenente figlia dell'imperatore ed aveva acceso nel cuore di lei, per la prima volta, desideri e speranze, che sono diventati abbastanza forti, da sfidare qualsiasi impedimento.* La zarina lo definì, in una lettera a suo fratello Guglielmo, un giovanotto molto dabbene e bello. *Mi sembra un bel giovanotto tirolese.* La sorella di Mary, la futura regina Olga del Württemberg, notò che egli era stato attratto altrettanto profondamente da Mary. *Anche a lei piace lui, poiché è un bel giovane, e l'idea che egli potrebbe diventare suo marito, le passa già per la testa. Sarebbe egli stato d'accordo a rimanere in Russia con lei?* Olga scrisse molto su questa sorella, nelle sue memorie di gioventù. Piena di temperamento, si infiammava altrettanto presto come dimenticava. Il suo volto era classico e quindi molto espressivo. Fronte, naso e bocca, del tutto regolari; seno già sviluppato e la vita così piccola che avrebbe potuto usare, come cintura, il nastro da fronte della sua acconciatura greca. Inoltre era altrettanto spiritosa quanto bella, svelta a comprendere ed a decidere. Non conosceva pregiudizi. Scatenava con parole e sguardi un vero fuoco d'artificio. Essa era molto generosa verso i poveri, e buona. *Certamente essa era cento volte migliore di me, era più vivace di noi sette insieme, solo una cosa le mancava: il senso del dovere.*

I grandi spettacoli cominciarono solo il 7 settembre. Nell'ordine del giorno, lo zarevic fu nominato capo dei dragoni di Mosca, il granduca Michele capo dei dragoni di Twer, la granduchessa Maria capo del reggimento dei corazzieri a Jekaterinoslaw, l'arciduca Giovanni capo del battaglione zappatori dei granatieri, il principe Augusto di Prussia capo della I brigata di artiglieria dei granatieri, ed il principe Adalberto fu posto "à la suite" dell'artiglieria ippotrainata. Per la parata di cavalleria, particolarmente bella, lo zar, la zarina, la granduchessa Maria ed il granduca Michele passarono in rivista a cavallo. Al termine marcia in parata al passo, trotto e galoppo.

Nella notte del 9 settembre, fu costruita nella steppa una città cinese, con fortificazioni e cannoni di legno. Sin dall'alba si affollarono nei pressi folle di curiosi, per ammirare questa meraviglia. Lo zar si sistemò con il suo seguito alla sinistra, mentre la zarina guardava da una tenda riccamente ornata dall'altra parte; lo spazio in mezzo era tenuto libero per il pubblico. Alle sei in punto l'artiglieria accerchiò a cento metri il muro dipinto della città e mandò a fuoco il legno. Delle mine incorporate fecero accendere un fuoco artificiale e tutto lo splendore andò in cenere sotto il tuonare dei cannoni.

Il giorno di sant'Alessandro, l'11 settembre era dedicato allo zarevic. Cominciò con una Messa solenne nell'accampamento dell'artiglieria. La zarina e la granduchessa Elena diedero un ricevimento ed il pomeriggio ci fu il ballo del conte Witte. Davanti al suo bellissimo quartiere era costruito un colonnato illuminato a festa ed adornato con armi, e sopra l'ingresso splendeva, in luci colorate, l'iniziale del successore al trono. Pareti e soffitti della sala da ballo erano ricoperti di mussolina bianca ed ornati da festoni di fiori con frange d'oro. A distanze eguali erano appese delle armi lucidate a specchio, che rispecchiavano le luci dei lampadari e dei candelabri. Sullo sfondo infine c'erano, sino al soffitto, fucili, baionette, sciabole, lance, pistole, oggetti da trincea artisticamente riuniti da fiori ed illuminati. In una sala accanto si vedeva un intero museo di armature ed armi antiche di tutte le epoche e di tutti i popoli, soprattutto russe e tartare. La coppia degli zar aprì il ballo e si ballò fino alle due del mattino. Lacroix trovò il numero di millecinquecento ospiti non alto, ma erano solo principi ed altre personalità di rango e quanto la corte russa aveva da offrire di "grandes dames" e di incantevoli donne. *La granduchessa Maria, la cui grazia e bellezza, non appartenevano al minor vanto del ballo, danzò più spesso con il principe di Prussia ed il duca di Leuchtenberg.* La cena fu servita in quattro sale riccamente addobbate con tutto il lusso di una tavolata di gala.

Il giorno dopo, lo zar fece esercitare il 1° e 2° corpo della riserva di cavalleria ed al successivo tutta la cavalleria era già pronta all'alba, per una manovra di cavalieri di enorme portata. Essa finì davanti alle mura di Wosnessensk, e le truppe dovettero, ancora la stessa sera, occupare le posizioni per le evoluzioni particolarmente complesse del giorno dopo. Queste manovre finali si protrassero per due giorni.

Lo zar ringraziò con un ordine del giorno i comandanti delle truppe e ne decorò diversi. Egli si accomiatò dai principi e diplomatici stranieri e si recò ad Odessa, prima della prosecuzione del viaggio con la moglie e Mary in Crimea e nel Caucaso. Al commiato, Max fu cordialmente abbracciato dallo zar e dalla zarina. Egli ricevette la gran croce dell'ordine di San Alexander Newski. Nella lettera di accompagnamento è scritto: *Desidero che conserviate un ricordo affettuoso e durevole della festa di Sant'Alessandro, che   è anche quella di mio figlio, cui avete partecipato nel mezzo dell'accampamento russo.*

Lo zar aveva scritto alla duchessa, in risposta alla sua lettera recapitatagli tramite Max, che il suo cuore materno poteva essere felice. *Permettetemi....di esprimervi tutti i miei auguri per la felicità di vostro figlio, il quale, a mio parere, riunisce in sé così tante speranze e nobili ricordi. Con la convinzione che, come avete onorato l'imperatore Alessandro, sia la Vostra Altezza Reale del tutto convinta dei miei propri sentimenti.* Anche lui doveva aver apprezzato molto Eugenio Behauarnais. Secondo la granduchessa Olga egli aveva appeso, nel suo ufficio ad Awitsckow, il suo ritratto e portava ad esempio ai suoi figli il suo carattere cavalleresco.

Anche nel suo ringraziamento al re di Baviera per la lettera recapitatagli da Max, custodito da Méjan, egli trovò parole di lode. *I rapporti che lo legano alla Vostra Maestà Reale, e la speciale considerazione che il mio eminente infelice fratello ha rivolto al padre di questo giovane, gli danno legittimo diritto al mio più intimo interesse. Le sue qualità personali aggiungono al sentimento di simpatia oggi, un altrettanto piacevole quanto durevole ricordo, per cui l' ho appena ammesso nell' armata russa.*

Max scrisse alla madre, ancora il 15 settembre da Wosnessenk, che le manovre volgevano al termine e che si sarebbe incontrato ancora una volta con lo zar ad Odessa. *Si è trattato il mio giovanotto come un membro della famiglia. Da Odessa deve andare a Costantinopoli con l'arciduca Giovanni.* Scrisse la Madre, fiera, nel suo diario.

Il ballo dato nella città di Odessa offrì a Max numerose occasioni di ballare con la granduchessa Mary. Lei andò con i genitori sulla "Stella polare" a Sebastopoli e lui sulla "Imperatore Nicola" a Costantinopoli.
Max visitò le moschee ed altre bellezze di Costantinopoli e fece anche una passeggiata sui monti dell'Asia minore. Abitò dall'ambasciatore greco Hergraphos, fece visita al gran sultano e fu da lui invitato a pranzo.

La Madre fu particolarmente fiera, quando suo fratello Luigi le mandò il seguente brano del dispaccio del suo ambasciatore a San Pietroburgo, del 25 settembre: *Il duca Max di Leuchtenberg ha ulteriormente trovato piena approvazione. E' piaciuto particolarmente all'imperatore. Si parla di ciò comunemente nelle lettere arrivate e si indica il duca come colui che fra tutti gli stranieri ha avuto più successo.*Il cognato, principe ereditario Federico di Prussia, le disse a Tegernsee, *che sua nipote, la granduchessa Maria, aveva scritto che era entusiasta di mio figlio Max, ed aggiunse che evidentemente egli aveva avuto un successo prodigioso.*Nel palazzo Leuchtenberg la pazienza fu messa a dura prova sino al ritorno di Max. Le lettere da Costantinopoli ci mettevano circa venti giorni. Il 5 novembre fu montato, davanti ai cuori nella cappella del palazzo Leuchtenberg, il bassorilievo di Schwanthaler.

Max aveva ricevuto dal gran sultano, alla vigilia della sua partenza da Costantinopoli, due bellissimi cavalli e due sciabole. Sulla via verso Smirne era in programma una visita ai Dardanelli. All'arrivo ad Atene, a metà ottobre, egli si dovette sottoporre ad una breve quarantena. La coppia reale greca lo cercò immediatamente. Nonostante ciò, egli sembra aver avuto nostalgia di casa. *Il mio buon Max scrive che, nella sua cabina, ha spesso pianto al pensiero di Monaco e che attende con impazienza il momento di abbracciarci.* Max scrisse, subito dopo il suo arrivo a Trieste, una lettera di dodici pagine da cui la Madre venne a sapere che egli aveva letto immediatamente con curiosità le lettere – dodici- che gli erano state recapitate dal barone Zoller. *Io avevo le lacrime agli occhi, mentre le leggevo, ma erano lacrime di gioia, poiché state bene e specialmente perché siete contenta di me. Siate certa, cara mamma, che il figlio vostro e del principe Eugenio avrà sempre davanti agli occhi l'esempio dei suoi genitori.*

Teodolinda descrive la grande ansia, con cui nel palazzo Leuchtenberg si attendeva il ritorno di Max. Eugenia venne da Hechingen, il personale adornò il cancello e l'ingresso. Ancora prima che si facesse conto sull'arrivo, si aprivano le finestre ad ogni carrozza che passava. Tutte le sere si accendevano i lampioni con le cifre di Max. Il 7 dicembre giunse un'altra lettera da Trieste. Egli non aveva potuto acquistare una carrozza per il viaggio ed aveva quindi affittato una diligenza postale. Sarebbe passato il 3 a Innsbruck e sperava di arrivare il 9 o il 10. Nonostante ciò, si attese e si accesero le luci. La sera dell'8 si sedeva attorno al camino. *Eugenia ed io prendemmo i nostri lavori manuali ed io tesi le orecchie più di venti volte.* Stefania Méjan disse che l'ambasciatore prussiano conte Dönhoff voleva chiedere una udienza, per ripetere tutte le buone cose che aveva saputo dal generale che era stato con Max in Russia. Tutti avrebbero provato per Max *un dolce amore….Noi ridemmo di questa particolare espressione, quando udimmo il rumore di una carrozza leggera. Il mio cuore batteva…ma no, non si udì nessuno entrare. Guardai verso la porta della sala, che io, per uscire più rapidamente, avevo lasciata aperta e cosa vidi? –Max. Emisi un grido e caddi fra le sue braccia. Mamma ed Eugenia si avvicinarono di corsa. Non potevamo parlare per l'emozione e per la sorpresa. Egli è cresciuto, è divenuto più forte. Noi lo subissammo tutti assieme di domande, ed egli non riusciva a rispondere. Le Signore, i Signori, i servitori, tutti coloro che erano in casa, accorrevano per salutare il nostro buon ragazzo. Egli scese le scale per osservare la bella illuminazione e per ringraziarne la gente. Ha viaggiato giorno e notte da Trieste ed è arrivato all'una a Weilheim, quattro poste da qui. I suoi accompagnatori si presero il tempo per mangiare, ma lui non aveva pace, prese una casseruola ed il suo portafoglio sotto il braccio, si sedette vicino al postiglione, e fu felice di sorprenderci e di abbracciarsi. Questo episodio dimostra il suo carattere ed il suo buon cuore. Fino alle dieci gli facemmo domande….Io ringraziai Dio.* Alla prima colazione proseguì la serie delle domande. Egli descrisse la situazione in Grecia. Il maresciallo di Corte di Otto, conte Saporta, aveva chiesto le sue dimissioni, ed in gennaio tutti i bavaresi lasceranno la Grecia. Alla fine dell'anno la cassa statale sarà esaurita. *La vista della sua uniforme dei cavalleggeri verde-rosa mi spezzò il cuore. Oggi è l'anniversario della nascita del nostro povero Augusto.*

La prima visita fu al re. La regina Teresa lo aveva interrogato per tre quarti d'ora, sottolineò Augusta, ed altrettanto a lungo la regina vedova

Carolina, ed il principe ereditario un'ora e mezzo. Egli raccontò con grande semplicità. *Le sue sorelle ed io eravamo incantate..... il suo atteggiamento distinto, la chiarezza delle sue considerazioni, specialmente in riferimento ai paesi che ha visto come pure alle singole personalità. Il conte Paumgarten mi ha detto che la sua presenza ad Atene era stata molto utile e che egli era stato incaricato di parlare seriamente con la coppia reale sulla miserevole situazione della Grecia. Gli ambasciatori d'Inghilterra, Russia, Francia e Baviera avevano pregato Max di prolungare il suo soggiorno.*

Il re notò che il nipote gli aveva riportato dal suo viaggio dei begli oggetti di scavo dell'antica Grecia, una fascia da fronte d'oro ed altre cose d'oro, inoltre, come dono della città di Atene, un bel calice d'oro, lavorato a Monaco, con una dedica greca. Alcuni giorni dopo lo portò con sé sulla sua carrozza per *parlare in lungo ed in largo di Atene, non dell'arte, ma della corte*, solamente con lui.

Questa volta ci fu un felice Natale nel palazzo Leuchtenberg, con quattordici alberi di Natale. I tre figli presenti regalarono alla Madre una parte dei mobili per la nuova sala di Ismaning, un ritratto di Eugenia, un bel tappeto di Smirne, uno scialle turco in oro, un cuscino per i piedi e diversi disegni di Nachtmann per il suo album. Inoltre, lei ebbe una nuova nipote. Mentre erano seduti per il tè, Méjan annunciò che sua sorella Ludovica era in travaglio. Augusta si recò immediatamente nel palazzo ducale sulla Ludwigstrasse. La cosa andò così rapidamente, che già alle dieci e un quarto venne al mondo una bambina, "qu'était énorme" – Sissi, futura imperatrice d'Austria. Si andò per la prima volta alla Messa di mezzanotte nella nuova chiesa di Tutti i Santi. Augusta la trovò molto bella, ma per pregare si era troppo in vista.

A san Pietroburgo andò a fuoco, nella notte di Natale, il famoso palazzo d'inverno di Rastrelli. La famiglia degli zar dovette riparare ad Anitschkow. Il mobilio fu quasi completamente salvato dai militari. Lo zar rimase per tutta la notte sul luogo dell'incendio ed ordinò l'immediata ricostruzione entro un anno. Con l'impiego di grandi quantità di artigiani, l'ordine fu eseguito, ed il nuovo palazzo d'inverno fu pronto proprio per il matrimonio di Max.

Max si sentì nuovamente un ufficiale bavarese e volle prestare i suoi servizi sin dal grado più basso. Egli lo fece fra i corazzieri di suo zio Carlo a Monaco, ed esordì, all'inizio del nuovo anno, come sentinella davanti alla caserma, com'era uso a Monaco nel periodo Biedermeier, per i principi bavaresi. Il re si recò con la regina, il principe ereditario, Augusta e Linda, sotto un turbine di neve, alla caserma dei corazzieri, per vedere come lui faceva mettere in ordine le sentinelle per la presentazione degli onori militari. La Madre osservò che si era raccolto un folto pubblico e che i corazzieri guardavano dalle finestre decorate.. *In quest'occasione si dimostrò ancora una volta la simpatia del popolo, della borghesia e dei militari, per la nostra Famiglia.* E Teodolinda, il 19, che Max comandò le sentinelle per ventiquattro ore. *Ci ha presentato le armi con gravità.* Egli invitò gli ufficiali per la cena ed il punch e fece regali ai corazzieri. Il 1° febbraio, la mamma con Linda passò due volte davanti al picchetto di fuoco sull'Anger, per indurlo a richiamare la guardia, costituita da un caporale ed otto uomini. Dei conoscenti gli fecero compagnia sino a notte. Poi una pattuglia cavalcò fino a Biederstein.

Amelia preparava, in Portogallo, il suo viaggio in Baviera da lungo tempo progettato. La giovane regina Vittoria d'Inghilterra, attraverso i suoi ambasciatori a Lisbona, l'aveva invitata per una visita e le aveva messo a disposizione per il viaggio una delle sue navi di linea che sostavano sul Tejo. Lei però non voleva lasciare la regina del Portogallo nella situazione tesa del momento, scrisse da Santa Marta, e si poneva a sua disposizione, anche se questa dava poco valore alla sua matrigna. Il viaggio in Italia era già stato messo in programma prima che si parlasse di quello in Russia, e sicuramente con Amelia, ma era stato rimandato a causa del colera a Roma.

Sin dal congresso di Vienna, i possedimenti nelle legazioni di

Ancona e Macerata, Urbino e Pesaro, accanto al principato di Eichstätt, costituivano la riserva della famiglia Leuchtenberg – cioè, oltre che ad Ancona e Pesaro, a Forni, Senigallia, Recanati, Chiaravalle, Jesi ed Osimo- . Il palazzo principale e la sede dell'amministrazione sotto il cavaliere Roux Damien, si trovavano ad Ancona, ma il duca aveva abitazioni anche nelle altre città. Teodolinda e sua madre che, come pure Max, vennero qua per la prima volta, ci raccontano con più precisione. Il viaggio iniziò il 2 aprile; Madre e figlia e servitori in un confortevole Coupè, Max con il barone von Zoller ed una guardia del corpo in un Charabanc, Maurizio Méjan con il Dr. Wurm ed il servitore in un calesse, la contessa Sandizell con tre cameriere e due servitori in un'altra carrozza ed avanti a tutti, con la distanza necessaria per prenotare i cavalli di posta e gli alloggi, il maggiordomo di corte Edouard e l'aiutante cuoco, con i bagagli.

Questa volta Augusta si costrinse a vedere, nel castello di Mantova, i luoghi dove Linda era venuta al mondo e dove il suo sogno reale italiano si era definitivamente dileguato. Il viaggio proseguì su Bologna, Forlì e Rimini. *Finalmente alle nove la nostra carrozza rullò nel cortile del nostro palazzo a Pesaro. Il sig. Roux ci accolse e ci accompagnò nelle nostre stanze. Esse sono piacevoli e molto pulite, cosa che in Italia è stupefacente....La banda della guardia civile eseguì una serenata...L'amministratore e sua moglie ci servirono.* Il Cardinale Riario Sforza venne a visitarli con il seguito. Si andò subito oltre, verso Senigallia. Lì si scese, secondo Teodolinda, "in un grande palazzo di Max", "la nostra casa" secondo Augusta. Ci si fermò solo tre ore per la colazione ed il ricevimento dei funzionari. Il cavaliere Roux che si era affrettato avanti, stava all'ingresso di Ancona, a cavallo, per riceverli. *Entrammo nel nostro bel palazzo, trovammo lì la signora Roux, sua madre, il console bavarese ed i domestici. Le stanze sono superbe.* La signora Mamma notò: *il palazzo è molto bello. Io ho un grande vestibolo, tre sale ed una stanza da letto, Teodolinda una tappezzata in azzurro accanto a me e mio figlio una vicino a quella della sorella. Il suo appartamento è completo. Le mie finestre danno sul mare. C'è una grande, ma scura sala da pranzo e tribune unite nella chiesa, ciò che è molto comodo. Il palazzo è così grande che tutta la nostra gente vi è alloggiata, nonostante che vi abiti anche M. Roux con la famiglia e vi siano alloggiati anche l'ufficio ed i domestici....*

Il mattino dopo arrivarono gli ufficiali francesi e papali per la visita d'omaggio. Quasi tutti gli italiani avevano prestato servizio sotto il viceré Eugenio. Uno era stato a Monaco per il suo matrimonio, uno a Mantova per la nascita di Teodolinda. Max cercò il delegato del Papa, che soffriva di artrite, ed il generale.. Il giorno dopo egli visitò Chiaravalle e lì andò a trovare il Cardinale Orsini.

Mercoledì, 19 aprile, gita a Loreto. Si andò con la scorta di cinque carabinieri papali e si constatò che i campi dei Leuchtenberg, lungo la via, erano in buone condizioni, la gente faceva una piacevole impressione ed i mezzi di trasporto erano tirati da bellissimi buoi. A Osimo, dove Max possedeva come palazzo quello che una volta era un convento, gli impiegati furono salutati dalla carrozza. Quindi il viaggio proseguì per ore su monti così ripidi che si dovettero attaccare davanti dei buoi. Anche nel luogo di pellegrinaggio di Loreto era a disposizione una casa propria. Appena terminata la colazione, arrivarono il vescovo ed il delegato. Entrambi accompagnarono la Famiglia in chiesa ed infine per la Messa nella "Santa Casa". La Madonna era ricoperta di gioielli. Si cantò una litania con lo svolgimento di tutte le cerimonie spettanti ad una principessa. I cori della cappella A, erano eccellenti. Nel tesoro della chiesa furono mostrati un calice con rubini ed uno con smeraldi, doni di Eugenio ed Augusta dal tempo della loro gloria, ed un turibolo donato dal viceré nel 1809. Il vescovo ribadì con parole molto carezzevoli, che a lui era dovuta anche la conservazione del tesoro della chiesa, poiché aveva fermamente proibito qualsiasi rapina delle chiese. Subito dopo il ritorno a casa propria, Max inviò il signor Roux dal vescovo con un bellissimo calice in oro e vermeil e denaro per i poveri. I numerosi mendicanti si erano dimostrati particolarmente invadenti. Le Signore ritornarono ad Ancona, mentre Max con i Signori si recò all'interno dei territori, nei suoi possedimenti di Recanati, Santa Maria in Portela ed altri, sino alla sera successiva.

Il 21 aprile, trasloco a Chiaravalle. La cittadina era adornata con archi di trionfo, suonava la musica militare. Alle finestre erano appesi drappi colorati. Anche questa casa ducale era una volta un convento. Teodolinda trovò belle le camere e particolarmente i dipinti sul soffitto. La madre era meno entusiasta, nonostante avesse due sale, una con il camino e nell'altra poltrone tutt'attorno, stanza da letto, gabinetto da toilette, e guardaroba con finestra sulla cappella. Tra la madre ed il figlio si trovava una grande sala. C'era pure un piccolo giardino. Tutta la città alla sera splendette di una luminaria di festa.

Al pomeriggio del giorno dopo, gita a Jesi dove il Cardinale Ostini ed il gonfaloniere attendevano il loro arrivo. Poi iniziarono le corse di cavalli. Il palazzo di Max era sul corso. Era bello e grande, ma non ammobiliato. Per questo non vi si poté pernottare. Alla sera ci fu un concerto nel teatro illuminato a festa. Augusta era lusingata poiché la famiglia era stata accolta e salutata con battimani. Verso mezzanotte si ritornò a Chiaravalle.

La duchessa scrisse al Papa Gregorio XVI, già ben conosciuto dai tempi di Roma, per ringraziarlo della amichevole accoglienza nei territori "di Vostra Beatitudine in questa città. Essa avrebbe volentieri espresso a voce la sua gratitudine a Sua Santità, ma doveva ritornare a Monaco, poiché là la attendeva sua figlia, l'imperatrice del Brasile. Se essa non avesse potuto ripetere la sua visita, allora avrebbe *il duca Massimiliano tributato alla Santità Vostra gli omaggi della sua particolare devozione alla Santa Sede.*

Sabato 28 aprile, si guardò dalle proprie finestre una regata. Balconi e finestre erano adornati. Una banda militare francese ed una papale suonarono. Il mare calmo brulicava di barche. Sei barche ciascuna con sei vogatori ed un timoniere gareggiarono per la vittoria. Il mattino dopo, partenza per Senigallia, dove il cardinale legato Riario Sforza ed il cardinale vescovo Testa Ferrata accolsero i viaggiatori e li fecero portare con la loro carrozza nel palazzo vescovile, per il pranzo. Il vescovo aveva già ottant'anni, era mezzo cieco e mangiava con poco appetito. Le due ore a tavola sarebbero state strazianti, se il mondano Sforza non avesse salvato la situazione. Il Pontificale, celebrato alla fine di aprile dal cardinale, spiccò per la sua durata; durò, infatti, ben tre ore piene.

Il 1° di maggio Max visitò le filatrici di seta ed altre cose nella città di Fossombrone, mentre la madre e la sorella ricevettero gli onori, e guardarono le corse dei cavalli dal palazzo del governatore. Corsero sette cavalli senza fantini come sul corso a Roma. Fu una breve manifestazione dopo lunghi preparativi. Si servì gelato con il cono "c'est la grande politesse" e poi vennero a palazzo i cardinali, il fragile vecchio ed il giovane raffinato Sforza. Questo soggiorno a Senigallia terminò con un piccolo fuoco d'artificio ammirato dall'anfiteatro. Durante la visita di commiato prima della partenza, il mattino dopo, al comandante della polizia vennero le lacrime agli occhi, quando raccontò alla sua ex viceregina di aver partecipato a tutte le ultime spedizioni militari di suo marito. A Fano ci si riunì nuovamente con Max. Ultima tappa della visita ai latifondi, fu Pesaro. Il fratello Augusto aveva fondato il locale orfanotrofio ed il successore lo manteneva.

Il viaggio di ritorno passò per Firenze. Madre e sorella vi sarebbero giunte quasi morte. Per mancanza di cavalli si dovettero fare quattro poste con gli stessi cavalli. Prima di Forlì la carrozza ducale, precipitò su di un ponte, poiché i freni si incepparono. I cavalli fra le stanghe furono catapultati contro il parapetto, ed uno di loro cadde in acqua. Come per miracolo un pietra fermò la carrozza, quando le ruote erano già sul parapetto del ponte. Così si ruppe solamente il timone. Linda colse dei fiori per il suo erbario dei ricordi, *dal bordo del precipizio dove saremmo quasi caduti alle quattro del mattino, alla partenza dal paese di Dorandola.* A Rocca si attesero quindi alcune ore nella casa del marchese de Tassinari, il quale non solo ospitò le persone altolocate, ma fece anche suonare una banda di contadini come passatempo. Alla fine, dopo tre ore arrivò il Coupè con i postiglioni che piangevano. Essi affermavano che la carrozza era stata ancora quattro volte in pericolo di cadere nei precipizi degli

Appennini e si fecero convincere a fatica a proseguire il viaggio. Verso sera si giunse finalmente sani a Firenze.

La coppia dei granduchi di Toscana era in campagna, ma la granduchessa vedova venne con l'arciduchessa Carolina subito a visitarle e condusse i sopraggiunti ai Cacini. Si presentò anche il capo della famiglia Bonaparte, Giuseppe, il quale da alcuni anni era rientrato in Italia dall'Inghilterra, come disse, per morirvi. Il granduca venne apposta in città per salutare Augusta. I viaggiatori fecero visita alla moglie di Giuseppe Bonaparte e la incontrarono con la figlia ed il genero.   Augusta avrebbe volentieri acquistato per il suo "gabinetto dei ricordi" da poco sistemato, il mantello di seta verde di Napoleone della incoronazione a Milano, offertole da un commerciante, ma lo trovò troppo caro.

Si partì da Firenze a tarda sera sotto un temporale, e si passò la notte in viaggio al canto degli usignoli ed il richiamo del cuculo, sino a Bologna. Il Santa Cecilia di Raffaello, che entusiasmava tanto il re bavarese   che egli voleva acquistare, e che andava ad ammirare in occasione di ogni passaggio per Bologna, non fece particolare impressione a Teodolinda. Verona, Bolzano, Steinach, Benediktbeuren, furono i successivi alloggi notturni. Il 14 si era nuovamente nel Palazzo Leuchtenberg. Erano in corso i preparativi per l'accoglienza della sorella Amelia. La Madre non l'aveva più vista da Parigi. Max e Teodolinda, dal suo matrimonio, quando erano entrambi ancora bambini. Il 25 lei arrivò. Max le andò incontro sino a Dachau, Augusta e Linda con un tiro a sei, sino al paese di Moosach, dove attesero in una locanda. La Madre tentò di leggere dei giornali, mentre la figlia camminava irrequieta su e giù per la strada e con il suo occhialino guardava la strada verso Dachau. *Verso le due e un quarto vidi in lontananza il calesse con tiro a quattro, che ci portava al galoppo la mia buona Amelia...Si avvicina, lo sportello si apre, e lei si getta fra le braccia di Maman. Alla fine la tengo anch'io fra le braccia. Essa è alta come me, ha anche la stessa espressione, la stessa fisionomia, ma non più la freschezza dei diciassette anni. La sua vivacità mi sorprese. Si eccita, parla velocemente. La piccola è incantevole, molto alta per la sua età, ha una "charmante tournure" , volto grazioso, occhi blu, capelli biondi con riccioli naturali. Io non potevo guardare Amelia senza piangere. Essa mi ricordava tanto Augusto, questo buon amico, che io piangerò per tutta la mia vita.* Il seguito era formato dalla marchesa de Masejo, vedova, il marchese di Rezende ed il conte Almeida. Purtroppo c'era anche l'ex educatrice Fanny Maucomble, che Augusta non poteva soffrire.

Amelia entrò a Monaco con sua madre, con le manifestazioni di onore adeguate per un' imperatrice – dunque sei cavalli – mentre Max li precedeva. Già sulla via c'erano dei curiosi e davanti al palazzo sostava una strabiliante quantità di gente. Ai due lati dell'ingresso erano sistemate delle truppe, ed appena la carrozza fu in vista, iniziò la musica civile. L'imperatrice si mostrò al balcone, fra le grida di evviva. I membri della Famiglia bavarese presenti in città accorsero per salutarla, la regina vedova Carolina, la regina Maria di Sassonia, lo zio Carlo ed il principe ereditario. La Madre trovò la figlia dimagrita dal tempo di Parigi ed anche cambiata. L'infausta Fanny rinviò il suo viaggio dai parenti, per partecipare ai ricevimenti nel palazzo in onore dell'imperatrice. Essa convinse Amelia a tener presente il suo rango. Il risultato fu che il comportamento fra le sorelle era meno intimo che con Giuseppina ed Eugenia. Linda pensò che essa con questa etichetta si rendeva ridicola in famiglia. Lei *sale per prima nella carrozza, si fa servire per prima a tavola, si siede a destra sul canapè....Per scendere da Mama con me e con i piccoli...fa chiamare la Dama di compagnia e se questa non è subito sul posto, fa chiedere ad una di quelle della mamma di accompagnarla.*

Max Leuchtenberg riprese il suo servizio fra i corazzieri del principe Carlo. Per la festa del Corpus Domini, la famiglia poté ammirarlo alla testa del suo squadrone, sulla Piazza Max Joseph. *Questo piace al pubblico.* Registrò la sorella Teodolinda.

Luigi Napoleone non aveva ancora accantonato il suo progetto di matrimonio per Max con la giovane regina Vittoria. Egli scrisse alla zia

Augusta che non aveva intrapreso alcun ulteriore passo, a causa della freddezza con cui lei aveva accolto l'opportunità. A ciò la zia Augusta rispose molto chiaramente, che lei non avrebbe fatto alcun passo in direzione di questo progetto matrimoniale. Era grata che si fosse pensato a suo figlio, ma sin dal principio aveva avuto poco interesse per questo piano, *una volta venuti a conoscenza che la religione costituisce un impedimento che, anche se non insormontabile, è in ogni caso difficile da mettere da parte e quindi, poiché conosco l'atteggiamento di mio figlio, il quale rifiuta sin dal principio un matrimonio che richiede strane manovre o addirittura intrighi per realizzarsi....Io sono troppo fiera dei suoi sentimenti, che coincidono completamente con i miei, da essere del tutto contraria.* Lei notò lo stesso giorno nel suo diario, che Luigi aveva progettato questo piano per un impulso egoistico.

Il destino della famiglia Leuchtenberg, fu invece deciso in Russia. L'inverno passato 1837-38 era stato molto faticoso per la coppia degli zar a causa dell'agitazione per l'incendio del Palazzo d'inverno. Per rendersi indispensabile, il Dr. Mandt dichiarò la salute dell'imperatrice altamente in pericolo ed ordinò una cura di bagni da primavere all'autunno. La scelta cadde su Salzbrunn in Slesia. Poterono andare insieme a lei solamente la figlia più giovane Alessandra e il suo fratello più piccolo. Mary ed Olga rimasero a Peterhof, sino a che furono portate a Berlino e a Potsdam, per desiderio del loro nonno Federico Guglielmo III di Prussia. Lo zar s'incontrò in luglio con l'imperatore d'Austria a Teplitz e si recò in seguito a Monaco ed a Bad Kreuth, dove la zarina ufficialmente si trovava per il proseguimento delle cure, non ufficialmente, per organizzare il matrimonio di sua figlia con Max. Per ordine dello zar, Papà Majan chiese ad Augusta se lei avrebbe gradito un matrimonio di suo figlio Max con la granduchessa Maria. Augusta scoppiò in lacrime. *Il pensiero di una separazione con il solo figlio rimastomi, mi spezzava il cuore....anche se comprendevo la lusinga e l'onore di una tale proposta.... Anche mio figlio era sbalordito e contemporaneamente felice, poiché la granduchessa lo aveva profondamente impressionato.* La cosa fu confidata solamente a

Teodolinda, non ad Amelia, poiché si era certi che essa ne avrebbe parlato con Fanny. La descrizione di Teodolinda coincide con quella della duchessa. Lo zar desiderava ricevere, in agosto a Kreuth, un'accettazione di principio, ed in tal caso avrebbe invitato Max a San Pietroburgo, per regolare i particolari. Egli aveva posto come unica condizione che egli si stabilisse là, poiché amava troppo sua figlia per separarsene. Max avrebbe conservato i suoi possedimenti e vi si sarebbe potuto recare a suo piacimento. Il pensiero di dar via suo figlio era terribile per lei: *La nostra famiglia è certamente da compiangere, poiché sempre le sono offerte condizioni che ci disperdono su tutte le parti del mondo. Sarà felice Max con la granduchessa Maria? Tutti la lodano molto ed egli mi ha confidato che essa è l'unica, fra tutte le donne che ha visto, di cui si sia innamorato e che essa è di suo gusto sotto tutti i punti di vista. Dopo il suo ritorno dalla Russia, egli ha tenuto per sé queste considerazioni, poiché si sentiva troppo inferiore per elevare i suoi pensieri sino alla figlia dello zar di Russia.* La valutazione del progetto di matrimonio era diversa a Monaco e a San Pietroburgo. Nel Palazzo vi si vedeva un miglioramento, come per il matrimonio portoghese di Augusto, mentre in Russia si accettava solamente questo matrimonio, poiché Maria amava Max ed il suo desiderio di rimanere in patria in questa maniera sarebbe stato soddisfatto, cosa che sarebbe stata impossibile con un principe ereditario od altri principi di alto rango. Non deve essere stato piacevole per la duchessa custodire il grande segreto per la festa del suo cinquantesimo compleanno, ed essa deve aver avere avuto un respiro di sollievo, quando, il giorno dopo, sua figlia Amelia partì per Hechingen per andare dalla sorella Eugenia, e lei stessa, con Teodolinda, la baronessa Aretin, e Maurizio Méjan con la figlia Stefania, partì per Bad Ischl per una cura di quattro settimane. Max rimase indietro, per continuare il suo servizio nei corazzieri. Egli riferì che la zarina, il 23 luglio, sulla strada da Teplitz a Kreuth, si era recata a Monaco.

La coppia reale bavarese fece gli onori a Monaco, la regina vedova Carolina era a Kreuth e Tegernsee. Augusta rimase ad Ischl, Amelia a Echingen e Max si recò a Eichstätt, così che non c'era nessuno della famiglia Leuchtenberg. La zarina visitò Monaco per cinque giorni con sua figlia Alessandra del tutto in incognito. Il re Luigi, che aveva malvolentieri interrotto il suo soggiorno estivo nella sua amata Brückenau, accolse la cugina di sua moglie Teresa nella Residenza, dove due ufficiali la condussero su per la scala reale, nell'ex appartamento della regina Carolina. Egli trovò l'ospite "tutto il contrario che bella", ma particolarmente cordiale nelle relazioni. Dopo la partenza della zarina da Monaco, il 27 si pernottò a Salisburgo, per portare al locale orfanotrofio l'assegnazione delle rendite della fondazione di Dom Pedro.. La duchessa e le sue due figlie furono accolte dal borgomastro e dal magistrato. Amelia, come vedova di Dom Pedro, era naturalmente al centro delle celebrazioni. Quattro giorni dopo le tre Signore andarono a Tegernsee dalla regina vedova Carolina. La presenza della zarina a Kreuth e l'attesa dello zar diedero questa volta un tono particolare all'incontro annuale della famiglia. Amelia non sospettava nulla sulla causa della eccitazione della madre e della sorella. C'era anche la coppia dei principi ereditari prussiani. Il giorno dopo l'arrivo, si attendeva vestiti a festa la zarina per il tè, ma lei fece dire che, essendoci bel tempo, sarebbe andata al Jause presso Kalterbrunn alla estremità del lago. Essa era già là quando si la raggiunsero in gran fretta. Augusta la trovò particolarmente amabile. Per prima cosa lei espresse la sua gioia per il fatto che Giuseppina, in Svezia, era così umana verso la sua gente, per passare poi subito, con grandi lodi, a Max. Teodolinda la trovò piuttosto austera, con portamento elegante, ma troppo magra, con espressione sofferente, più nervosa che vivace. Al contrario le piacque particolarmente la giovane granduchessa Alessandra, alta, "charmant", molto sciolta nella conversazione. Con l'arrivo della sorella Carlotta erano ora riunite a Tegernsee tre imperatrici, quella russa, quella austriaca e quella brasiliana. Il giorno dopo giunse la zarina, non annunciata e senza formalità, con il fratello Carlo, per una controvisita a Tegernsee. Quando seppe, in seguito alla sua domanda su quando sarebbe arrivato Max, che questo si sarebbe verificato già il giorno dopo, essa invitò immediatamente la famiglia Leuchtenberg a Kreuth per la colazione di famiglia. Là c'era solamente la coppia dei principi ereditari prussiani,

Federico Guglielmo, fratello della zarina, ed Elisa, sorellastra di Augusta. Federico Guglielmo sedeva a destra e Max a sinistra della padrona di casa. Servirono dei cosacchi e l'atmosfera era brillante. Mentre Max, la domenica dopo la Messa a Kreuth, si accomiatava per ritornare al suo servizio a Monaco, apparve del tutto a sorpresa lo zar Nicola. Egli fu particolarmente cordiale con Max, gli proibì di svelare a Tegernsee il suo prossimo arrivo. Ma nella piccola Tegernsee, le carrozze che passavano avevano già destato scalpore. Teodolinda, dalla finestra, aveva già visto passare velocemente una diligenza con tiro a sei e dietro due con tiro a quattro. Il mastro delle poste aveva annunciato al castello che l'imperatore aveva cambiato da lui i cavalli, con una carrozza che si trovava lì per caso ed aveva proseguito il viaggio, per fare una sorpresa all'imperatrice. Così, gli abitanti del castello attesero lo zar da mezzogiorno alle due. Quando Max ritornò fu subissato di domande. Egli si raccomandò di non farsi notare e di non vestirsi a festa, che alle sei sarebbe giunta la coppia degli zar. Così si pranzò velocemente e si andò giù nel vestibolo, quando si sentì arrivare la carrozza. Amelia era raccapricciata da tale contravvenzione al protocollo. Teodolinda scrisse: *un uomo superbo. Il suo portamento è aristocratico, imponente. Noi tornammo tutti di nuovo su nel salone e fummo presentati. Io lo osservai. La sua espressione mi piace. Egli non ha amato altra donna che la sua. Quale uomo può dire altrettanto con la coscienza pulita? .... L'imperatore si intrattenne un poco con l'imperatrice d'Austria. Alle sette si recò su da lei, per poi tornare. Egli si congratulò con Mama per la sua affascinante famiglia, complimento che può essere riferito solamente a Giuseppina e Max, gli unici che lui conosceva. Max parte questa notte per ritornare a Monaco al suo servizio, ma tornerà martedì o mercoledì per alcuni giorni. A Kreuth l'imperatore gli aveva detto: "Vieni quando vuoi, non ti sentire in imbarazzo, considerati della famiglia". I diplomatici sono eccitati. Ciascuno osserva, chiede, commenta e crede di saperne molto.* La Madre era affascinata dall'amabilità dello zar ed il resto della famiglia bavarese, specialmente la regina Teresa, passavano da una sorpresa all'altra. La sera dopo a Tegernsee furono rappresentate due farse in un atto in onore dei russi: "Mimi ou le petit

enfant prodige" e "Les anglaises pour rire ou la table et le logement"
Teodolinda trovò eccellente l'audizione, ma le alte Signorie sedevano lì,
durante la rappresentazione, così rigidamente nella loro pompa, che non si
aveva il coraggio di applaudire, cosa che aveva inibito gli attori. La zarina
si cambiò d'abito per il teatro a Tegernsee: una tunica di crépe bianco, con
ricami d'oro ed inoltre tre fili di perle che arrivavano alle ginocchia. Sul
capo un turbante. Lo zar dovette apparire elegante nel suo frack.   Dopo il
suo ritorno, Max fu invitato per il giorno successivo da solo a tavola a
Kreuth, ed in seguito fu accompagnato dallo zar a Monaco. La zarina
organizzò una festa popolare con tiro a segno e preziosi premi. La regina
Teresa non poté trattenersi e chiese ad Augusta che cosa dovesse
significare per Max quest'onore. *La gente non può comprendere, che ci si
possa trattare con onore ed amicizia,* notò quest'ultima; e sua figlia:
*questo ha dato un tema di conversazione nel castello; un così alto onore! E
nei confronti di un giovane, che da suo zio, il re di Baviera, è trattato come
un borghese!*   Lo zar abitava a Monaco, presso il suo ambasciatore von
Sévérin e sorprese anche il re, presentandosi in uniforme dei cosacchi. Egli
si rivolgeva a lui "Teutsch" e si guadagnò la sua fiducia per la sua
naturalità. Luigi gli parlava francamente. Il pericolo principale veniva dalla
Francia, poiché le si era lasciata l'Alsazia per lo schieramento. Contro a ciò
si doveva fare fermamente causa comune. Egli parlò anche dell'infausta
divisione della Polonia. Conoscendo la passione militare dello zar, il
mattino seguente, come prova per le manovre di Augsburg, si andò a
cavallo alla parata sul campo di Marte. Nicola consigliò Luigi di rivolgere
maggior interesse alla sua armata, poi tornò con il nostro Max a Kreuth. Ci
fu gran sorpresa al pranzo di famiglia a Tegernsee, quando fu riferito che
lo zar era passato di lì ed aveva fatto scendere il duca di Leuchtenberg.
*Nonostante che il mio buon figlio non sia abituato a tali onori, egli è
schivo e modesto come prima,* notò la Madre. Durante la festa popolare a
Kreuth egli si era vestito in uniforme ed era salito sulla carrozza dello zar,
tuttavia alla sua destra, poiché in Russia il posto d'onore è alla sinistra. Ciò
aveva suscitato una grande emozione, specialmente all'arrivo
all'ambasciata russa dove si era radunata una gran folla. Durante il viaggio

lo zar si era intrattenuto molto familiarmente con lui sulle questioni militari e si era informato sulla situazione dei suoi possedimenti e dei suoi beni. Dopo la parata Max si recò brevemente in caserma. Egli voleva proprio fare colazione, quando il signor von Sévérin gli fece sapere che lo zar stava per partire e che voleva portarlo con sé. Lui indossò velocemente il suo frack e corse a piedi a stomaco vuoto, nella sua casa natale dove la carrozza era già attaccata.   Durante il viaggio di ritorno a Kreuth lo zar s'informò anzitutto sul principe ereditario bavarese e giunse poi al tema principale. Egli amava troppo sua figlia per renderla infelice, cosa che a suo parere c'era da attendersi dal carattere del principe ereditario. *"Se egli fosse come te, non esiterei un istante"*, aggiunse.*"La felicità delle mie figlie viene prima di tutto il resto. Se tu le piaci, e lei a te, ne puoi avere una. La principale condizione però sarebbe che tu ti trasferissi in Russia. Io t'invito a farmi visita all'inizio dell'anno od anche prima, se te lo consente il tuo servizio. Tu vedrai le mie figlie e potrai conoscere il servizio militare russo ed il Paese, e se il clima ti si confà, puoi fare una scappata in Svezia. Al tuo ritorno tu prenderai una decisione"*.....Max poté rispondere solo poche parole di gratitudine e di devozione, affermò che avrebbe dovuto chiedere a Mamma il permesso per questo viaggio. Ora si trattava di un progetto serio.   Il giorno dopo arrivò la coppia reale bavarese e la zia Sofia con il suo Francesco Carlo, che poco piaceva a Linda. Il re Luigi contò a tavola diciotto parenti, senza contare i bambini e registrò che questo pranzo era durato due ore piene. Subito dopo, trasferimento e viaggio al Bauern in der Au. Si attraversò il lago e si andò poi fin sulla salita, Nicola sul sedile del vetturino della prima carrozza, Max su quello della seconda. Si salì sul monte a piedi. La zarina fu trasportata e Linda corse accanto a loro. In cima era stata costruita, con assi e pali di abete, una specie di "Gloriette" come padiglione per il tè. A pranzo, che come il solito si faceva alle tre, venne anche la coppia degli zar con Adina. Teodolinda trovò molto elegante la zarina, nel suo vestito di mussolina ricamato ed era orgogliosa che lo zar alla fine avesse parlato a lungo con lei. Egli amava suo fratello come un figlio e lo aveva invitato in Russia. *A queste parole, guardai l'imperatore negli occhi e affermai che ero lusingata dalla sua bontà verso mio fratello, ma che io vedevo con dolore arrivare il momento della separazione, poiché Max era il solo fratello che il destino mi aveva lasciato. A queste parole l'imperatore divenne pensieroso e mi lasciò.*

Il 21 i Leuchtenberg erano nuovamente ospiti a Kreuth, questa volta con la coppia degli arciduchi. Nicola prese subito per mano Linda e fu di nuovo molto cordiale. A Tegernsee si ritrovò papà Méjan. Egli era, per principio, favorevole al matrimonio. La Madre temeva, non senza ragione, che Max, una volta in Russia, avrebbe dovuto consentire a tutto. Il giorno dopo lei parlò con Max e con papà Méjan, sino a mezzanotte. Secondo Linda, erano stati riferiti a lui, per primo, i desideri dello zar: Max doveva già in autunno venire a San Pietroburgo, il matrimonio si doveva possibilmente fare subito, i figli dovevano essere educati nella religione greca e la residenza doveva essere stabilita in Russia. La Madre trovò inaccettabile la questione religiosa. Il figlio dichiarò, che su questo punto egli non era così rigido, ma che se la Madre fosse stata contraria, il progetto sarebbe fallito poiché lo zar non avrebbe ceduto; *e che lui avrebbe rinunciato alla fortuna che gli sorrideva,* e andò quindi per tre giorni per servizio a Monaco. Fu una situazione terribile per la Madre e tutrice, poiché lo zar non le dava tempo per pensarci bene. Egli venne già il mattino seguente e sparò la notizia a bruciapelo. Si chiuse con lei ed il vecchio Méjan, ma Linda origliò dietro la porta. Lui, l'imperatrice e Maria si sentivano attratti da Max, sin da quando l'avevano visto a Wosnossensk. Proprio il suo modo di essere riservato, non arrogante, il suo volto sincero, gli erano piaciuti. Era giunto subito alla convinzione che egli era l'uomo per Mary. Questa aveva serbato di lui il miglior ricordo ed egli era riuscito a scoprire che lo stesso era per lui. Ora, veniva a chiedere il suo consenso. Sapeva quale sacrificio significasse per lei, ma credeva che Max sarebbe stato più felice da lui che in Baviera. Non voleva nascondere che già lo criticavano per la sua preferenza per Max. Appena i Russi avessero saputo che sua figlia sarebbe stata data ad un principe che aveva combattuto contro di loro, sarebbero stati contrari. Ma egli aveva in mente solamente la felicità dei due. Max avrebbe anche là conquistato i cuori di tutti, non appena lo avessero conosciuto. Proprio per questo, desiderava averlo già in autunno a San Pietroburgo. Là avrebbe vissuto in famiglia ed avrebbe visto Mary tutti i giorni. Se i due allora avessero voluto sposarsi, ciò doveva accadere all'inizio dell'anno. In caso contrario, tutto sarebbe rimasto come prima. . La sua amicizia per Max non ne avrebbe sofferto. A Linda batteva il cuore per l'entusiasmo e l'emozione. Si sarebbe volentieri precipitata dentro, ma non osò farlo. Così dovette udire come Mama rispose con poco tatto ripetendo continuamente che si sarebbe rimproverata la sua ambizione, e che lei non avrebbe ritenuto possibile dar via anche il suo ultimo figlio. Chiedeva del tempo per pensarci sino a domenica, sino al ritorno di Max da Monaco. Egli era abbastanza grande per prendere da solo una decisione così decisiva per la sua vita. Quindi, lo zar si alzò in piedi e chiese di Teodolinda. Lei era così emozionata, che senza parole gli tese solo la mano, con le lacrime agli occhi. Egli la strinse a sé e disse, camminando, che doveva essere tenuto il segreto.

Il vecchio Méjan, che non era affatto contento delle risposte della sua Signora, propose che essa le correggesse con una lettera e che ponesse qualche piccola condizione. Naturalmente redasse egli stesso questa lettera. Teodolinda fu felicissima, quando lo zio Carlo, che tornava da Kreuth, disse che l'imperatore aveva confessato, durante il pranzo, che se fosse stato più giovane lei gli avrebbe fatto facilmente girare la testa. Per rendere plausibile ad Amelia la visita, le si disse che lo zar era venuto per invitare Max a San Pietroburgo. Essa comprese subito cosa c'era sotto. Nella lettera di Augusta redatta da Méjan c'era scritto che ella non avrebbe potuto manifestare ciò che più le premeva,   che Max non avrebbe mai dovuto combattere contro la Francia. Essa era fiera e felice per l'offerta, ma tremava al pensiero della separazione. Lui non poteva trovare un suocero migliore. Sulla questione religiosa essa non intendeva tornare indietro. Lo zar sapeva certamente che ella le era attaccata come egli alla sua, e come sarebbe stato crudele vedere i nipoti crescere in una fede diversa. La presunzione che lo zar avrebbe accettato benevolmente questo sfogo, si dimostrò errata. Augusta attese inutilmente per tutto il 24 agosto, con il batticuore, una risposta. Invece di questa, Méjan apprese che l'imperatore si era particolarmente irritato per la clausola che Max non avrebbe mai dovuto combattere contro la Francia. Sarebbe stato proprio imprudente porre delle condizioni allo zar. Questa lettera poteva rovinare tutto. Il padre Méjan, che non sapeva se avrebbe potuto intercettare Max a Tegernsee sulla via per Kreuth, ma non voleva lasciarlo andare senza che fosse a conoscenza degli ultimi avvenimenti; gli lasciò, come sua abitudine le sue istruzioni scritte. Nei seguenti punti egli doveva rimanere fermo: nessuna partecipazione ad una guerra contro la Francia, l'assicurazione che egli avrebbe potuto tutti gli anni passare alcuni mesi accanto alla madre, di mantenere la sua religione per sé stesso e, qualora avesse avuto più figli, almeno quello destinato all'Italia fosse cattolico. Max sembra non essersi preoccupato molto per questo elaborato. Inoltre egli già sapeva che il 2 ottobre sarebbe stato maggiorenne. La signora Mamma era tanto più irritata, particolarmente quando sua sorella Elisa le mandò una lettera della zarina con l'esortazione a presentarsi un po' prima del pranzo il giorno dopo.

Il giorno di San Luigi, che il re festeggiava a Monaco anche come suo onomastico, era, a Tegernsee, pieno di tensione. Augusta disse alla sua matrigna, dopo la Messa, solamente che Max era stato invitato a San Pietroburgo, ed andò poi con Linda, sotto una pioggia battente, a Kreuth. Qui incontrarono l'imperatore dall'imperatrice. Questi aprì il discorso e disse che non avrebbe pensato di avere la gioia di vederla, poiché sapeva che lei era offesa. Il discorso con lui l'aveva angosciata, disse Augusta. Anche lui era irritato per la sua lettera, rispose lui, poiché se suo figlio voleva essere solamente francese il matrimonio non si sarebbe potuto fare. A ciò rispose Augusta che si era comportata come la vedova del principe Eugenio, ed aveva ritenuto di poter essere correttamente capita. Nicola: *io desidero che vostro figlio ed i suoi figli siano russi e che questi ultimi siano educati nella religione greca*. Augusta scoppiò in lacrime. Nicola tentò ora di persuaderla. Era vero, disse lei, che il re di Baviera non avrebbe mai fatto nulla per suo figlio. Ma Max era il capo della Famiglia, ben dotato e così indipendente, che poteva andare dove più gli piacesse. Allora accadde ciò che il padre Méjan aveva previsto. Lo zar chiese di poter parlare direttamente con Max. Teodolinda, che nel frattempo era stata da Adina, trovò la madre molto "echauffiert". Lei prese sua figlia per mano dichiarando che era la sua persona di fiducia, che sapeva tutto. Si poteva contare sulla sua discrezione. Con ciò Linda cominciò a piangere, e Nicola chiese se era offesa. Su questo, le intenzioni di Sua Maestà, erano buone, disse lei, ma non era facile separarsi da un tale fratello, inoltre l'ultimo. Egli le strinse la mano. *Quest'uomo mi capirà, perché non potrò trovare un altro come lui.* Al ritorno, la Madre si ruppe il capo sulle intenzione che lo zar aveva nei confronti di suo figlio e perché lo volesse così incatenare. Dopo pranzo si andò di nuovo a Kreuth ad un ballo di contadini. Era divertente, ma Teodolinda vedeva solamente lo zar *nel suo nobile aspetto, in una "redengote" chiusa sino al collo, appoggiato al suo ombrello.* Alle otto ci fu il tè dalla zarina senza seguito. La padrona di casa, piena di impazienza, chiese a Linda quando sarebbe arrivato suo fratello. Egli sarebbe stato sicuramente a Kreuth al mattino, disse questa. La zarina la abbracciò dicendole: *Se conoscessi Mary, saresti sicuramente meno contraria.* A Tegernsee, Max era già stato lavorato da Méjan, in ogni caso senza successo, poiché il mattino dopo a Kreuth sarebbe stato del tutto conquistato. Dopo il ritorno egli raccontò a sua sorella, durante una passeggiata, che era stato accolto come da un padre ed una madre. Il viaggio in Russia, non lo obbligava a nulla. Se lui o Mary avessero cambiato idea, nessuno avrebbe saputo del progetto. Essi avrebbero raccontato alla figlia tutti i loro errori. Lui aveva accettato l'invito. Linda ora seppe che il matrimonio era praticamente concluso. *Che il figlio del principe Eugenio sarà russo, che vestirà l'uniforme nemica della sua patria, che dovrà abiurare ogni sentimento francese, che i suoi figli saranno educati in un'altra religione.... Questo mi fa molto male ed io credo che al suo posto io avrei rifiutato. Che la nostra famiglia non sia più francese, che la gloria di mio padre si esaurirà con lui, che i suoi figli potrebbero combattere contro la Francia, sono pensieri terribili. Che cosa fare, che cosa consigliare?* Anche la Madre sapeva, che cosa avrebbe significato questo viaggio. *Mio Dio, non ho ancora sofferto abbastanza.* Quando lo zar poi il lunedì mattina si accomiatò da lei cordialmente, lei non si fidò più delle sua parole. Teodolinda lo trovò di nuovo pieno di tatto ed affabile. *Quando egli vide scorrere le nostre lacrime, disse: "Io capisco i vostri dolori. Max porterà un gran sacrificio, ma quando il nostro piano dovesse realizzarsi, io credo di potervi assicurare che egli sarà felice. Non crediate che io voglia ingannare o costringere Max, Io voglio solamente mettere insieme e fare felici due giovani che, come mi sembra, si sono capiti. Max mi è piaciuto sin dall'inizio ed ha fatto la stessa impressione a Maria. Voi ammettete che la sua posizione a Monaco non è brillante. Sta a lui scegliere. Io non lo costringerò a nulla. Mandatemelo quest'autunno. Io lo tratterrò solo due mesi, ma prima della partenza egli dovrà decidersi e potrà prendere Maria in primavera."* Al momento del commiato Teodolinda si gettò fra le sue braccia. *Egli è colui che porta nuove preoccupazioni nella nostra famiglia, e che vorrebbe migliorare la nostra posizione. Egli non si vergogna di unire la nostra famiglia con la sua,   è colui che ci porta via Max.*

Lo zar tornò indietro ancora una volta, per andare con l'arciduchessa Sofia a Kreuth. Teodolinda lo attese e lo pregò di non avere una cattiva opinione di lei. Lei ricevette l'assicurazione che egli la apprezzava sempre di più. Max era a Kreuth già per pranzo e sarebbe stato condotto a Monaco dal suo futuro suocero. Non fu neanche una cosa strana che lo zar dormisse ancora, quando lo visitò il re Luigi che si alzava sempre presto. Dopo aver conosciuto lo zar, il re considerò nuovamente la possibilità di un matrimonio del suo successore con una figlia dello zar, ora però con la granduchessa Olga. Egli propose a suo figlio Max di inviarlo a Berlino con una lettera per la zarina, per incontrarsi con lei. Luigi mostrò allo zar, fra l'altro, il deposito delle porcellane e gli offrì, nella sala di pietra di Nymphenburg, un pranzo di trentasei coperti, con musica da tavola.

Alla sera lo accompagnò all'opera "La sonnambula". Nicola fece
cadere una pioggia di decorazioni. Egli aveva lasciato dietro di sé, a
Monaco, una buona impressione, costatò il re, *ma per un sovrano di
Baviera egli non avrebbe la figura. I bavaresi ne vogliono uno
piacevole, divertente.* Nel frattempo a Tegernsee, la regina Carolina
si occupava dell'intrattenimento delle Dame russe. Max venne
solamente per i quadri viventi ed tornò subito all'accampamento ad
Augsburg. Il 1° settembre la zarina lasciò Bad Kreuth. Anche la
regina Teresa partì. Esse volevano incontrarsi con il principe
ereditario nel suo castello di Hohenschwangau. La granduchessa
Alessandra rimase ancora alcuni giorni a causa del raffreddore.
Teodolinda le fece compagnia ed imparò molto sulla vita alla Corte
russa. La zarina, durante il viaggio per Berlino, pernottò a Bayreuth
a spese del re bavarese. *Il soggiorno notturno dell'imperatrice di
Russia, sebbene essa abitasse nel castello, mi è costato quasi la
decima parte dell'intero viaggio di mia nuora, la regina di Grecia –
certamente si cenò su nove tavoli.* Durante il campo di Augsburg, lo
zar abitò nell'albergo "Ai tre mori", Luigi nell'ex castello dei
principi vescovi e suo fratello Carlo, che conduceva le manovre, nel
Palazzo Schätzler.

Il 1° settembre il re andò a prendere lo zar all'albergo e lo
accompagnò al campo. Si mangiò da Carlo con la sorella Elisa. Il giorno
dopo si rimase cinque ore nella calura e nella polvere, alle manovre.
Manovravano la fanteria principe Carlo ed i cavalleggeri del re di
guarnigione ad Augsburg. Poi Carlo diede un pranzo da sessanta coperti.
La domenica successiva visita al lazzaretto ed alla fonderia dei cannoni,
dove in onore dello zar fu fusa una canna di cannone. Per la Messa sul
campo. le truppe erano schierate in quadrato sotto il sole splendente. Per la
Consacrazione tutti si misero in ginocchio, anche lo zar. Questa

genuflessione, abolita sin dal 1803, era appena stata nuovamente introdotta dal re, contro il volere dei non cattolici. Poi lo zar condusse la sfilata a cavallo. L'artiglieria gli piacque tanto che egli la consigliò al principe Gortschakoff come esempio. Nulla gli sfuggiva. Il re si sentì a suo agio in sua compagnia solamente verso la fine. Soprattutto gli piacque la sua antipatia nei confronti di Luigi Filippo e le moderne forme di Stato. Max tornò dalle manovre, di nuovo a Tegernsee e portò a Linda gli speciali saluti del suo futuro suocero. *Si comprende egli veramente bene con Max? Io spero che egli non sia capace di turbare la pace di una famiglia.*

Lo zarevic Alessandro venne a Monaco durante il viaggio per una cura d'uva a Como, ordinata dal Dr. Mandt. Egli doveva passare l'inverno in Italia. Max accolse il futuro cognato a Palazzo e lo invitò a pranzo. Giunse accompagnato da tredici persone, così che erano quarantadue a tavola. Linda lo descrisse come alto e, specialmente di fronte, somigliante a suo padre. Egli accompagnava la duchessa, Carlo   Amelia, Max sua zia Ludovica, ed l'altro Max Teodolinda. Lei arrossì quando il granduca l'abbracciò per incarico di suo padre. Lei gli aprì il suo cuore, dicendogli quanto malvolentieri dava via il suo fratello, e credette di aver trovato comprensione. Egli affermò che aveva mostrato a Max una lettera di Mary, che lo avrebbe fatto felice, poiché vi era scritto che non avrebbe dovuto farsi dei pensieri per la presenza del principe ereditario Massimiliano. Al commiato, egli le disse che sperava che i suoi desideri fossero soddisfatti.

Il 2 ottobre 1838 Max raggiunse la maggiore età e la Madre era fiera di potergli trasmettere i suoi affari in così buone condizioni, ma che cosa significava questo, di fronte ai nuovi problemi! Lei informò il re della cessione della sua tutela e scrisse al Papa, che suo figlio aveva ricevuto i beni nello Stato della Chiesa. Egli stesso si recò all'Oktoberfest ad Eichstätt. Il barone Zoller lo doveva accompagnare in Russia. Questi era tuttavia troppo giovane per concordare con lo zar le condizioni per il matrimonio. Alla fine il conte Maurizio Méjan, sempre offeso, si fece convincere a farlo, con l'assistenza del signor Roux. Nelle istruzioni preparate dal padre Méjan, si affermava continuamente che il duca di

Leuchtenberg veniva soltanto per esprimere la sua gratitudine per la benevolenza dello Zar. Poi c'erano cinque punti da regolare: residenza, religione, comportamento verso la Francia, rango e patrimonio. Nell'accordo sul trasferimento in Russia, non c'era nulla da cambiare. Inoltre si doveva accettare nel contratto, che Max, a suo piacimento, poteva andare da sua madre od alle sue proprietà. Si doveva pattuire un soggiorno di sei mesi in patria, almeno ogni due anni, nel peggiore dei casi oralmente. Max aveva accettato che i suoi figli nati in Russia fossero allevati come greco-cattolici, ma questo non doveva comparire nel contratto matrimoniale, poiché i domini che costituivano la maggior parte della proprietà, erano situati nello Stato della Chiesa ed il proprietario non poteva lasciarsi sfuggire la benevolenza del Papa. La presunta richiesta di essere esentato dal partecipare ad una guerra contro la Francia era stata mal formulata a Tegernsee. La Madre voleva solamente ricordare che suo marito era francese e che il figlio doveva il suo patrimonio alla Francia. Papa Méjan gli diede ancora un'istruzione segreta, tipica per lui. Si doveva cercare di lasciare aperte le questioni della religione e della residenza, poiché il tempo avrebbe cambiato molte cose. Il figlio avrebbe ottenuto gloria, se avesse ottenuto dallo zar di far nascere un ramo non russo della famiglia che mantenesse alta la tradizione dei Behauarnais. Come sarebbe, se nel contratto si fosse stabilito che un figlio secondogenito avesse portato avanti il titolo ed il rango del principe Eugenio, e che questo bambino, dal quinto anno, fosse affidato alla duchessa Augusta per essere allevato nella religione cattolica romana ed ereditasse i beni italiani? Era quindi opportuno avanzare queste proposte nella forma adatta, ponendo l'accento sui passati rapporti fra lo zar Alessandro ed Eugenio Behauarnais.

Il 16 ottobre, alle otto del mattino, Max partì da solo in carrozza, per riunirsi a Freising con i suoi compagni di viaggio. Egli era così commosso che Linda a fatica riuscì a staccarsi da lui. Essa supplicava Dio di dargli la forza di rinunciare, se lo si fosse voluto allontanare dalla retta via. Augusta ebbe un attacco di nervi. Max andò senza sosta verso nord-est. Questi viaggi forzati facevano parte delle sue passioni, ma minavano tuttavia la sua debole salute. Tredici giorni in carrozza da Ismaning al castello dello zar di Zarskoje Selo presso San Pietroburgo, su strade sconnesse, erano una prestazione rispettabile. A quanto pare, ci furono pernottamenti solamente a Straubing, Breslavia, Cracovia, Varsavia. Poiché della nuova tratta Varsavia-San Pietroburgo, era terminata solo la metà, la velocità del viaggio sul suolo russo fu particolarmente rallentata. Alla frontiera Max fu accolto dall'aiutante di bandiera imperiale Paskiewitsch e dal governatore di Varsavia, e il principe Giuseppe Wrede, secondo figlio del feldmaresciallo bavarese, in servizio in Russia, accompagnò Max da Varsavia a San Pietroburgo. Sul suolo russo il viaggio si fece a carico dello zar. Max fu onorato come se appartenesse già alla famiglia. La sera del 29   giunsero alla Versailles russa. Alla barriera di Zarskoje Selo era giunto l'ordine che il duca doveva immediatamente recarsi dallo zar, il quale occupava con la sua famiglia un padiglione nel parco. Egli incontrò i genitori con le tre figlie. I bambini più piccoli avevano la tosse cattiva e lo zarevic era in Italia. Essi passarono già la prima sera assieme. A Max Mary apparve ancora più bella che a Wossenensk, ma più seria e pensierosa. Ritenne di averla contagiata con il suo imbarazzo. Olga era ancor più imbarazzata di sua sorella, più alta e molto bella, Adina, non più sana che a Kreuth. Anche Méjan si accorse della somiglianza di Mary con suo padre. Essa era piuttosto piccola, aveva una bellissima figura, una graziosa espressione del volto, era spiritosa e doveva essere di buon carattere. Non si era mai separata dai genitori e doveva amarli immensamente.

Lo zar accompagnò personalmente Max nel suo appartamento nel grande castello e gli presentò il comandante del corpo dei paggi, a lui assegnato, con la raccomandazione di fare assegnamento su di lui come su se stesso. Intavolò immediatamente con Max il discorso del matrimonio e successivamente parlò per due ore con Méjan su questo argomento, mentre la zarina cercava di allontanare Max che tremava per l'agitazione. Méjan combatté su posizione già perdute.   Lo zar cominciò subito col dire che non avrebbe fatto venire Max se i punti principali non fossero già stati

stabiliti a Kreuth, infatti, proprio quelli che a Monaco erano indesiderati.
Egli gli lesse anche la lettera della   Madre, a quanto pare oltraggiosa, e
Méjan cercò inutilmente di giustificare quel tono con la preoccupazione nei
riguardi dei figli. In ogni caso, ottenne l'assicurazione che la clausola della
religione non sarebbe stata inserita nel contratto. I figli non allevati nella
religione greco-ortodossa dovevano però rinunciare a tutti i diritti. La
residenza sarebbe stata a San Pietroburgo, ma restavano liberi per il genero
i viaggi, dove e quando volesse. In coincidenza con il matrimonio egli
doveva restare da sei ad otto mesi nel paese, ma anche questo non fu
inserito nel contratto. Per quanto concerneva la clausola, tanto desiderata,
che si riferiva alla Francia, ci si doveva fidare, che lui non sarebbe stato
messo in una posizione scorretta. Nel giorno del matrimonio avrebbe
ricevuto il titolo di Altezza Imperiale aggiunto al suo titolo di duca di
Leuchtenberg. I figli sarebbero stati trattati come granduchi, con l'aggiunta
del titolo paterno, poiché *secondo la nostra legge familiare, noi
consideriamo i figli di una granduchessa, che sposa un principe straniero,
come membri della famiglia imperiale con i relativi diritti.* L'argomento
patrimoniale non era un problema. Il patrimonio di Max non aveva in
Russia alcun ruolo, Maria sarebbe stata assai ricca. Il suo patrimonio
consisteva in considerevoli proprietà ed era sufficiente per vivere a San
Pietroburgo conformemente al loro stato sociale. Ciononostante egli era
felice che Max disponesse di sue esclusive proprietà in Baviera ed in Italia,
poiché è sempre bene avere qualcosa in paesi diversi. Poiché, secondo
l'uso russo, il matrimonio sarebbe stato celebrato alcuni mesi dopo il
fidanzamento, questo si doveva effettuare appena prima del viaggio di
ritorno, e quindi in luglio. Max sospirò di sollievo al vedere lo zar ritornare
da questo colloquio, con espressione contenta. Si era d'accordo, disse lui,
ma voleva considerare   la faccenda come conclusa solamente se i due
partners dopo una lunga conoscenza reciproca, si volessero ancora sposare.
Max scrisse alla Madre di voler perdonare, se non era stato tutto regolato
secondo le sue intenzioni. Egli non si era potuto opporre, ma sarà
certamente felice.

Già dopo quattro giorni i due stabilirono che erano stati creati l'uno per l'altra. Domenica 4 novembre, proprio mentre Max riceveva i generali, giunse il gran maestro dell'ordine,   principe Galizin, e gli consegnò la sciarpa blu dell'ordine di Sant'Andrea. Quando egli ringraziò lo zar, questi rispose che aveva scelto il giorno del fidanzamento per il conferimento dell'onorificenza, al che Max chiese   che il fidanzamento fosse reso pubblico. Egli era sicuro di sé e poteva supporre lo stesso di Maria. Essa lo confermò al padre e si recò con la famiglia e Max nella chiesa greca. Dopo la parata militare davanti al castello, lo zar fece cenno a Max di avvicinarsi e lo condusse nella stanza da letto della zarina, dove era già riunita tutta la famiglia. Egli gli enumerò tutti i suoi doveri come marito di una granduchessa e gli chiese se era d'accordo. "Si" disse Max. Mary diede la stessa risposta alle medesime domande. Allora lo zar   li benedisse davanti all'icona in un angolo della stanza – ve ne era una in ogni stanza. *Io spero, Max, che tu sarai un buon marito e che Dio vi conceda dei figli, e tu, Mary, che sarai una buona madre e che farai felice tuo marito. Io sono sicuro che egli troverà in te la sua felicità   e vi do di cuore il   mio consenso.*

Max scrisse alla madre di aver sentito contemporaneamente felicità ed impegno, e che solo lei gli era mancata. Mary non era una donna comune. La prima domanda che aveva posto a suo padre fu quando Max avrebbe potuto recarsi da lei.   Prima di pranzo vi fu solenne baciamano dell'alta Corte. Al banchetto con musica avevano partecipato duecento persone. Infine, teatro e ballo con cena a mezzanotte. A Zarskoje Selo c'era ogni domenica una grande riunione, alla quale erano invitate centoventi personalità da San Pietroburgo. Tutti arrivavano già per la S. Messa. *Chi non abita nel castello riceve un differente alloggio e la carrozza. Alle quattro c'è il banchetto su diversi tavoli. La famiglia dello zar prende posto ad un tavolo molto grande, con gli ospiti più importanti. Alle sei e mezzo comincia il teatro ed infine si balla negli appartamenti dello zar. Invece del cotillon si balla la mazurca. A parte i suonatori nella stanza da musica, nessun uomo può sedersi. La cena è a mezzanotte ed all'una ci si ritira. Gli ospiti che venivano da via, tornano a casa il lunedì mattina.* Al di fuori di ciò, la vita a Zarskoje Selo era tranquilla. Si passeggiava nei giardini o nel grande parco. A causa della vicinanza del mare e delle paludi attorno a San Pietroburgo, il clima era umido, ma non freddo, da sei a dieci gradi sopra lo zero. Poiché il giorno dopo era quello della morte della madre dello zar,   Max fu inviato dal Dr. Mandt, nella capitale, con la prima ferrovia russa San Pietroburgo-Pawlowsk-Zarskoje Selo, aperta l'anno precedente, -sette miglia in trentotto minuti-, in compagnia del generale Ignatiew. San Pietroburgo era immensa. Le distanze erano così grandi, che Max ci mise tre ore per sedici visite. Egli stesso aveva incontrato alcune vecchie conoscenze dal congresso di Vienna, fra cui il principe Wolkonski, che viveva nel palazzo dove Max era alloggiato. Egli era grande dignitario e capo d'appannaggio.

A Kiev, Max fu nominato generale e comandante del reggimento degli ussari. L'attila nero con gli alamari d'oro dovette essere confezionato immediatamente. La famiglia imperiale tornò a San Pietroburgo. Dopo una rappresentazione nel palazzo d'inverno, già in parte ricostruito, ritornarono a Zarskoje Selo. All'inizio, gli abitanti di San Pietroburgo non sapevano come mai il loro zar se ne andasse in giro da solo per la città, con un giovanissimo ufficiale bavarese, ma poi la voce girò rapidamente ed il cavalleggero fece una buona impressione.

La duchessa si poté a stento dominare, quando l'ambasciatore russo von Sévérin giunse con il rapporto e si congratulò con lei per il fidanzamento. Nesselrode aveva inviato a Sévérin precise istruzioni, in cui era specificato che la duchessa, d'ora in poi, doveva essere trattata come parente della Casa dello zar, tributandole tutti gli onori dovuti alle Altezze Imperiali. Era stata allegata l'informazione, alle altre diverse Ambasciate, che la giovane coppia sarebbe vissuta in Russia. Appena Sévérin si fu allontanato, Augusta corse dalle figlie e scoppiò in lacrime. Teodolinda ha descritto chiaramente l'effetto ottenuto dalla notizia del fidanzamento. La Madre si era precipitata nella sua stanza e si era lasciata cadere su di una sedia esclamando: "Max è fidanzato." La lettura delle lettere di lui, di

Mary e dei genitori, fu interrotta da singhiozzi. Egli sarebbe stato felice, ma per quelli che erano rimasti, non vi sarebbe stato più alcun sorriso. Cosa sarebbe stato di Mama? Essa temeva di dover morire, senza avere un figlio accanto. *Ma non ha lei la sua ultima figlia, la sua Linda, che non la lascerà mai?* Il re e la regina avevano accolto molto calorosamente la notizia. Lo zio aveva fatto continuamente benevole osservazioni su Max, durante la lettura delle lettere. Egli non era sorpreso che lui piacesse tanto. Il fratello Carlo non aveva potuto evitare l'osservazione che Mary non doveva avere un così buon carattere come sua sorella Olga. Durante il pranzo di famiglia conclusivo, le donne Leuchtenberg avevano le lacrime agli occhi. Augusta dovette andare a letto e Luigi fece visita alla *sorella che aveva avuto una forte emicrania a causa della rapidità della promessa di matrimonio.* Essa dovette subito riprendere le sue forze,   per accogliere le congratulazioni di tutta la legazione russa e invitare questa e l'ambasciatore prussiano, conte Doenhoff, a tavola. Essa trovò i russi privi di tatto ed il prussiano imbarazzato.

Nel frattempo Méjan a Zarskoje Selo osservò, che essi sarebbero ritornati, nel migliore dei casi per la fine dell'anno, e ciò solo con una buona pista per slitte, poiché il fidanzato doveva ancora trascorrere presso il futuro suocero il giorno russo di San Nicola, il 18 dicembre del calendario occidentale. Il matrimonio era previsto in luglio, per la festa della zarina. Il 7 novembre Maurizio Mejan riferì al padre che Max aveva ottenuto colossali applausi quando si presentò per la prima volta nella sua uniforme da ussaro a teatro, con la famiglia regnante. Il frack di prammatica, che egli portava abitualmente, gli stava meglio dell'uniforme di gala. Egli era un po' troppo alto per il dolmen. Per farlo apparire ancor più snello, il sarto aveva fatto l'attila così stretto che egli ebbe una congestione e mal di testa, cambiò colore e lo zar fece chiamare subito il Dr. Wurm.   Il signor Roux trattò con il maresciallo di casa, principe Wolkonski, in rappresentanza di Méjan che era ammalato, il contratto di matrimonio, in base al quale la granduchessa riceveva un appannaggio di 700.000 rubli, due milioni di rubli di capitale investito al 4%, un palazzo a

San Pietroburgo con scuderia ed inoltre, completamente arredata, una bella residenza di campagna e tutto ciò che comprendeva la dotazione di una granduchessa. Per l'organizzazione di Corte fu designato il conte Wilonsky, che a Max era molto simpatico. Per la granduchessa erano previste una Maitresse génerale e due Dame di Corte e per Max due aiutanti. Méjan era contento, pur sapendo che a San Pietroburgo erano necessari mezzi maggiori che, per esempio, a Londra. Si doveva contare su 20.000 rubli solo per le toilette di una Dama. Tutti gli articoli di moda dovevano essere importati ed erano molto cari. Si aveva anche bisogno di servitù cinque-sei volte più numerosa che altrove. Inoltre la Corte era molto grandiosa nelle spese, e non vi era alcun ordine. Max ricevette un appannaggio di 100.000 rubli. Il principe Galitzin portò ora a Max tutte le gran croci russe e polacche, con eccezione di quella di San Giorgio e Vladimiro, che era concessa solamente per meriti speciali.

Verso la fine di novembre, lo zar portò a Mosca il suo futuro genero con uno dei viaggi forzati che lui amava. Dostojewski, che allora non aveva ancora vent'anni, deve aver vissuto questa visita. La scappatella era calcolata di otto giorni, compresi tre di viaggio, - 200 miglia in 36 ore. I moscoviti potevano vedere il loro imperatore soprattutto in occasioni ufficiali, incoronazioni e cose simili. Tanto maggiore fu la gioia che fosse venuto per presentare il futuro genero. Lo aveva indicato come suo quinto figlio. I moscoviti avevano capito che lo aveva portato là al fine, per così dire, di incorporarlo in Russia. *Come è giovane, bello ben cresciuto ed affabile! Tutti gli occhi erano rivolti a lui, quando andò accanto allo zar, dal Cremlino alla cattedrale di Maria Assunta, circondato da una folla festante. Si è reso conto di come generalmente e sinceramente sia amato l'imperatore.* Nella chiesa del Salvatore, egli fu benedetto. Si assistette a manifestazioni militari e civili. Nel teatro, tutti i palchi e le gallerie erano occupati dalla prima società, i posti distinti dai generali, senatori ed altri dignitari. Si rappresentò l'opera "I sepolcri degli scaldi". Lo zar entrò nel palco, con l'affascinante giovanotto, a metà del primo atto. Tutti scattarono in piedi dai loro sedili, e risuonarono gli Urrà. Lo zar salutò, e nuovi Urrà risposero, mentre il coro sul palcoscenico cantava l'inno dello zar. "Dio salvi l'imperatore", si gridò. Mentre l'orchestra suonava gli inni nazionali, tutti guardavano verso l'imperatore con sguardi devoti.

Max scrisse nuovamente a sua madre, del tutto entusiasta. Il consiglio comunale gli aveva offerto un piatto in vermeil con le sue iniziali e la cassa dei commercianti aveva fatto una donazione benefica, in suo onore, per le ragazze povere, per provvedere a loro sino al matrimonio; annotò la Madre nel suo diario. Il ritorno si svolse altrettanto rapidamente che l'andata e durante il viaggio si gustarono solamente quattro tazze di tè. Max era ritornato entusiasta. Sul piatto già menzionato, gli erano stati offerti, come buon augurio, pane e sale, secondo l'usanza russa. Questo doveva essere posto nella stanza dei ricordi. Con questo si univano due epoche: la "gloire tout francaise" del padre con quella futura del figlio. Nella stessa stanza si sarebbe vista la palla che aveva colpito il principe Eugenio sulla piana di Smolensk ed appresso il prezioso dono dei moscoviti al figlio, come ricordo della sua prima visita presso di loro. *Sono passati venticinque anni dalla nostra sventura a Mosca, e le nostre bandiere e trofei sono oggi in quel Cremlino!*

Il fidanzamento ufficiale doveva avvenire il 16 dicembre, in chiesa. Il giorno fu festeggiato con gala di Corte, con sfilata di congratulazione e gran ballo della granduchessa Elena. Due giorni dopo,   per l'onomastico della zarina, ballo di corte all'Ermitage. Partenza il mattino del 20, poiché Max voleva essere a casa per San Silvestro. Il tempo non era favorevole al viaggio. Si era contato sul freddo ed una buona pista per slitte, almeno sino alla Polonia, ma era disgelato tre volte.

A Monaco c'era in quel momento in visita il duca Ernesto di Sassonia-Coburgo con il suo secondo figlio Alberto, il quale negli anni futuri avrebbe occupato a fianco della giovane regina inglese Vittoria, il posto che Luigi Bonaparte aveva pensato per Max. Teodolinda trovò il padre, alto, imponente e gentile, il figlio grazioso, con occhi espressivi, buone maniere, piuttosto timido. Al pranzo a Palazzo lo aveva come compagno di tavolo. Non era proprio spiritoso, ma educato, la sua conversazione brillante. Dipingeva, componeva romanze ed amava le scienze naturali. *Il principe Alberto ha occhi così belli ed espressivi, che li si   guarda con piacere…. Io non gli auguro il trono   inglese. Egli non ne sarebbe felice.*

      Il fidanzamento fu celebrato solennemente il 16 dicembre. Il mattino di questo giorno, la cappella provvisoria dell'Ermitage si riempì di Pope del Santo Sinodo, ufficiali, Dame e gentiluomini ammessi a Corte, membri del consiglio, e del corpo diplomatico. La famiglia imperiale fece il suo ingresso in grande corteo, davanti i furieri di corte e di camera, le cariche superiori di corte, i gentiluomini di camera, sempre due a due. Dietro la coppia degli zar, il ministro di casa e due aiutanti di bandiera in servizio, la granduchessa Elena, i granduchi Costantino e Michele, le tre granduchesse Maria, Olga ed Alessandra, quindi Max, le Dame di corte, importanti ospiti. Le campane suonavano a festa. Il Santo Sinodo e il restante alto clero, accolsero le Maestà con acqua benedetta e la Croce. Lo zar condusse per mano Maria e Max sul palco eretto al centro della cappella e si inginocchiò al suo posto. L'evangeliario e la Croce furono posti su di un leggio davanti alla iconostasi e gli anelli di fidanzamento furono portati all'altare da un maggiordomo maggiore, su piatti d'oro. Il padre confessore e l'arciprete dell'esercito e della marina li portarono al metropolita di San Pietroburgo, il quale, recitando le preghiere prescritte, li mise alle dita dei fidanzati. Lo zar e la zarina si avvicinarono. Nel frattempo, venti colpi di saluto dalla fortezza di San Pietro-Paolo, si mescolarono al suono delle campane di tutte le chiese e i conventi della città.   Dopo le cerimonie si fecero le congratulazioni alla coppia degli zar ed ai fidanzati.   Per primi i granduchi e le granduchesse. Durante il Te Deum i fidanzati stavano in piedi uno accanto all'altra, per ritornare poi insieme nei loro appartamenti.   Là si svolse il corteo di congratulazione dei diplomatici e di altre alte personalità. Alla sera la fortezza e la città splendettero nella illuminazione di festa, mentre la famiglia regnante partecipò ad una dimostrazione di gala a teatro dopo una reciproca ovazione della créme della società. Lo zar, in occasione del fidanzamento, emanò un manifesto: *noi, per grazia di Dio, Nicola I, imperatore e monarca assoluto di tutti i russi, etc. rendiamo noto a tutti i sudditi che si sappia: dopo aver implorato la benedizione dell'Onnipotente, abbiamo accordato il nostro consenso, con il parere   favorevole della nostra amata moglie, sua maestà l'imperatrice Alessandra, all'unione della nostra cara figlia signora granduchessa Maria con sua altezza il duca Massimiliano di Leuchtenberg, e li abbiamo fidanzati, il 4/16 di questo mese, secondo il rito della nostra Chiesa ortodossa greco-russa. Siamo convinti, che tutti i nostri fedeli sudditi, con la partecipazione a questo evento così gradita al nostro cuore, rivolgeranno all'Altissimo le loro preghiere, che Egli voglia fare la grazia della Sua benedizione a questi neo-fidanzati.*

Dato a San Pietroburgo, venerdì 16 della nuova era del mese di dicembre dell'anno di nostro Signore milleottocentotrentotto, nel quattordicesimo del nostro regno. Nicola.

La granduchessa Olga scrisse nei suoi ricordi di gioventù, che la sorella era molto graziosa nel suo vestito di tulle bianco con ricami d'argento a forma di foglie di rosa. *Mama ha personalmente inventato questo vestito.* Esso ebbe così grande successo che fu dichiarato vestito tradizionale per le occasioni festive.

Anche il giorno di San Nicola del calendario russo fu celebrato in pompa magna, con funzione sacra nell'Ermitage. Baciamano nella cosìdetta sala italiana, ballo e cena fino a notte tarda, dove i fidanzati ballarono insieme sotto gli sguardi ammirati di tutti i presenti. Il giorno dopo Max, mezzo addormentato iniziò il lungo viaggio di ritorno.

A Monaco il conte Tascher ed il marchese de Rezende parteciparono al Te Deum nella chiesa greca del Salvatore, mentre la duchessa andò a Messa nella cappella di casa. Sévérin giunse in udienza con due attaché in gala. Poi ci fu un pranzo per i diplomatici nell'ambasciata russa e la sera, ricevimento generale. Augusta accettò con soddisfazione le congratulazioni per il fidanzamento di suo figlio, *poiché la gente ci ama e vede volentieri una riparazione delle ingiustizie accadute alla nostra famiglia. Il figlio del principe Eugenio prenderà nel mondo il posto che giustamente gli spetta.* Notò essa, non conoscendo l'atteggiamento alla corte dello zar.

Max fece tutto il viaggio in dieci giorni, Poiché non erano stati procurati abbastanza cavalli, egli si affrettò avanti con Méjan e così arrivò due giorni prima del previsto, cioè la sera del 29. La Madre era in quel momento con Amelia e Linda da Eugenia. Improvvisamente questa balzò in piedi con un grido. Aveva sentito entrare una carrozza. In quell'istante si spalancò la porta e Max piombò fra le braccia di sua Madre. Lei lo trovò di cattivo aspetto, pallido, dimagrito. Linda invece rilevò che la magrezza stava bene a suo fratello. Sino a mezzanotte egli raccontò di Mary e della sua felicità. Le portò una stoffa da vestito da Mosca e due fasce da fronte russe molto belle. La zarina inviò un bellissimo scialle di Caschmere. Max mostrò alla sorella, con fierezza, il ritratto della sua fidanzata, e anche lei rilevò la somiglianza con il suo buon imperatore. Quando la Madre parlò del fatto che voleva affittare una casa per lasciare il suo appartamento alla nuora, Max dichiarò categoricamente, che lei non sarebbe venuta a Monaco.

Dopo che fu stabilita la data del matrimonio, aleggiava sugli abitanti del Palazzo una dolorosa tensione, che aumentava progressivamente con l'avvicinarsi del momento della partenza. Neanche il carnevale poté alleviarla. L'imperatrice del Brasile si sentiva troppo in alto per andare ai balli della società, ma lasciò andare sua figlia a ballare sotto la sorveglianza di Teodolinda, mentre la signora mamma evitava per quanto possibile anche i balli alla Residenza, a causa della questione dell'etichetta. Sévérin diede un gran pranzo per la famiglia, al quale Max comparve nella sua uniforme russa da ussaro. Anche gli altri ambasciatori invitarono a balli e pranzi, prima di tutti quelli d'Austria e di Prussia, i conti Colloredo e Doenhoff. Amelia brillò al gran ballo di Corte in un vestito di tulle nero ricamato, con una quantità di diamanti.

L'arrivo, secondo programma, del generale russo Ignatiew con
il contratto di matrimonio, agì in maniera crudele sul resto della giornata.
Egli abitò in casa, per assistere Max   e per seguirlo infine a San
Pietroburgo. Augusta rispose alla lettera della zarina che le era stata
portata, con una piuttosto abbondante di rimproveri, per il fatto che Max in
qualche maniera si era arreso. Essa voleva far sì che lo zar si rendesse
conto che lui era in un'età particolarmente esposta. Lui si struggeva per
Mary. Ignatiew era stato accolto come amico e uomo di fiducia. La sua
lettera allo zar con il suo consenso al contratto di matrimonio era ancor più
formale: *il Cielo mi è debitore di un risarcimento per così tanta
sofferenza....Ora mi ricompensa in misura maggiore di quanto io avessi
osato sperare. Io sono doppiamente felice e grata, Sire, che ciò avvenga
grazie a Lei.*

A metà marzo lo zarevic, che tornava dall'Italia via Vienna,
abitò due giorni nel Palazzo Leuchtenberg. L'ambasciatore russo a
Monaco, Sévérin, e quello bavarese a San Pietroburgo, conte Lerchenfeld,
andarono incontro al successore al trono, alla frontiera presso Braunau.
Max ed i gentiluomini di palazzo lo attesero al piede della scala.
Teodolinda lo abbracciò cordialmente. Nel Palazzo si diede un tè e poi un
grande pranzo per oltre trenta coperti. Egli era cordiale e si presentava
bene.   Poiché il giorno dopo era domenica, lo zarevic si recò nella chiesa
greca; a questo fine la scuderia ducale fece attaccare sette carrozze di gala.
Al pomeriggio visitò l'atelier di Stieler, il quale aveva proprio in
preparazione il ritratto del futuro cognato. Prima del gran pranzo di gala
nella Residenza, con strascico di Corte e diamanti, i gentiluomini del
seguito russo fecero visita di cortesia alla duchessa. Le scale ed i corridoi
della Residenza erano pieni di curiosi. I paggi sostenevano gli strascichi;
solo Teodolinda dovette arrangiarsi da sola. Quando la regina, dopo il
pranzo, condusse lo zarevic nel grande palco di Corte, seguita dalla
principessa elettrice vedova bavarese, l'imperatrice vedova del Brasile e la
regina vedova bavarese, risuonarono tre fanfare e si applaudì. Si dava il

"Macbeth". Fra i due atti si servì il tè dietro al palco. Poiché lo zarevic partiva già alle otto, Max accompagnò il suo futuro cognato sino al cambio dei cavalli a Schwabhausen. Il viaggiatore andò attraverso Stuttgart-Karlsruhe, in Olanda, per poi essere di nuovo a casa, quasi fidanzato con la principessa Maria di Hessen-Darmstadt per ordine di suo padre, prima del matrimonio di sua sorella.

Max passò la fine d'aprile ad Eichstätt, per separarsi là dalla sua gente. Dopo il ritorno, condusse la Madre e la sorella a passeggio con il suo nuovo calesse, con quattro bei cavalli. Egli sfruttò ogni occasione per stare insieme a sua madre e Linda, non andò più a teatro né in società. Eugenia venne con il suo Costantino da Echingen per prendere commiato. Visitarono i progressi della sala da ballo della Residenza, con la grande sala del trono già in stato di avanzata preparazione, l'atelier di Rottman, la basilica di San Bonifacio, che era già sotto tetto. Teodolinda ne era entusiasta. *E' costruita in base ai progetti di San Paolo a Roma. Le colonne sono monolitiche e giungono da Rosenheim,* affermò. Un'altra volta andarono con tre carrozze alla fonderia di Stiglmaier, all'atelier di Schwanthaler, dove si videro le statue per il Walhalla, e alla chiesa nell'Au. *Il cavallo di bronzo per la statua di Massimiliano I, era appena stato fuso. E' di una misura gigantesca. La statua della Bavaria, che sarà sistemata presso Monaco in un Walhalla* –essa intendeva la Ruhmeshalle-, *è immensa. Raggiungerà il terzo piano di una casa. La chiesa nell'Au è affascinante. E' il solo tipo di chiesa che mi piace. E' gotica. Dei vetri dipinti offerti dal re, quelli medi costano 14.000 fiorini, gli altri 9.000*

Ignatiev aveva la responsabilità di questo secondo viaggio a San Pietroburgo. Il barone Zoller si era deciso di rientrare nell'armata russa e di servire ancora per qualche anno il suo sovrano. Come secondo bavarese, Max portò con sé il maggiore Schuh, una volta suo precettore, e come terzo il Dr. Wurm. Inoltre si aggiunse Eugenio Mussard, svizzero di nascita come il signor Roux, e prima segretario particolare di questo. Egli doveva giocare un importante ruolo nella vita di Max. La duchessa diede a suo figlio delle lunghe istruzioni. Gli doveva essere chiaro che, a parte la famiglia imperiale, nessuno era contento di uno straniero. Si sarebbero tessuti diversi intrighi, per calunniarlo presso la famiglia dello zar e renderlo impopolare. Per tenersi in piedi su questo terreno scivoloso, egli doveva procedere in maniera estremamente intelligente, cosa che, alla sua età e con la sua inesperienza, non era certamente facile. Si sarebbe anche tentato di distoglierlo dai suoi doveri religiosi e degradare la fama di suo padre. Essa lo implorava di rimanere così fermo nella sua religione, come i russi lo sono nella loro. Il ricordo di suo padre doveva essere per lui un talismano. Amore per il lavoro, moderazione, equità, bontà, rifiuto di ogni tipo di intrighi, franchezza, perseveranza nella sfortuna e rassegnazione al momento della morte, dovevano essere i suoi motivi dominanti. Essa conosceva la sua bontà, la sua buona volontà ed i suoi buoni propositi, ma lui era talvolta debole, a causa della sua giovinezza e mancanza di conoscenza degli uomini, e facilmente influenzabile. Egli doveva sempre pensare agli altri e mai a se stesso, e mettersi nei panni degli altri prima di ogni trattativa. Doveva anche essere fedele a sua moglie anche nelle piccolezze. Le donne, infatti, ci vedono molto chiaramente. Molte tacciono, ma per questo soffrono molto di più. A questo proposito, egli doveva seguire l'esempio dello zar. La famiglia imperiale era esemplare anche nella sua devozione. Essa si raccomandava ancora di mantenersi fermo su questo punto e non seguire la strada di sua zia Elisa di Prussia –la quale era notoriamente diventata evangelica. Solo lui poteva mantenere alta la fama e l'onore della famiglia, cosa che proprio in Russia sarebbe stato particolarmente difficile per lui. La sua educazione spirituale non era propriamente ancora completa. Leggeva troppo poco. Le letture erano sempre una grande risorsa. Non doveva dimenticare, quale grande sacrificio gli offriva il barone Zoller, il quale lasciava la famiglia, gli amici, la patria e la carriera. Sapeva benissimo che nell'armata russa erano stimati solo i gradi superiori, e lo doveva perciò ricompensare con particolare bontà e fiducia. Se però dovesse avere, che Dio non voglia, dei dispiaceri, avrebbe senpre potuto trovare in lei la consolazione. Lei pregò lo zar di sostituirla nei riguardi del figlio. Egli poteva dirle chiaramente, qualora Max dovesse cadere in disgrazia, se in qualche maniera gli fosse riuscito sgradito.

La partenza, la sera del 22 maggio, fu più simile a quella per un funerale, che non per un matrimonio. *Noi sembravamo come le anime del fuoco dell'inferno, notò Teodolinda. Guardavamo Max piangendo, senza dire una parola.* Anche lui era commosso, si ritirò per non farsi scoraggiare troppo. Alle sette e mezzo si accomiatarono Ignatiew e gli altri accompagnatori. Essi lo precedettero ad un punto di incontro sulla grande strada nazionale, per lasciarlo da solo per gli addii. *Il barone Zoller singhiozzava e mi baciò due volte la mano. Il generale mi osservava pieno di compassione e disse: Dio voglia proteggerci. Io non potevo dire nulla, ed egli ebbe appena la forza di porgermi la mano. La nonna e lo zio Carlo erano presenti. Esattamente alle otto, Max scese, prese commiato da tutta la sua gente, tornò indietro, ci abbracciò e noi lo accompagnammo giù per la scala assiepata di gente. Dopo che ci ebbe stretto ancora una volta fra le sue braccia, il mio buon Max saltò sul suo "charabanc" ed in un secondo sparì dalla nostra vista. Maman dimostrò una forza inaudita. Io mi sentii mancare e non potei trattenere le mie lacrime.*

E la Madre il giorno dopo: *gran Dio, quale separazione!....Mio figlio mi ha probabilmente perso per sempre. Egli ha sofferto altrettanto, anche se sa che lo attendono con impazienza e che si riunisce con coloro che egli ama. Noi abbiamo mangiato nella mia stanza, per poter piangere senza essere disturbate. Quando i gentiluomini si accomiatarono da me, piangevo a tal punto, che non potevo dire una parola...Egli aveva mandato tutti prima per non avere testimoni del suo dolore.*

Alla prima pietra miliare Max salì, con Ignatiew ed il cameriere Baumgärtner, nel primo coupè. Dietro, seguivano Zoller e Mussard in una carrozza da viaggio, poi Schuh e Wurm in un coupè. Una carrozza con i bagagli li aveva preceduti. Viaggiarono giorno e notte su Breslavia-Varsavia-Kowno, verso Zarskoje Selo ed andarono a letto, per quattro ore, solamente a Breslavia. Schuh calcolò con precisione teutonica, considerando le pause per il pranzo, per   le 287 miglia più le 24 verste da

San Pietroburgo a Zarskoje Selo, 574 ore. Arrivarono l'ultimo di maggio, l'undicesimo del viaggio, un giorno prima di quanto atteso.

Lo zar si era fatto comunicare con il telegrafo, ogni passaggio dalle stazioni di transito. Max scrisse alla madre, che il suo coupè si era sfasciato sedici miglia prima di Zarskoje Selo. Poiché non voleva attendere la riparazione, si era seduto con il generale nella carretta e si era lasciato alle spalle, di gran carriera, l'ultimo tratto di strada. Lo zar gli venne incontro a piedi e lo guidò nel salone. Quindi annunciò a sua figlia Mary, che erano giunte notizie di Max. Essa si gettò nelle sue braccia. La zarina scrisse a Monaco, nel giorno stesso dell'arrivo, che già durante tutto il giorno precedente, si aveva il batticuore ogni volta che la porta si apriva, anche se era stato dichiarato che i viaggiatori sarebbero potuti giungere solamente il giorno dopo. Quando di nuovo si aprì e fu annunciato un corriere di Max, Mary aveva emesso un grido, e poco dopo erano di nuovo seduti uno accanto all'altra, nello stesso posto come sei mesi prima.

Il matrimonio doveva svolgersi in occasione del compleanno della zarina il 1° luglio, 14 luglio del nuovo corso. A metà giugno, Max fu condotto alla grande esposizione industriale a Pietroburgo, come riferisce Lacroix nella sua storia di Nicola I. Lo zar donò a sua figlia un grande vaso di malachite ed a Max una sciabola, con la speranza che egli la avrebbe portata in ricordo di suo suocero e non dovesse usarla altrimenti. Egli invitò a tavola a Pietroburgo tutti i cinquecento espositori. Presumibilmente, ancora il giorno precedente il matrimonio, Max aveva tentato di convincere lo zar a cedere sull'argomento della religione, e con questo lo aveva contrariato, ma in ogni caso aveva ricevuto l'assicurazione scritta che non sarebbe stato mai coinvolto in una guerra contro la Francia.

La granduchessa Olga riferisce nei suoi ricordi di gioventù, che la ricostruzione del Palazzo d'Inverno a San Pietroburgo, bruciato, era stata terminata esattamente per il matrimonio di sua sorella. La grande chiesa era già stata consacrata a Pasqua dell'anno precedente. Il generale Kleinmichel, aveva messo tutto in moto, per mantenere la data fissata per ordine dello zar, così che la famiglia potesse temporaneamente esservi alloggiata per il matrimonio, stabilmente però solo da novembre. *Prima del nostro arrivo si riscaldò giorno e notte, per espellere l'umidità. Si dice che i lavoratori, che si trovavano là, abbiano sofferto di soffocamento e colpi apoplettici, a causa della pessima aria. Era stato costruito all'interno un nuovo sistema di riscaldamento centrale, che asciugava completamente l'aria. Per ovviare a ciò, furono disposti dei mastelli con acqua di neve.*

Secondo Lacroix, il corredo di Mary aveva riempito tre sale del palazzo d'inverno, una con porcellane, cristalli, argenti, biancheria da tavola e tutto ciò che era in relazione alla tavola. In un'altra si vedevano oggetti da toilette d'oro e d'argento, la migliore biancheria intima, pizzi, pellicce, vestiti di tutti i generi, e in una terza, dodici costumi russi ed il vestito da sposa, costumi festivi e feriali con i relativi gioielli. Là splendevano in vetrine collane ed altri gioielli di zaffiri, smeraldi, turchesi, rubini. Max diede sei fili di perle immacolate.   A parte questi tesori, lo zar regalò a sua figlia il Palazzo Marinski, antistante la cattedrale di S. Isacco, sulla Piazza Isacco. Poiché questo sarebbe potuto essere utilizzato solo nel 1844, egli mise a disposizione della giovane coppia, sino ad allora, l'edificio del Collegio dei paggi sulla Sudowaja. Inoltre egli diede in regalo a sua figlia una bellissima casa di campagna nella baia di Kronstadt sulla strada da San Pietroburgo verso Peterhof, che era stato posseduto dalla Famiglia Narisckin. Questo divenne il loro soggiorno preferito.

Il giorno del matrimonio era una bellissima giornata d'estate. Alle due furono condotti al Palazzo d'Inverno gli invitati, le Dame in costume russo, i gentiluomini nelle uniformi di gala. I posti erano stati disposti dal capo cerimoniere per i membri del Santo Sinodo ed altri alti dignitari religiosi e laici, le cariche di Corte massime e superiori, il corpo diplomatico, gli ufficiali della guardia dei diversi gradi ed alti ufficiali di altri reparti militari. Le Dame di Corte avevano vestito la sposa. Olga trovò che a sua sorella non dava risalto il mantello imperiale rosso con l'ermellino, poiché nascondeva la sua figura gracile e la corona granducale era troppo pesante per il suo volto delicato. Essa era tuttavia apparsa più serena di quanto comportasse il serio evento. Appena fu terminata la toilette, il capo cerimoniere condusse lo sposo, il quale portava l'uniforme da generale russo, ed era seguito dall'ambasciatore bavarese conte Lerchenfeld. Allora si aprirono i battenti degli appartamenti interni, con l'annuncio della coppia degli zar. Il corteo si mise in movimento attraverso le sale, verso la chiesa. Per primi venivano i furieri di Corte, il capo cerimoniere con i suoi cerimonieri, i gentiluomini di camera sempre a coppie, il capo maresciallo di corte, con i suoi marescialli di corte. Poi lo zar e la zarina, i ministri di casa, gli aiutanti di bandiera, i generali. Alla testa della famiglia imperiale lo zarevic Alessandro, dietro a lui i suoi tre fratelli Costantino, Nicola e Michele, il granduca Michele Pawlowitsch con la sua granduchessa Elena; dietro, la sposa condotta per mano da Max, le sue sorelle Olga ed Alessandra, la granduchessa Maria Michaelowna, il principe Pietro e la principessa Teresa di Oldenburg, nata principessa di Nassau. Sua madre era una sorella di Nicola I. Egli viveva a Petersburg e fondò là un ramo russo della famiglia granducale di Oldenburg. Suo figlio Alessandro sposerà la figlia di Max, Eugenia, e sua figlia Teresa il fratello più giovane, Giorgio. Seguivano la coppia degli Oldenburg, le Dame di Corte dell'imperatrice e delle granduchesse ed altre personalità di entrambi i sessi. Quattro gentiluomini di camera sostenevano lo strascico della sposa. Essa doveva apparire molto bella, bionda, occhi azzurri, colorito piacevole, giovane e fresca.

Il santo Sinodo e gli altri alti religiosi, attendevano all'ingresso della chiesa per riceverli. Lo zar, al canto del coro, condusse la coppia degli sposi ai loro posti. Durante la cerimonia, lo zarevic sostenne una corona sopra al capo di sua sorella e lo stesso fece il conte von Pahlen sopra quella di Max. Il metropolita accompagnò la coppia degli sposi davanti allo zar ed alla zarina, entrambi si abbracciarono. Maria si gettò piangendo sul petto di sua madre, la quale scoppiò pure in lacrime. Immediatamente prima della benedizione si fecero volare nella chiesa due colombe bianche, secondo l'usanza russa. Esse svolazzarono qua e là per qualche momento sopra le candele accese, e si posarono poi su un cornicione, sopra alla giovane coppia. Dopo la cerimonia del matrimonio tutti si gettarono in ginocchio, per ultimo lo zar. Il metropolita intonò il Te Deum e tutte le campane della città cominciarono a suonare, mentre i cannoni della fortezza Pietro-Paolo sparavano cento colpi di saluto. Il Sinodo e il clero si congratularono, e il corteo si mosse verso una sala dove era stato preparato un altare per il matrimonio cattolico romano. Lo zar condusse nuovamente i due al matrimonio ed accolse gli auguri del clero cattolico. Qui si deve completare il rapporto di Lacroix con quello del viaggiatore francese marchese de Custine, già citato, il quale era venuto a Pietroburgo come sostenitore dell'assolutismo e che doveva ritornare nella sua patria come avversario, così che il suo libro su questo argomento, uscito quattro anni dopo, causò uno scandalo nella Russia di allora. *La bonaria espressione del volto di Nicola I era stato di quando in quando coperta da una serietà artificiosa. Poi si era mostrata solamente la bellezza di questa testa veramente antica, un profilo greco, con fronte alta, piuttosto sfuggente, un naso diritto e ben conformato, una bella bocca, un volto signorile un poco allungato. Il piglio militaresco tradiva le origini tedesche. Mentre altri volevano essere amati, egli sopra tutto voleva obbedienza. I russi erano ancora dei Tartari irreggimentati, che sino ad allora si sarebbero accontentati dell'apparenza, quando però si fossero potuti vendicare per la loro vera inferiorità, allora ci faranno perdere i nostri vantaggi.* Nell'enorme piazza davanti al Palazzo d'Inverno, che separava la residenza dello zar dalla città reale, erano disposte le truppe, carrozze di Corte ed uniformi di tutti i colori e forme, una quantità di cortigiani. La sua carrozza si fermò sotto un grandioso vestibolo a colonne. Le livree dei servitori erano quasi altrettanto fastose quanto quelle dei loro signori. Il matrimonio greco fu molto lungo, statico, simbolico. Le pareti della chiesa, i soffitti, i paramenti dei religiosi, tutto splendeva d'oro e di pietre preziose, dappertutto un'indescrivibile opulenza, come da un racconto delle mille ed una notte. La chiesa di Corte, non eccessivamente grande, era piena di principi e di dignitari. Gli spettatori avevano i loro posti dietro una balaustrata, che circondava lo spazio interno attorno all'altare, il quale sembrava un tavolo quadrato. I posti nel coro erano riservati alla famiglia imperiale. L'ingresso del corteo, nello splendore dorato era molto impressionante. I due giovani sposi splendevano avanti a tutti. *Un matrimonio per amore, sotto abiti religiosi, in un posto così solenne, è una cosa rara.* Dominava un ordine assoluto, con una temperatura di trenta gradi ed un sole splendente. Al seguito dell'imperatore, si trovava un semitributario khan dei tartari, con una lunga veste d'oro, il quale aveva portato suo figlio nel Collegio dei paggi. La parte circolare della chiesa era occupata dalle prime Dame di Corte e dalle ambasciatrici, mentre la Corte imperiale era sistemata in fondo, in una rotonda meravigliosamente dipinta. *Il rivestimento in legno dorato, splendeva al sole, sembrava un'aureola sopra il capo dei sovrani e di loro figli.* Il fatto che lo zar lasciasse continuamente il suo posto per correggere gli errori di etichetta dei suoi figli o del clero, disturbò un poco l'atmosfera. *Le granduchesse, il clero, le alte cariche di corte, tutto….era diretto da lui.* Anche sui gradini dell'altare era ancora vivo lo spirito di Pietro il Grande, poiché tutto riceveva ordini. Si doveva però ammettere che Nicola I era un uomo considerevole e l'unico che portava la verità. Dopo la Messa di matrimonio in rito greco, i due sposi dovettero bere insieme dal calice. Poi essi fecero il giro dell'altare tre volte, mano nella mano, condotti dai Pope in carica, cosa che significava la fedeltà nel corso della vita. Alla fine tutti si inginocchiarono, per ultimo lo zar, dopo aver fatto girare lo sguardo sull'assemblea. Quando si rialzarono, il matrimonio era terminato. Il Te Deum, fra il suono delle campane ed i colpi di cannone, e l'esultanza del popolo, fu particolarmente impressionante; anche le meravigliose voci dei cori della cappella A.   Al cambio dei canti dei cori, durante il Te Deum, fu visibile il tabernacolo. Si vedevano i Pope nei loro paramenti dorati con guarniture d'argento ed i loro copricapi ricoperti di lucenti pietre preziose. L'arcivescovo in carica era piccolo, e non proprio bello, vecchio, con capelli bianchissimi. Lo zar si inchinò davanti a lui e gli baciò la mano. Così pure Custine.

Lacroix racconta del grande banchetto che si svolse al pomeriggio nel Palazzo d'Inverno. Le prime tre classi di Corte, stavano in fila ai loro posti, quando entrò nella sala la famiglia imperiale con il suo seguito. Il termometro segnava trenta gradi. Si dovettero subito accendere delle candele, poiché fuori si preparava un temporale. Tuoni si mescolarono alla musica ed alle salve per i brindisi. Per primo il granduca Michele brindò a suo fratello, lo zar. Quando questi si alzò e brindò alla salute dei nuovi sposi, un lampo illuminò la sala ed un tuono coprì le sue parole. Subito dopo il cielo splendette di nuovo. Lo si considerò di cattivo auspicio. La sera, tutta San Pietroburgo risplendette in una illuminazione a festa. Al ballo di Corte la granduchessa sembrava felice, Max preoccupato. La rigida etichetta non gli andava a genio. Lo zar disse alla zarina, che sperava che Dio avrebbe reso felici i due. Egli non poteva rimproverarsi nulla, solamente Mary l'aveva voluto. Certamente Max aveva nobili qualità era buono e generoso, ma era tuttavia ostinato, inflessibile e non sempre sincero.

Nel proclama imperiale era scritto che i sudditi dovevano partecipare alla gioia dell'imperatore per questo matrimonio. *Ci raccomandiamo caldamente, che Sua Altezza Imperiale con il suo sposo, si stabiliscano in Russia, e con ciò vogliamo assicurare la sua felicità nel cuore della sua patria, per la gioia della nostra amatissima imperatrice Alessandra Feodorowna che lo ha altrettanto desiderato.A dimostrazione dei sentimenti, che ci hanno ispirato le straordinarie qualità del duca di Leuchtenberg, abbiamo contemporaneamente deciso di concedere alla sua persona il titolo di Altezza Imperiale, e gli conferiamo questo titolo da ora e per sempre; ordiniamo al senato dirigente di preparare il relativo diploma e lo stemma adeguato a questo titolo.*

Dato in San Pietroburgo, 2 luglio dell'anno di salute 1839, quattordicesimo del nostro regno. Firmato, Nicola

Alla duchessa Augusta pesò sul cuore che, essendosi cambiata nello stemma l'aquila napoleonica con l'aquila bicipite russa, anche questo riferimento ad Eugenio Behauarnais si sarebbe perso.

Per i sudditi fu ripetuta la luminaria di festa e ci furono quattro giorni di festeggiamenti popolari. A Corte si festeggiò ancora due settimane. Il 15 ci   fu teatro. Il giorno dopo vennero a congratularsi il seguito ed il corpo diplomatico e la sera stessa fu inaugurata con un ballo la sala bianca, ricostruita, dove fra gli stranieri fu presentato anche il marchese de Custine. Gli sembrò che fossero ritornati i tempi del vecchio Palazzo d'Inverno sotto le zarine Elisabetta e Caterina.   Non erano tuttavia ancora pronte tutte le stanze, come la sala di San Giorgio, le cui colonne furono portate da Carrara. La grande galleria, nella quale fu servita una cena per mille persone, era stata provvisoriamente tappezzata con carta grigia, con grande sdegno dello Zar. Anche il granduca Michele e la sua granduchessa Elena, diedero un ballo nel loro palazzo. Nella galleria, dove si ballò, erano stati disposti 1.500 vasi di fiori. Era stata cambiata in un giardino magico, con cespugli odorosi, alla luce di migliaia di candele in vasi colorati a forma di fiori e frutti, ed in mezzo gorgogliavano fontane a getto. I coniugi Oldenburg diedero una festa in giardino nella loro casa di campagna sull'isola. Si ballò all'aperto, con la musica nascosta dietro i cespugli.

Il 23 lo zar diede un ballo in maschera nel suo castello di Peterhof, mentre nel parco illuminato si svolgeva una festa popolare, con fuochi artificiali, dove accorsero molti cittadini. Una delle loro barche si capovolse nella tempesta durante il viaggio di ritorno a San Pietroburgo. La persona che doveva accendere le iniziali della zarina, cadde dalla scala, così che queste rimasero scure, Essa lo venne a sapere e lo considerò un cattivo segno. Custine non si lasciò abbagliare da questa sontuosità. Tutto e tutti, in Russia,   erano controllati e comandati dallo zar. Sessanta milioni erano diretti dal cosiddetto Tchinn. Era una nazione irreggimentata, divisa in quattordici classi da Pietro il Grande. I piccoli impiegati appartenevano alla quattordicesima classe. Non si poteva andare in giro da soli, si era sempre seguiti e si doveva annunciare tutto in precedenza. *Come in Cina…non si può ripetere abbastanza spesso, che la loro rivoluzione sarà tanto più terribile, quando sarà fatta in nome della religione. La politica*

russa ha ultimamente fuso la chiesa con lo stato e scambiato il cielo con la
terra. Chi vede nel suo sovrano Dio, sia aspetta dalla benevolenza
dell'imperatore il paradiso. Così diventerà un fanatico della libertà.

Dopo la festa a Peterhof, la giovane coppia poté finalmente ritirarsi
per la luna di miele, nella proprietà di Sergiewka che era nei pressi.

Teodolinda osservò, a Dieppe, che delle lettere portate dal principe
Wrede, solo quella di Schuh aveva riportato dei particolari sul matrimonio.
Egli si era anche premurato di descrivere la dote della granduchessa
valutata due milioni di rubli, tutti gli ornamenti di diamanti, rubini,
smeraldi, gli oggetti da toilette di vermeil, argento, porcellana, i servizi da
tavola. Solo la veste da camera dello sposo per la prima notte, di cashmir
rosso, era costata 2.500 rubli. Max scrisse che al mattino del matrimonio
aveva recitato le sue devozioni e partecipato ad una santa Messa. Subito
dopo, aveva ancora partecipato alla parata, poiché l'imperatore non voleva
che si trascurassero i doveri militari per ragioni personali. Essi avevano
dovuto bere tre volte dalla stesso calice, prima del giro attorno all'altare.
Poi, dopo un religioso silenzio, era risuonata una meravigliosa corale..
L'arcivescovo aveva dato la benedizione, i novelli sposi si erano
abbracciati ed avevano ringraziato l'imperatore, il quale li aveva stretti al
cuore con tanto impeto, che gli astanti dovettero piangere. La cerimonia
cattolica era stata corta ma dignitosa. Egli era felice e si rammaricava
solamente che non fossero presenti la Madre e la sorella. Mary scrisse le
sue impressioni e la zarina disse che sua figlia era bellissima nel suo
vestito di nozze. Non era uso, in Russia, portare fiori di mirto e d'arancio,
ma lei ne aveva nascosti alcuni nella sua corona, alcuni dei quali Linda
avrebbe ricevuto per il suo erbario. Max era bello come un dio. Prima del
matrimonio c'erano state molte lacrime. *Io ho portato Mary a letto e l'ho*
lasciata, solo quando Max è entrato con la sua vestaglia –quella costosa di
cashmir! *Allora me ne andai.* Essa pregava Dio di permetterle di fare le
veci, in qualche maniera, di sua madre. Gli altri futuri generi, le avrebbero
portato via le figlie, *ma questo mi lascia la mia amata figlia. Che Dio lo*
ricompensi. Anche lo zar scrisse cordialmente. Augusta scrisse che suo

figlio le aveva confessato che Mary gli era piaciuta ancor di più nel suo grazioso negligé, che nel vestito da festa.

Max dovette accompagnare lo zar al festeggiamento militare sul campo di battaglia di Borodino, dal 29 agosto al 6 settembre. Evidentemente egli aveva dimenticato la sua promessa alla duchessa, che avrebbe risparmiato a suo figlio ed al suo atteggiamento francese, delle situazioni spiacevoli. Ad ogni modo era non meno che indiscreto, portare con sé al festeggiamento russo, il figlio di Eugenio Behauarnais, il quale in questa battaglia aveva avuto una parte così notevole al fianco di Napoleone. Entrambi giudicarono Borodino come una propria vittoria, Napoleone, per questo, aveva nominato il suo maresciallo Ney principe della Moscova e Nicola, in questo giorno di San Alessandro, inaugurò con grande sfarzo un monumento sul campo di battaglia. Lacroix descrive lo spettacolo militare.

Lo zar aveva comperato il terreno della sanguinosa battaglia, per regalarlo al suo successore e fargli costruire un palazzo d'estate, accanto alla vecchia chiesa, che portava ancora le tracce delle pallottole. Le truppe bivaccarono sul campo di battaglia. Le tende per la famiglia imperiale e degli ospiti importanti erano state montate fra i villaggi di Borodino e di Zaplarinaia, vicinissime a quelle della guardia e dei granatieri. Vi erano anche i veterani del 1812 e gli ussari di Kiew, il corpo comandato da Max, che egli condusse davanti allo zar. Fra i principi, vi erano il principe Eugenio del Württemberg ed Alessandro d'Olanda, e l'arciduca Alberto d'Austria. Il feldmaresciallo Paskiewitsch era venuto da solo da Varsavia. Per lo scoprimento del monumento, le truppe erano disposte tutto attorno, e lo zar comandò personalmente la parata di onore, con accompagnamento musicale e di tamburi – cinquecento musici - mentre il clero veniva in processione dalla chiesa. Il metropolita celebrò il Servizio Divino e pregò, dopo il Te Deum, per l'anima di Alessandro I e dei russi morti in battaglia. Quindi lo zar, davanti al monumento, guidò la parata di 128 battaglioni, 167 squadroni, e trentatré batterie. Fece venire i cacciatori di Kasan e Borodino, che erano stati creati da suo fratello Alessandro I, e fece sapere, che il primo sarebbe stato sottoposto d'ora in poi al comando del principe Michele, e l'altro, in avvenire, allo zarevic. In una giornata di manovre fu ricostruita la battaglia di Borodino, sotto il comando del granduca Michele. Coloro che parteciparono alla battaglia ricevettero il soldo di allora. Al termine ci fu anche una grande parata e spettacoli ginnici.

Durante la marcia verso Mosca, vicino al convento di Zwenigorod, Eugenio Behauarnais aveva fatto un sogno particolare. Gli era pparso un vecchio monaco il quale disse che, se avesse risparmiato il convento dal saccheggio, egli sarebbe stato uno dei pochi a ritornare salvo in patria e che i suoi successori avrebbero prestato servizio in Russia. Lo zar portò con sé il genero da Borodino a Mosca. Abitarono al Cremlino, come allora aveva fatto Napoleone. L'entrata in Mosca su spettacolare. Dopo una grande cerimonia nella cattedrale di Maria Assunta, si visitarono le numerose chiese del Cremlino e i lavori per la costruzione del nuovo palazzo in stile russo. Due fabbricanti chiesero il permesso di poter dare, in ricordo del matrimonio, 50.000 rubli per una fondazione in favore degli orfanelli, e lo zar ordinò che essa fosse chiamata fondazione Leuchtenberg. Alla posa della prima pietra per la chiesa del Salvatore, parteciparono duecento arcipreti e cento diaconi. Tre vescovi e nove archimandriti avanzarono in processione dietro al metropolita. Max andò con gli altri principi in solenne corteo. Lungo tutto il percorso facevano ala le truppe da un lato, sull'altro lato erano inginocchiati a terra i devoti moscoviti. Il metropolita benedisse il luogo dei lavori e le fondamenta. Lo zar baciò la croce, depose nella prima pietra una lastra di rame a forma di croce ed appresso due pietre, una per l'imperatrice, l'altra per se stesso. Max e gli altri importanti ospiti fecero la stessa cosa.. Il metropolita fece un lungo discorso, che si aggiunse al Te Deum ed a preghiere per la Famiglia imperiale. L'artiglieria sparò a salve, e tutte le campane della santa Mosca, suonarono. Nell'illuminazione a festa, risplendettero di una luce magica particolarmente le mura ed i giardini del Cremlino.

All'inizio di ottobre Max poté ritornare da sua moglie, che era incinta, e restava nel fabbricato Alessandro a Zarskoje Selo sotto la sorveglianza di sua madre e del Dr. Mandt. In quel periodo ci fu un contrasto fra la granduchessa e il dr. Mandt, poiché questo aveva consultato, a sua insaputa, un altro medico. La sua stizza si può avvertire nei suoi ricordi. Essa, per il suo matrimonio, non era stata completamente istruita e Max era troppo giovane per prendersene cura. Il medico deve aver saputo sin da allora, che questa felicità non sarebbe stata durevole: per il momento se la godevano ancora a Sergiewka, sul mare, ma anche questo non senza critiche da parte del dr. Mandt. Il precedente proprietario, principe Narischkin, aveva aperto al pubblico il parco, durante le sei o sette settimane estive. Ora però era permessa solamente una modesta passeggiata attraverso le stanze superiori. Ogni cancello era sorvegliato da un ex sottufficiale, e quelli che passeggiavano dovevano accontentarsi della polverosa strada comunale.

Tornando   ad Augusta e Teodolinda, che si erano recate a Dieppe per le cure, alla fine si realizzò uno dei grandi desideri di Teodolinda, quando la Madre si lasciò convincere a fare sosta a Parigi, durante il viaggio di ritorno. Il signor Henin aveva organizzato il pernottamento all'Hotel Bristol sulla Piazza Vendôme, dove passarono la notte. Teodolinda pianse, quando dalla finestra vide le famose colonne di Napoleone. Era ancora la vecchia, tortuosa Parigi, senza i Campi Elisi. Questa magnifica strada ed i viali che si dipartono a stella dall'arco di trionfo, saranno creati solo dal suo sottovalutato nipote Luigi Napoleone. Il palazzo reale, allora il punto centrale della città, le piacque particolarmente. Attorno a un prato circondato da due viali si stendevano delle gallerie, illuminate con la moderna illuminazione a gas, con negozi di tutti i generi.. C'erano, una accanto all'altra, gioiellerie e pasticcerie e tutto ciò che il cuore poteva desiderare. A Linda piacquero particolarmente i ristoranti di lusso, con sale a specchi, piene di bronzi e di piramidi di cibi prelibati e rari. In un bacile, la cui acqua era continuamente rinnovata da una fontana a getto, nuotavano diversi animali marini, tutto alla luce delle splendenti fiamme a gas, poiché vi si passeggiava solo di sera. La mattina si usciva raramente dall'albergo. Lì offrivano i loro servizi rappresentanti dell'alta moda, fabbricanti di scarpe e di cappelli ed altri esercenti.. Inoltre venivano in visita degli amici, come il vecchio marchese de Behauarnais, il quale ancora passeggiava per tre o quattro ore al giorno, Planat de la Faye, il generale Triaire, ed altri. Augusta andò a far visita al re Luigi Filippo, ritornato da Eu, a San Cloud. La coppia reale le mostrò personalmente tutto il castello, dove Augusta dovette ricordare il suo primo soggiorno, in occasione del matrimonio di Napoleone con l'arciduchessa Maria Luisa. La regina Amelia mise a loro disposizione, in maniera amabilissima, il palco di corte a teatro, dove allora danzava Fanny Elssler. Il barone bavarese von Eichtal, uno dei principali azionisti della ferrovia per Versailles, organizzò una scampagnata là. Il viaggio durò precisamente ventinove minuti, e le Signore furono meravigliate, quando anche là furono ricevute dalla coppia reale. Questa aveva saputo della loro venuta e vi si era recata apposta per far loro gli onori.. Augusta era impressionata che nell'assamblea nazionale, ciascuno venisse per suo diritto. Il teatro era di nuovo come ai tempi del re sole. Alla sera si assistette al "Francais", al misantropo di Moliére. Le Tuileries apparvero ad Augusta "veramente reali". Sulla strada per l'udienza di commiato a San Cloud, fecero un pellegrinaggio alla tomba dell'imperatrice Giuseppina, nella chiesa di Rueil, e verso la fine di settembre erano di nuovo a Monaco, via Strasburgo ed Echingen.

L'ambasciatore bavarese a Pietroburgo, conte Lerchenfeld, venne in vacanza a Monaco e riferì che Max era felice e sempre più considerato e amato, anche da quelli che avevano preso posizione contro il suo matrimonio. Egli era rimasto così leale e umile, come era in Baviera, e non dava ascolto agli intrighi. Poco prima di Natale lui inviò un ambasciatore con doni.. La Madre pianse come un bambino, nell'aprire i pacchi. Apparvero, per lei e per le figlie, bellissimi scialli di caschmir, e per Linda anche un vestito di stoffa persiana. Tutti ricevettero qualcosa, la famiglia Méjan e la Sandizell, oggetti d'argento. Mary aveva scritto che suo marito era molto occupato. Lo zar lo aveva messo a capo di otto istituzioni benefiche, fra cui un ospedale per incurabili, un manicomio ed un orfanotrofio.

All'inizio di aprile Max scrisse dalla Russia, che sua suocera aveva bisogno di una cura a Bad Ems, che Mary si sarebbe nel frattempo ritirata nella sua proprietà di campagna, mentre lui stesso doveva partecipare ad un accampamento di truppe, trattenuto dallo zar a Zarskoje Selo.

Il 9 aprile la granduchessa Maria partorì, a San Pietroburgo, una bambina. La prima notizia pervenne con un telegramma della sorellastra principessa ereditaria Elisa di Prussia, da Berlino. Il barone Zoller portò a Monaco più precisi particolari. Lo zar scrisse che la bambina era stata chiamata Alessandra, una bellissima bimba con occhi e capelli scuri, il che significava che assomigliava al padre. *Benedite la vostra nipote Alessandra,* scrisse, fiero, il papà. Lui e lo zar erano stati presenti alla penosa procedura. Zoller poteva rimanere a Monaco, circa due settimane, e lui stesso sperava di rivedersi a settembre, se lo zar lo avesse permesso. Immediatamente dopo giunse la notizia che lo zarevic si era fidanzato con la principessa Maria di Hessen a Darmstadt. La prossima notizia sensazionale era che il figlio di Luigi Filippo, duca di Joinville, avrebbe riportato da Sant'Elena le ossa di Napoleone, sulla sua fregata, perché fossero sepolte nel duomo degli invalidi. Teodolinda non poté quasi dormire per l'emozione, sognava di essere sulla nave, vedeva gli scogli. *Io potei mettermi sulla prima scialuppa, ed ero subito a terra .Mi sentii piena di slancio, quando misi il piede sul suolo, sul quale Napoleone aveva camminato da prigioniero. Come dovette aver sofferto in questo luogo ristretto.*

La Madre deve aver scritto al re di francesi una lettera esuberante su questo avvenimento. Egli era felice, le rispose, che gli si fosse stato rinfacciato, di riportare su terra francese le ossa di colui *che ha portato tanta fama alla nostra storia, e di far concedere alla tomba dell'imperatore Napoleone, tutti quegli onori che gli sono dovuti da tutta la nostra patria comune.* Era profondamente commosso per le sue lodi e specialmente per la sua assicurazione che suo marito in questa occasione avrebbe condiviso le espressioni dei suoi sentimenti.

Lo zar aveva emesso un proclama, nel quale nominava la nipote Alessandra altezza imperiale, la quale, per la legge di famiglia, sarebbe stata "principessa di Russia, annunciò il figlio.Tutta Pietroburgo ne parlava. Mary aveva ricevuto una fibbia, con uno smeraldo grosso come una noce.   Augusta non era così entusiasta come Mary, poiché nell'editto si faceva riferimento solamente al "marito della granduchessa". Questo le appariva come se si trattasse di un matrimonio di mano sinistra, come nel caso della principessa Maria del Württemberg con il conte di Neipperg. Essa aveva ceduto sull'argomento della religione dei figli, solamente perché lo zar   le aveva dichiarato che altrimenti non avrebbero avuto diritto al trono, *ed ora ci si dimentica di tutto quello che si era promesso. Questo mi irrita e mi fa terribilmente male.* Anche nella sua lettera al figlio, non fece mistero di questo suo disappunto. Lei vide poi la fidanzata dello zarevic, che non aveva ancora sedici anni, dalla regina Carolina a Biederstein. Linda la trovò simpatica ed elegante, riservata e spaventata per l'inatteso onore. Era presente suo fratello Alessandro, il quale poi l'avrebbe seguita in Russia e là, invece di sposare la granduchessa Alessandra, diede origine, con la contessa von Hauke, alla famiglia Battemberg. Augusta e Linda dovettero interrompere la loro sosta a Monaco, poiché la zarina arrivò ad Ems prima del previsto. La ragione di ciò era la morte di suo padre, Federico Guglielmo III di Prussia. Alla notizia che egli stava male, essa si affrettò, con la figlia Olga da Pietroburgo, e lo Zar da Varsavia, ad andare a Potsdam. Essi trovarono il re ancora in vita; egli morì poco dopo il loro arrivo. Ora era regina di Prussia la sorellastra di Augusta, Elisa. Esse visitarono la zarina ad Ems, ma prima andarono a vedere lo spettacolo della Passione ad Oberammergau ed il castello di Hohenschwangau del principe ereditario. Il padrone di casa illustrò con la solita precisione, tutti gli affreschi, che erano stati prodotti in parte dai bozzetti di Schwind e di altri romantici. Poiché Teodolinda era altrettanto dotata di entusiasmo come lui, le piacque questa particolare grandiosità, specialmente la stanza da bagno, scavata nella roccia, con pareti di marmo, finestre rosse con cespugli di fiori e fontane a getto, la fontana dei leoni, in giardino, disegnata da Schwanthaler. Fecero un giro sul lago alpino su una barchetta, sulla cui prua era fissato un cigno bianco. Dappertutto si vedeva questo simbolo dello Schwangau, con o senza Lohengrin. Questo era l'ambiente, nel quale poi saarebbe cresciuto Luigi II. La sera del 21, i viaggiatori arrivarono ad Ems nel castello inglese. La zarina li invitò a cena nella casa di cura e venne loro incontro *con la bella Olga, alta e graziosa, di colorito bianco e sguardo dolce.* Augusta, però, se l'era immaginata ancora più bella. C'erano anche la principessa Luisa d'Olanda, sorella della zarina, ed il fratello Guglielmo, il quale aveva prima fatto loro visita nell'albergo, *gentile come tutti i principi prussiani,* notò Linda, *galante e divertente. Io stavo molto bene con lui, ma specialmente con Olga.* In occasione del suo onomastico si mise da parte il lutto. Si recarono, già alle otto, alla fonte, dove l'imperatrice beveva l'acqua. Poi andarono a cavallo di asini al padiglione, nel quale Teodolinda aveva abitato otto anni prima. L'imperatrice servì personalmente il caffè, sotto una tenda decorata con fiori. Alle due erano a tavola dalla zarina. Teodolinda sedeva fra il principe Guglielmo e la principessa Wolkonsky, che lei conosceva, come gli altri uomini, sino da Kreuth. Al termine, viaggio ad Aue. Per la cena dovettero cambiarsi nuovamente d'abito. Augusta rilevò che la zarina lo faceva almeno cinque volte al giorno. Il giorno dopo andarono nuovamente a cavallo di asini nel bosco. Linda si intendeva meravigliosamente con il principe Guglielmo: *il mio amabile cavaliere, mi ha completamente conquistato.* Nella gita a Nassau, lei sedette con Olga a cassetta. Così la descrisse Teodolinda, nei suoi ricordi: *una ragazza frizzante e graziosa, con un evidente miscuglio di sangue tedesco-francese, la quale aveva un amore non corrisposto per il principe ereditario bavarese "Max Famos".* Augusta espresse alla zarina il suo dispiacere, che Mary non portasse il cognome di suo figlio. Essa rispose che Mary non poteva diventare duchessa di Leuchtenberg, poiché le granduchesse rimanevano sempre granduchesse. Augusta non poté trattenere le sue lacrime e confessò al suo diario il suo dolore per questa scarsa comprensione. Anche Augusto aveva   lasciato la patria, ma per

fondare una nuova dinastia con la sua famiglia in Portogallo. I suoi figli
non sarebbero stati trascurati in una famiglia estranea ed avrebbero
mantenuto la loro religione. Tutte le manifestazioni di affetto ed i bei regali
di commiato, in forma di braccialetti con opali, non riuscirono a cambiare
il suo disappunto. Il viaggio di ritorno, proseguì su Miltenberg, dopo una
gita a Schoenbusch ed una notte ad Aschaffenburg. Davanti a Blaufelden
incontrarono tre enormi carri, ciascuno trainato da dodici cavalli. Alla
domanda su questa pesante carrettata, Linda ricevette in risposta, che si
trattava di due milioni di fiorini per il barone Rotschild, di Francoforte,
coniati a Monaco.

Poiché il re, nel quadro del completamento della sua
Ludwigstrasse, aveva ordinato il trasferimento dell'istituto delle fanciulle,
dal convento comunale, nella nuova costruzione davanti all'università, per
il giorno di San Luigi, la brasiliana Isabella poté abitare per due settimane
nel Palazzo. La strada di campagna al paese di Schwabing era appena stata
rettificata, mentre l'architetto Gärtner, ritornato dalla Grecia, disegnò i
piani per la fine della Ludwigstrasse, non lontano dall'istituto
Massimiliano Giuseppe, con una porta della Vittoria, e per una loggia
fiorentina all'inizio, di fronte alla Residenza. Isabella Goyaz si godette le
vacanze a Monaco e ad Ismaning. Le fu permesso andare con la zia Linda
ed i figli del duca Max, ad un teatro di scimmie ed al famoso circo
Franconi, con i suoi bei cavalli e costumi. La signora Laurent-Franconi
cavalcò con alta scuola, con un costume di velluto nero. Teodolinda era
così entusiasta, che prese lezioni di equitazione su un cavallo bianco, nel
maneggio. Le cattive lingue criticavano, che la figlia illegittima di Dom
Pedro avesse trovato accoglienza nella famiglia, con gran rabbia di Linda.
*Amelia, non ha fatto proprio un favore ad Isabella, presentandola come
figlia di suo marito e della duchessa di Goyaz.*

Il 10 aprile lei notò di aver saputo che suo cugino Luigi St. Leu
era stato arrestato a Boulogne, *dove lui con cinquanta uomini portati con
sé dall'Inghilterra, voleva fare una rivoluzione. Mi dispiace, ma mi
aspettavo che lui non sarebbe potuto stare tranquillo, invero lo*

*consideravo troppo furbo, per intraprendere un'avventura così poco
promettente. Cosa si comincerà a fare di lui, condannarlo? tenerlo
prigioniero? Mio Dio! Povero giovane, si pentirà per tutto quello che ha
fatto. Senza dubbio egli è stato mal consigliato, ma quale presunzione,
mettersi alla pari con l'imperatore!*

A fine agosto arrivò la sorella Eugenia ed all'inizio di settembre il
fratello Max con Mary e la piccola Adina.   Max era stato poco prima
nominato dallo zar presidente di una società di artisti, su espresso desiderio
degli artisti russi, poiché mostrava così tanto interesse per l'arte;
collezionava quadri ed altri oggetti d'arte ed egli stesso disegnava e
dipingeva. Questo lo confermò sua cognata Olga dicendo anche che lui si
interessava di scienza, specie di mineralogia, cosa che lo faceva entrare in
competizione con gli esperti e lo rendeva popolare. Egli voleva fondare
una società per l'utilizzazione delle nuove scoperte nelle scienze naturali e
nell'industria, e fece venire in Russia anche degli artisti. Pietro Hess, dopo
essere tornato dalla Grecia, aveva ottenuto, tramite lui, una chiamata alla
accademia russa ed incarichi della casa imperiale.   La granduchessa
Olga scrive di lui: *egli ha dato sinceramente il suo cuore e la sua anima
senza alcun secondo fine, senza sospettare di quali preoccupazioni si
sarebbe caricato. Egli è un bel ragazzo, un buon ballerino, gentile
cavaliere, vivace e di spirito piacevole. Sin dall'inizio solo la guarnigione
ed il rigido stile di vita a Pietroburgo, gli hanno procurato gravi difficoltà.*
Sua sorella non aveva colpa della sua infelicità. Gli si era fatto sentire
sempre più di essere uno straniero. Egli era diventato comandante della
brigata riunita dei lancieri e dei granatieri a cavallo, e doveva comandare
tutti i giorni la parata dalle finestre dello zar. Lo zio Michele era diventato
molto esigente nella esecuzione dei regolamenti ampiamente astrusi,
secondo l'esempio prussiano, e con ciò aveva causato molta sfortuna e
disperazione. Olga poteva immaginare come il cognato fosse angosciato
quando improvvisamente *fu trasferito in un paese, i cui usi e costumi,
civilizzati solo a metà, del tutto differenti da quelli della sua patria, fra
uomini che pensavano e parlavano differentemente da lui, in un clima la*

cui inclemenza danneggiava la sua salute. Papà, che vedeva molto bene le cattive conseguenze che l'esagerato rigore dello zio Michele provocavano, provò spesso ad alleviarlo. Questo suscitò tuttavia solo l'ira dello zio, egli incominciò a gridare, papà da parte sua si riscaldò, al che lo zio offrì le sue dimissioni, sino a che Sascha –lo zarevic- arrivò e ristabilì la pace. Tuttavia a papà queste scene mortificavano il cuore, poiché amava suo fratello e si sforzava sempre di trattarlo con indulgenza.

La giovane coppia aveva appreso dallo zar la passione per le sorprese. Il barone Zoller che li precedeva, doveva annunciarli per il giorno dopo, quando arrivarono il 1° settembre a Monaco. Augusta giaceva a letto con mal di testa e con le sanguisughe e Linda le sedeva appresso per assisterla, quando sentì lo scalpiccio di sei cavalli. Essa si precipitò alla finestra, vide Max e Mary, che le fecero segno di non tradirli. Nonostante ciò essa corse giù dalle scale e si gettò nelle braccia del fratello e della cognata. Entrambi si precipitarono nella stanza della Madre, si inginocchiarono presso il suo letto e la soffocarono di baci. Augusta scoppiò in un pianto spasmodico e si alzò. Nel frattempo Linda guardava attentamente la cognata. *Essa è deliziosa, ha una figura charmante, una piacevole espressione, spiritosa, cordiale e di toccante semplicità, assomiglia molto a suo padre. Eravamo già come vecchie conoscenze.* Lei fu presto del tutto affascinata dalla cognata, trovò che essa era molto più delicata verso di lui che lui nei confronti di lei. Essa fumava sigari e cercò di convincere Linda a fare lo stesso, così che entrambe puzzavano di fumo, quando arrivò in visita la coppia reale sassone.

Augusta cambiò in un ricevimento con musica, l'udienza della granduchessa, richiesta dal corpo diplomatico russo. Max andò a caccia ad Ismaning, fece venire la famiglia per pranzo e andò ancora a caccia ad Eichstätt. La sera andavano spesso a teatro, e durante la giornata Linda mostrava Monaco alla cognata. Della Residenza   le piacquero di più le stanze rococò che non quelle nuove di Luigi, mentre la Ludwigstrasse appariva grandiosa alla luce della luna. *Tutte queste grandi, ma vuote costruzioni….risaltavano per la bellezza.* Poi venne il turno della

Gipsoteca. Nella fonderia del bronzo si potevano vedere sei principi elettori in bronzo dorato, per la sala del trono, ogni pezzo per 9.000 fiorini, ed il modello ancora incompiuto per la colossale statua della Bavaria. La testa, in cui ci sarebbe stato posto per sei persone, era finita. A San Bonifacio si costruiva ancora. La pinacoteca trovò grandissimo consenso, ed anche la nuova fondazione Massimiliano Giuseppe.Andarono a prendere Isabella Goyaz   per il pranzo, poiché Mary desiderava conoscerla. La trovò incantevole e non riusciva a capire come mai la suocera non l'accettasse del tutto.

Max aveva chiesto udienza al re, che era in viaggio da un campo militare presso Norimberga, verso il solito soggiorno primaverile a Berchtesgaden, e fu da lui pregato di venire a Traunstein. Mary andò con lui per fargli una sorpresa. La giovane coppia ritornò a Monaco molto contenta dell'accoglienza. Poi andarono a Tegernsee per la riunione familiare.   Anche Eugenia venne da Echingen con il suo Costantino. Questo soggiorno non prese una buona piega. Augusta e Mary si presero una forte febbre, quest'ultima si riprese subito, ma la prima dovette restare a letto più a lungo. La sua testa si gonfiò sino ad essere irriconoscibile ed il medico Dr. Breslau, chiamato là, diagnosticò un'erisipela. Essa gridava per il dolore, tanto che la si sentiva a tre stanze di distanza. Eugenia e Linda la assistettero e quasi non andarono a dormire. Augusta annotò più tardi che aveva passato undici giorni e notti su di una sedia, senza dormire e che dovette sopportare ventidue sanguisughe. Teodolinda era completamente esaurita dopo due settimane di assistenza alla malata. Costantino andò via e lasciò Eugenia un mese e mezzo con sua madre. La sorella Carlotta venne da Berchtesgaden ed aiutò ad assistere la malata. In questa situazione, fece visita il ventenne duca di Bordeaux, conte di Chambord, in compagnia del duca di Blacas. Come figlio unico del duca di Berry, assassinato, e nipote del re   Carlo X, egli era il candidato dei legittimisti al trono francese, e, per loro, Enrico V. Egli rimase tre giorni a Tegernsee. La regina Carolina, per svagarlo, lo condusse a Kaltenbrunn, e Teodolinda era così sottosopra che all'inizio gli parlò in tedesco. *Egli è naturale ed allegro, ma non lo ritengo cresciuto abbastanza per l'alta posizione che si pensa per lui.* Alla notizia che Luigi Napoleone era stato condannato a morte, Teodolinda fu sgomenta. *Povero giovane! Sono sicura che sarà graziato, ma la prigione a vita sarà il suo destino.*

Il 19 ottobre lei annotò: *la nonna attende il conte di Württemberg, il quale ha viaggiato in Africa e che fa costruire il castello di Lichtenstein nei pressi di Hechingen. Suo fratello Alessandro ha sposato la contessa Elena Festetic. Nonno Méjan, il quale vede   dappertutto dei mariti, ci ha assicurato che egli sarebbe uno adatto a me e che sicuramente viene per vedermi. Egli sarà malamente sorpreso.*Méjan aveva ragione. Il padre di questo pretendente era un fratello del re Federico I del Wuerttemberg e quindi cugino dell'attuale re Guglielmo I. Egli aveva sposato una contessa di Tunderfelds, ed i suoi figli avevano ottenuto il titolo di conti e contesse del Württemberg, che in seguito fu cambiato in duchi e duchesse – e, per i successori, principi e principesse di Urach. Ne nacquero due figli ed una figlia. Il pretendente di Linda si chiamava Guglielmo. Egli aveva acquistato tre anni prima la casa di caccia reale costruita al posto delle rovine del vecchio borgo, uno dei più bei posti dell'Alb svevo, per la sua passione per il famoso romanzo "Lichtenstein" di Hauff, e lì aveva iniziato la costruzione di un borgo neogotico, in base ai progetti di Heideloff da Norimberga. E di nuovo si avverò un destino Leuchtenberg a Tegernsee. Poiché a Tegernsee nevicava a grandi fiocchi, quando arrivò questo Guglielmo, tutti gli abitanti erano riuniti nella sala di conversazione. Eugenia lo presentò a sua sorella. Egli la conosceva già per averla veduta al circo Franconi a Monaco, disse, e Linda lo scrutò criticamente. Egli era alto, magro, allegro e sciolto nel movimento, bel volto, con occhi espressivi.. Nonostante parlasse comunemente tedesco, sapeva esprimersi molto bene anche in francese, e dava l'impressione di un'ottima educazione. Nei giochi di società organizzati da lui, si dimostrava divertente e pronto di parola. Essa sentì i suoi occhi posarsi su di lei e non poté dormire per tutta una notte.. Dopo una battaglia con le palle di neve fra Max e le sue sorelle, il giorno dopo, la Madre scese per la prima volta dopo la sua malattia e vide il conte: *un affascinante giovanotto. Qualche principe potrebbe essere felice di essere simile a lui,* lei registrò, e Linda teneva spasmodicamente stretto il suo lavoro di cucito, senza dare un solo punto. A pranzo egli la assediò senza interruzione. Essa ribatteva che era molto amata a Monaco. Certo, rispondeva lui, egli conosceva un lungo elenco di suoi ammiratori e sperava di poter essere al 18° o al 20° posto. Durante i quadri viventi, nei quali brillarono particolarmente Max e Mary, egli strappò un guanto per la tensione nervosa e un secondo a cena, mentre sedeva accanto a lei. Lei passò la notte successiva piangendo egualmente per la gioia e per la preoccupazione. Doveva dunque essere ancora felice? Poteva lasciare sua Madre, e avrebbe questa approvato che lei sposasse un conte e che i suoi figli diventassero evangelici? *Mio Dio, io soffoco ancora i sentimenti del mio cuore. Se è tua volontà che io non mi dia ancora via, allora dammene la forza ed il giudizio.* La principessa elettrice vedova, prima della partenza, disse a papà Méjan che avrebbe organizzato questo matrimonio. Lui aveva tuttavia già ricevuto dal conte il compito di sondare con Teodolinda. Prima di chiederle ufficialmente la mano, voleva sapere se lui le piaceva, e questo ancora prima di pranzo. Méjan, aveva risposto, che sapeva che lui le era simpatico, ma c'erano due punti da superare con la Madre: il titolo di conte ed i figli evangelici. Si accordarono che lui, prima della proposta di matrimonio, avrebbe scritto al re del Württemberg per chiedere l'eliminazione di questi due ostacoli. Linda si scusò dalla gita comune in slitta, per andare a passeggiare con il conte ed Eugenia. Quando egli le chiese se avesse qualche probabilità di entrare nella lista dei suoi ammiratori, essa non disse una parola. Egli le baciò la mano e si allontanò in fretta. Più tardi lei gli dichiarò di non essere adeguata alle sue attese e che la sua salute del resto lasciava a desiderare. Egli l'avrebbe curata, rispose lui. Lui aveva un'amatissima sorella, un'abitazione a Stoccarda ed una a Ludwigsburg, e stava costruendo il castello di Lichtenstein, nei pressi di Hechingen. A pranzo venne anche per il terzo guanto il giorno fatale, poiché essi non sedevano uno accanto all'altra. Alla rappresentazione musicale lei, dominandosi, si mantenne lontana da lui anche se per lui era l'ultima sera a Tegernsee. Essi si accordarono che egli si sarebbe dichiarato solo se avesse ricevuto, sui due punti, una risposta favorevole dal re.   Se il re avesse dato parere favorevole, la Madre prometteva il suo assenso. Il pensiero che la sua Linda rimanesse a distanza raggiungibile, le era gradito. Teodolinda pianse di felicità. L'assicurazione del re del Württemberg, che era d'accordo con il matrimonio ed accordava a Guglielmo il permesso per la proposta di matrimonio, fu considerata, un poco precipitosamente, come accettazione delle due condizioni. La duchessa diede il suo assenso con l'osservazione che avrebbe scritto al re per regolare i famosi due punti e che in caso di risposta positiva, non ci sarebbe stato alcun impedimento. Teodolinda era una fidanzata grata e felice. Max, Mary ed Eugenia erano oltremodo contenti, notò la Madre. Naturalmente, papà Méjan compilò la lettera di Augusta al re del Württemberg. Poiché sua figlia come contessa non avrebbe avuto, alla Corte di Monaco, alcun posto di rilievo, lei sarebbe stata contenta, se, per amor suo,   egli avesse concesso al futuro genero il titolo di principe. Il fidanzato scrisse a Max ed a Teodolinda che il re era contento della sua scelta e che non aveva nulla in contrario sull'educazione cattolica dei figli. Due settimane dopo la duchessa scoprì che la situazione economica del genero si mostrava assai meno favorevole di quanto si fosse creduto. Mentre questo, da parte sua, si era aspettato molto di più da Casa Leuchtenberg.

Guglielmo comparve inatteso nel palco, avendo utilizzato la parte completata della nuova linea ferroviaria Ulm-Monaco, per la prima dei "Puritani" di Bellini. Tutti gli spettatori dell'opera, si rivolsero verso la coppia. Egli se la prese a male con Linda, poiché lei, per godere della presenza di Max e Linda, aveva fissato il matrimonio per Pasqua. Quando poi il fidanzato aprì una lettera a lei indirizzata, si giunse ai primi contrasti. Guglielmo se ne andò e durante il pranzo non disse una parola. Riconciliazione dopo uno scoppio di lacrime di Linda. Il matrimonio fu anticipato a prima della quaresima. Il fidanzato fu deluso dal contratto di nozze, stilato sull'esempio di quello delle sorelle, poiché si era aspettato maggiore dote e rendite. La fidanzata dichiarò che avrebbe contribuito con il suo patrimonio personale, e la Madre notò che non avrebbe dato il suo consenso a questo matrimonio, se Linda non fosse stata maggiorenne. Nel frattempo, la coppia di fidanzati, accompagnata da Stefania Méjan, andò fuori a cavallo. Linda si presentava particolarmente bene nel costume da cavallerizza. Ci furono diversi inviti, concerti, teatro. Si visitarono l'università e la chiesa di San Luigi. *Gli affreschi nella navata della chiesa sono finiti, capolavori di Cornelius. Nel Giudizio Universale, il re Luigi è rappresentato fra quelli scelti per salire al cielo.*

A fine novembre Eugenia ritornò ad Echingen, ma promise di ritornare per il matrimonio. Tutta la famiglia la accompagnò in treno sino ad Augsburg. *Le carrozze sono comode,* costatò Linda. *Noi eravamo in dieci ed avevamo preso due carrozze. I movimenti sono lievi ed il viaggio piuttosto rapido. Purtroppo ci si ferma in otto posti diversi, il che prende molto tempo.* Si separarono da Eugenia ai "Tre Mori", e tornarono indietro in due ore. La Madre attendeva il matrimonio di Linda con apprensione sempre maggiore. Essi non avrebbero avuto abbastanza per la conduzione familiare, e la sua posizione a Monaco sarebbe peggiorata. Lei doveva chiarire in anticipo alle sue figlie Giuseppina e Amelia, che si trattava di un conte speciale, imparentato con la casa reale del Württemberg. Teodolinda combatteva spesso con le lacrime. Si aggiunse un nuovo disappunto, quando il re non invitò il fidanzato al pranzo di famiglia per la sua festa.

La granduchessa Maria fu ritratta da Stieler, ed il re pensò di inserirla nella sua galleria delle bellezze.

Ad un ricevimento nella sala di Ercole della Residenza, Teodolinda fu molto fiera, poiché il fratello si presentò molto bene nella sua uniforme da generale russo. Anche Mary aveva presentato magnificamente il suo costume russo bianco-giallo, con un "kakoschnic" d'oro ed una guarnizione in rubini.

Fra la Madre ed il futuro genero volarono ancora parole dure, quando lei assalì l'ambasciatore del Württemberg, per ottenere una dichiarazione scritta del suo re, che i figli di sua figlia sarebbero stati educati da cattolici. Guglielmo voleva rilasciare solamente una promessa orale. Teodolinda si offese, pianse e non dormì per tutta la notte.. Lei poté ristabilire la pace solo a fatica, ma era finita la reciproca fiducia fra la Madre ed il genero. Il fidanzato andò dai suoi parenti nei giorni di Natale e voleva ritornare solamente dopo l'anno nuovo. Con Max, Mary e la nipotina, si festeggiò, in casa Leuchtenberg, un Natale pieno di sentimento. Un poliziotto militare portò dei doni per Max e Mary ed una gentilissima lettera della zarina al fidanzato. Isabella Goyaz era già lì a pranzo per la vigilia e ricevette all'accoglienza i suoi regali. Ciascuno ricevette il suo albero di Natale, così che se ne radunarono sedici. La sala da ballo era quasi troppo piccola per accoglier tutti i doni, secondo la misura russa. Teodolinda, già il mattino, fece regali a due orfanelli e nel suo asilo rivestì di nuovo da capo a piedi ventidue fanciulle ed ancora dodici bambini, e distribuì dei giocattoli. Ricevette una corona di mirto e si recitarono delle poesie che si riferivano al suo matrimonio. Poi a casa adornò ancora i tavoli e gli alberi. Prima la famiglia si scambiò i doni, poi venne il turno del personale di corte. Nonostante che la sala apparisse bellissima, Teodolinda non poteva essere felice, poiché dalla morte di suo padre era la prima distribuzione di doni nella sala da ballo, e per lei probabilmente l'ultima nella casa paterna, Fra i regali, si rallegrò sopratutto del ritratto molto somigliante di Guglielmo. In questo periodo, le feste ed i balli davano poca gioia a Teodolinda, poiché lei voleva passare possibilmente molte ore nella stretta cerchia familiare. Per il primo dell'anno ci fu un ricevimento molto solenne a Corte, in gran gala. Come nei tempi antichi, la coppia reale si presentò al pranzo in pubblico. La Corte ed il corpo diplomatico si ritirarono, dopo che il re li aveva salutati, dopo il brindisi di omaggio. Poi fu ammesso il pubblico. Il ballo dall'ambasciatore russo durò sino alle tre, poiché la granduchessa prolungò il cotillon. Seguirono un proprio ballo, uno nella Residenza ed uno dalla principessa elettrice vedova.

Augusta non riusciva a tranquillizzarsi sul futuro di Teodolinda.

Lei pensava che, se Mary non si fosse trovata a Tegernsee, all'arrivo di Guglielmo, e lei stessa non fosse stata ammalata, questo fidanzamento non ci sarebbe stato. I suoi desideri e condizioni, non sarebbero stati esauditi. La figlia piangeva anche al solo pensiero che suo fratello a fine marzo sarebbe ritornato in Russia, ed anticipò il suo matrimonio all'8 febbraio. Quando si presentò Guglielmo, proprio mentre Teodolinda si vestiva per il ballo di Corte, lei avrebbe preferito restare a casa con lui, ma Maman fu contraria. Egli era così geloso, che ogni bagattella lo metteva in agitazione. Lei si chiese, nel suo diario, se sarebbero stati felici. Il re Luigi invitò a pranzo il fidanzato e lo fece sedere accanto alla regina, dopo che fu accolto dal maresciallo di Corte, ed accompagnato nella piccola sala del trono. Egli parlò anche a lungo con lui, così che Guglielmo ritornò a Palazzo entusiasta. Linda era felice. Secondo il diario della Madre, al ballo del duca Max lei ballò con il padrone di casa un *pas espagnol vraiment à ravir* e si produsse con suo fratello in una quadriglia. Lo zio Luigi era entusiasta. Questo ballo in maschera stava sotto il motto "Il matrimonio di Figaro". Tutti i gentiluomini dovevano presentarsi con il mantello veneziano ed il tricorno.   Il cugino Max rappresentò Figaro e la granduchessa, Susanna.

Un giorno prima del matrimonio, giunse la coppia da Hechingen. Il matrimonio cattolico ed evangelico si svolsero alle due del pomeriggio in una sala del Palazzo. La giovane sposa appariva molto bella nel suo vestito di pizzo con scialle di pizzo con fiori di mirto e di arancio, fasce di brillanti attorno al collo ed alla fronte, diadema di brillanti ed un mazzo di fiori in diamanti e smeraldi sul petto. C'era tutta la famiglia bavarese presente, con la coppia reale in testa. La sposa lasciò piangendo la sua stanza di ragazza. La Madre la condusse, e la sorella del re, Adelgonda, che pure era fidanzata con il principe di Modena, fece da ancella della sposa. Lo zio Carlo condusse lo sposo. Il principe Leopoldo ed il duca Max erano testimoni della sposa, il principe di Hechingen e l'ambasciatore del Württemberg, quelli dello sposo. La cerimonia evangelica seguì quella cattolica. Teodolinda pronunciò il suo "Sì" piuttosto risolutamente. Al pranzo conclusivo la giovane coppia fu affiancata dalla Madre e dal fratello, di fronte sedeva la regina Carolina in mezzo alla coppia reale. La granduchessa Maria, che non si sentiva bene, si era ritirata. Il re fece un brindisi ai novelli sposi, sotto il suono della fanfara; il fratello brindò alla coppia reale. Suonava la banda militare. Teodolinda, per la felicità e l'eccitazione, poteva appena parlare. Solo dopo le sette la giovane donna uscì dal suo abito di gala. Il tè di famiglia durò due ore, quindi seguì il penoso rito delle nozze principesche di quei tempi. *Alle nove la mamma e mia sorella mi svestirono. Io mi coricai. Mamma chiamò Guglielmo e mi lasciò con la sua benedizione.* Il mattino dopo fu ancora peggio. Solamente per la prima colazione la si lasciò nuovamente sola. Poi venne il Dr. Breslau per sentire il suo polso e per annunciare con "sourire caustique", che non aveva bisogno di alcuna medicina. Alle tre e mezzo pranzo a Corte. La giovane coppia sedeva fra il re e la regina. Lo zio, sordo, estremamente espansivo, le gridava all'orecchio delle cose che la rendevano ancor più imbarazzata. A casa era adesso l'ora di cambiarsi per una serata musicale a Biederstein. I russi fecero musica. Il conte Wilonski suonò il violoncello, Dephine il pianoforte e Kratisch cantò. La sera dopo Linda dovette partecipare, nonostante avesse la febbre, al ballo dato da Max nel suo palazzo personale. Il regalo di commiato della regina, commosse particolarmente Teodolinda, un braccialetto d'oro e smalto con sopra scritto "Souvenir" in diamanti. Quando lo si apriva, si vedeva, dipinto su porcellana, il suo asilo a Haidhausen, con bambine che intrecciavano corone, e sopra l'iscrizione "Anche da lontano". La piccola Isabella Goyaz pianse amaramente al momento della separazione, nell'istituto Max Joseph, dove abitava. Il peggio fu la separazione dalla Madre. Per rendere più facile alla sorella il distacco, Eugenia la accompagnò con il treno sino ad Augsburg ed ancore due fermate sino ad Ulm, mentre Max, Mary e la piccola Adina, cercavano di consolare la Madre.

Linda entrò con il batticuore a Stoccarda, attraverso la porta del re, con neve e nebbia. Essa salì al primo piano di casa Brauning nella Kronenstrasse, sua abitazione temporanea, su di una scala adorna di fiori, al suo grazioso e comodo appartamento che era stato approntato. Anche lì c'erano fiori e, come speciale attenzione, un quadro del Palazzo Leuchtenberg, come inventario vivente, due pappagalli, due gatti due bassotti e due tartarughe. I servitori indossavano livree gialle. Un elegante coupé portò i novelli sposi al castello. Guglielmo salì le scale di corsa e attraverso dei corridoi davanti all'appartamento della sua unica sorella Maria, che a Linda fu simpatica sin dall'inizio. Poi fecero visita al fratello Alessandro che scriveva poesie e cavalcava. L'udienza d'ingresso al castello si svolse solo il giorno dopo. Il re del Württenberg condusse Teodolinda dalla regina. Alla figlia del re, sposata con il conte Alfredo di Neipperg, fecero visita nel Palazzo Guglielmo. Al pranzo di Corte essi sedettero fra la regina e Geronimo Montfort, un figlio dell'ex re di Westfalia. I legami di Linda con la famiglia di Gerolamo Bonaparte, la cui moglie era una sorella dell'attuale re del Württemberg, e quelli con la famiglia dello zar che esistevano già prima del matrimonio della granduchessa Olga con il principe ereditario, facilitarono notevolmente l'introduzione di Teodolinda.

Lei fu particolarmente contenta quando Max, il quale aveva viaggiato tutta la notte da Hechingen, le fece visita alla fine di febbraio. Egli le portò, come regalo di matrimonio suo e di Mary, una guarnizione prodotta in Russia, con turchesi particolarmente azzurri e diamanti, in una composizione molto bella. Sua moglie era nuovamente incinta, disse lui, ed il medico non le permetteva di viaggiare prima di tre mesi. Egli aveva inviato allo zar un messaggero, per ricevere i suoi ordini. Max rimase per il pranzo di famiglia nel castello, e rimase anche il giorno dopo da lei. Alle dieci di sera partì per Monaco.

Linda fu contenta, quando suo marito, sulla strada per il Lichtenstein, la lasciò a Hechingen, affinché potesse ancora vedere il fratello e la cognata, prima del loro ritorno a San Pietroburgo. Guglielmo non fu accolto proprio cordialmente dalla suocera; Mary cercò di calmare le acque. Lei per lo più sedeva con il suo bambino nel giardino del Palazzo principe Carlo. Augusta e Max si presero l'influenza, Linda la febbre e la regina vedova Carolina divenne sempre più debole.

Il re Luigi diede un pranzo di addio per i viaggiatori. La separazione dalla più stretta famiglia si fece ad Eichstätt, che Mary non conosceva ancora. A lei piacque particolarmente il "parco dei cinghiali" con i suoi begli alberi. Max era nel suo elemento. Portò in carrozza la famiglia in lungo ed in largo sul suo territorio. Gli abitanti di Eichstätt offrirono un corteo di fiaccole con musica ed inni, che portò la Madre alle lacrime e Linda ai singhiozzi. Alla partenza, il 15 maggio, la piccola Adina si aggrappò con tutte le forze alla nonna. Fu una scena da strappare il cuore. Per non dover rimanere ad Eichstätt, la duchessa con Eugenia e Linda partì immediatamente per Monaco. La vista del Palazzo con le imposte chiuse, le spezzò quasi il cuore. *Come sarà, quando io rimarrò sola* scrisse nel suo diario.

Dopo il ritorno da una cura di bagni a Dieppe, ordinata dal medico, Augusta dovette fare gli onori, a Tegernsee, per la matrigna Carolina, che diventava a vista sempre più debole. Alla sua morte la duchessa sarebbe divenuta ancora più sola. Aveva perduto la sua madre vera all'età di otto anni e Carolina, che occupò il suo posto, fu per lei sempre come una madre carnale ed una nonna per i bambini Leuchtenberg. Due giorni prima della sua morte, Augusta si recò di fretta alla Maxburg, alla prima notizia allarmante, ma non si fece vedere, per non impaurirla. Erano là Elisa di Prussia e Federico Guglielmo IV che era venuto lo stesso giorno 13, per il quarantesimo compleanno di sua moglie. L'ammalata non solo insistette che il corteo di congratulazione si svolgesse da lei nella Maxburg, ma fece fare anche inviti per un ricevimento la sera, per festeggiare sua figlia. Augusta si stava già vestendo, quando la serata fu annullata. Sospettando qualcosa di brutto, si recò immediatamente alla Maxburg e trovò, nella stanza accanto, tutta la famiglia in lacrime, poiché il medico aveva dichiarato che Carolina non sarebbe sopravvissuta alla notte. La duchessa Ludovica, che da poco aveva messo al mondo la futura regina Maria delle due Sicilie, giaceva su un sofà nella stanza di sua sorella Elisa. Alle dieci, il Dr. Breslau annunciò che la fine era imminente. Ci si precipitò nella stanza dell'ammalata e ci si inginocchiò presso il letto. Il predicatore di gabinetto evangelico Schmitt, pregava ad alta voce. Augusta era convinta che la morente lo udiva, come pure il singhiozzare dei figli e dei figliastri. Suo fratello Luigi era diventato pallidissimo. Non aveva ancora visto morire una persona. La sepoltura della regina evangelica nella chiesa cattolica dei Teatini, portò ad un'odiosa dimostrazione dei cosiddetti "Ultramontani" che anteponevano i punti di vista di Roma a quelli della loro patria. Augusta e suo fratello Luigi, certamente due rigidi credenti cattolici, erano scandalizzati. A causa del cattivo tempo, il medico di famiglia aveva proibito di accompagnare la bara dalla casa in cui era morta, alla chiesa. Le commoventi parole del predicatore di gabinetto prima della partenza, fecero scorrere nuove lacrime. Elisa si aggrappò strettamente ad Augusta, mentre la bara era portata via. Poi tutti andarono alla chiesa dei Teatini. Là nulla era stato preparato, Non c'erano candele accese, nessun prete in piviale. La chiesa era vuota e chiusa. *SI depose la bara davanti alla porta della chiesa ed il religioso evangelico tenne ancora un lungo discorso, che nessuno udì.* Becchini con cappucci sul capo portarono da soli la bara giù nella cripta, mentre la famiglia attendeva nel cortile, per poi portarsi nella chiesa protestante, con il re in testa, per una bella predica. La duchessa venne a casa con il cuore spezzato. Il giorno dopo, invero, Monsignore Haubner da parte sua, fece pure una bella predica nella chiesa dei Teatini, ma senza canti e preghiere, *e ciò in un'occasione, in cui avremmo dovuto dimostrare la nostra religione in tutta la sua grandezza, ed anche in presenza del re di Prussia, al quale furono mostrati solamente intolleranza ed odio,* registrò la duchessa, la quale espresse molto chiaramente anche al fratello Luigi la sua indignazione. Il partito degli "Ultramontani" non si sarebbe fermato lì....Il re era furioso e propose come esempio il vescovo di Regensburg, il quale aveva tenuto una degnissima onoranza funebre per la regina defunta. Egli, che aveva fatto tanto per la religione cattolica e per la riparazione dei torti a lei fatti ai tempi dell'illuminismo e della secolarizzazione, non poteva ritenere possibile che l'opposizione crescesse dalle sue file. La cerchia, chiamata da Augusta "Cattolici puri" aveva scopi politici, essa riteneva. *Il re si convincerà, quando non ci sarà più alcun rimedio. Non si tratta del bene della religione, poiché essi non seguono né i principi, né l'esempio di Gesù Cristo.* La regina Carolina lasciò il suo amato Tegernsee, con Bad Kreuth, Bauer nell'Au e tutto ciò che ad essi apparteneva, al suo figliastro Carlo Teodoro. Se egli non avesse lasciato alcun figlio dello stesso rango, la regina Elisa di Prussia doveva essere la successiva erede, e poiché non aveva figli, doveva lasciare l'eredità per testamento a suo piacimento, ad un figlio di sua sorella. Poiché il principe Carlo sopravvisse alla sorellastra Elisa, questa clausola decadde, ed egli nominò erede il suo figlioccio di battesimo duca Carlo Teodoro in Baviera. La figlia più giovane, duchessa Ludovica in Baviera, ricevette il castello Biederstein, presso Monaco, e lo lasciò al suo figlio più giovane duca Massimiliano Emanuele. Nonostante gli stretti rapporti fra Augusta ed il suo fratello preferito Carlo, e le frequenti visite a Tegernsee, cessò il grande raduno familiare annuale introdotto dal padre. Teodolinda, che aveva amato particolarmente la sua "Grand Maman" subì in maniera particolarmente dolorosa la notizia della morte. *Come sarà sola adesso mia madre: come sono triste, di non esserci stata, per baciare ancora una volta la mano di mia nonna, che mi voleva tanto bene.*

Dalla Russia era nel frattempo arrivato in nove giorni da Zarskoje Selo, verso la fine di ottobre, il barone Zoller, con la notizia che la granduchessa aveva messo al mondo una seconda figlia, che aveva ricevuto il nome di Maria. Ci si sbagliava, notò Augusta, nel supporre che lei avrebbe preferito avere un nipote: *per me è assolutamente lo stesso. La famiglia del principe Eugenio si estingue con mio figlio, se egli rimane in Russia.* Questa figlia Marussja era una bambina particolarmente bella con begli occhi e lineamenti regolari. Essa era venuta al mondo a Zarskoje Selo nella stessa stanza in cui Caterina aveva partorito lo zar Nicola.

In novembre Teodolinda venne a Monaco, ma poiché sia la madre che la figlia erano ammalate, non fu un Natale felice. Il matrimonio della figlia del re Luigi, Adelgonda, con il figlio del duca di Modena Francesco IV, nella Residenza, fu una distrazione per Teodolinda che era impegnata nell'arredare la sua nuova casa a Stoccarda. Si recò anche a Lichtenstein che adesso era pronto. Lei fu accolta con scoppi di mortaretti. L'ultimo tratto di strada era così cattivo, che tre cacciatori di suo marito dovettero sostenere la carrozza. Il castello le piacque, "…..c'est superbe". Al ritorno nevicava a grandi fiocchi, nonostante fosse già la fine di marzo.

Quando Max scisse a sua madre che aveva partecipato alle funzioni pasquali della famiglia dello zar, essa ne fu dolorosamente colpita. Questo non aveva alcunché da fare con il suo servizio. Lo zar faceva di tutto per convertirlo alla religione greca. Lei si ritirò con il suo dolore e con Eugenia nella sua amata Ismaning.   Durante il viaggio di ritorno da un soggiorno di cure a Dieppe, visitò a Parigi il duomo degli Invalidi Lì un vecchio invalido le strinse piangendo la mano. *Egli mi disse, anche Voi avete perso e sofferto molto. Io sono della vecchia guardia. Non riuscì a dire di più. Tali parole fanno bene al cuore.* Lei proseguì il viaggio per Stoccarda e lì incontrò, da Teodolinda, anche Eugenia. *Mamma era agitata per il caldo e per il rivedersi, ma a poco a poco si calmò….aprì dei doni per Eugenia e me. Mi promise che sarebbe venuta per il mio parto. Quale felicità. Alle sette mi lasciò di nuovo. Fu un sogno.*

In quel settembre il re Luigi invitò sua sorella per la prima volta da lui a Berchtesgaden. Egli passava quasi ogni anno alcune settimane nel castello di Berchtesgaden, che una volta era dei liberi canonici agostiniani, senza etichetta nella stretta cerchia familiare e con gli amici prediletti, dopo il suo soggiorno estivo a Bruckenau, Aschaffenburg o Ludwigshöhe presso Edenkoben nel Palatinato e prima del suo ritorno a Monaco per l'Oktoberfest. Di là passava spesso dall'altra sua sorella Carlotta a Salisburgo, e lei veniva qua. Quest'anno entrambe le sorelle si trovarono per una settimana a Berchtesgaden. Augusta si godette il ritorno alla vecchia familiarità, e Luigi fu particolarmente cordiale nel suoi confronti sia nel castello, che durante le gite nei dintorni. Quando lui le raccontò che nei possedimenti italiani gli impiegati dei Leuchtenberg ora portavano le coccarde dello zar, la colpì al cuore. Roux era stato sicuramente corrotto, per attrarre suo figlio sempre di più nel covo russo.

La vista dell'ex imperatrice Maria Luisa, che era venuta in visita per un giorno, la sconvolse. *Io non l'avevo più vista sin dal 1814. Evidentemente Dio l'ha punita per aver dimenticato le sue colpe verso la Casa dell'imperatore Napoleone, verso suo figlio e sé stessa. Sembra una vecchia, decrepita, grassa ed affaticata contadina. E' ripugnante e qualcuno……ricorderà ciò che Lord Byron ha detto nella "Age de bronce"……Questa donna, cui era capitato un così bel ruolo, se avesse seguito l'esempio dell'imperatrice Maria Teresa, ha avuto un comportamento che trascina nel fango ogni donna e specialmente l'imperatrice dei francesi. Io non so quale impressione io le abbia fatto, Comunque, ho evitato qualsiasi discorso con lei. Alla sera lei è ripartita per Parma.*

Tornata a Monaco, Augusta dovette preparare il matrimonio della duchessa Isabella Goyaz. Per lei fu una fortuna che il conte Ernesto Fischler di Treuberg chiedesse la mano della bella ragazza esotica, subito dopo la fine della sua educazione, ma per la duchessa questo matrimonio significava una maggiore solitudine nel Palazzo. Il fidanzato, più vecchio di lei di quattordici anni, derivava da una famiglia aristocratica ed inoltre era figlio di una principessa di Hohenzollern-Sigmaringen, dalla cui proprietà familiare derivava anche l'ex convento Holzen, nella Svevia bavarese, non lontano da Donauwörth, nel quale ora la brasiliana avrebbe alloggiato.

Il 10 ottobre arrivò all'improvviso Max, e già il giorno dopo cominciarono i festeggiamenti per il matrimonio del principe ereditario Massimiliano con la principessa Maria di Prussia. I principi bavaresi attesero la sposa ed i suoi genitori in fondo alla scala imperiale nella Residenza, la coppia reale con le principesse, di sopra. Augusta la trovò piuttosto piccola, nel suo vestito azzurro, ma incantevole di volto, con occhi particolarmente belli, inoltre vivace e simpatica. Alla fine ci fu un gran pranzo con la coppia di sposi in mezzo alla coppia reale. Il matrimonio fu celebrato il 12 ottobre nella chiesa di Corte ed in quest'occasione il Nunzio apostolico tenne il discorso di saluto per il corpo diplomatico nella nuova gran sala del trono, appena terminata. Era l'onomastico dei tre Massimiliani, ed il re venne nel Palazzo per porgere gli auguri a quello di Leuchtenberg

.   Poiché il 13 era l'anniversario della morte del re Massimiliano Giuseppe, la rappresentazione di festa dei "Puritani" di Bellini si fece il 14, alla vigilia del diciassettesimo anniversario della nuova principessa ereditaria. In quest'occasione ci fu un gran pranzo di gala ed il primo ballo di Corte nella nuova sala da ballo, che nonostante la sua grandezza, era completamente piena. Il giorno seguente, con un tempo magnifico, ci fu la solenne apertura dell'Oktoberfest. La coppia dei principi ereditari fu salutata alla partenza con grida di giubilo. Per prime si avvicinarono alla tenda del re le coppie che si erano sposate in quello stesso giorno ed eseguirono delle danze. Poi il re diede il segnale per la partenza della corsa dei cavalli. Lo zio Carlo diede un pranzo per Max Leuchtenberg, il quale a mezzanotte partiva per Venezia per andare dalla sua granduchessa, la quale, per ordine del medico, doveva passare l'inverno in Italia. Sua madre era felice di averlo avuto per sé quattro giorni. *L'aria della patria gli ha fatto bene. Egli era felice, di essere di nuovo a casa e tutti furono contenti di vederlo.* Con l'apertura del Walhalla a Regensburg, nell'anniversario della battaglia di Lipsia e della posa della prima pietra della sala della libertà a Kelheim il seguente 19 ottobre, terminarono i festeggiamenti per questo matrimonio dei principi ereditari.

La duchessa-Madre allora si mise in viaggio per Venezia, con Maurizio Méjan e la Sandizell, per incontrare suo figlio. Abitò nell'Albergo Danieli. Ricordando il suo ingresso trionfale nell'anno 1806, come viceregina, le tornarono le lacrime agli occhi. Le sue due nipotine la parvero pallide e magre, la maggiore l'accolse festosamente, ma poiché

capiva solo il russo, la comprensione reciproca era difficile. Nonostante
che Max e Mary si occupassero sinceramente di lei, Augusta aveva
l'impressione di trovarsi in una famiglia russa. Con suo figlio Augusto era
stata tutt'altra cosa, egli aveva avuto come esempio suo padre. Quando lei
presentò alla nuora il vecchio bibliotecario che aveva ricoperto questo
posto sotto suo marito, e che era molto felice di rivederla, lei lo notò
appena. Neanche il fatto che era stato il viceré ad aver riunito i preziosi
quadri nell'Accademia, le fece impressione.

All'inizio di novembre andarono con la nave ad Ancona. Si sollevò
una tale tempesta, che non solo tutti i passeggeri soffrirono il mal di mare,
ma il capitano dovette portare la nave al sicuro nel porto di Rovigno, in
Istria. Si dormì sulla paglia, in una piccola pensione. Alle quattro del
mattino comparve Max con una lanterna e dichiarò che la nave doveva
lasciare il porto prima delle cinque se si voleva arrivare ancora in quel
giorno. Solamente i servitori di camera di Max si mantennero in piedi e si
occuparono dei sofferenti. Poiché si erano dimenticati di accendere il faro
di Ancona, l'ingresso nel porto richiese due ore piene, così che si approdò
solo alle dieci di sera, con una pioggia battente ed in miserevoli condizioni.
Nel palazzo era stato approntato per la granduchessa un bell'appartamento
nuovo. L'ambasciatore russo nello Stato della Chiesa, conte Potemkin,
giunse di fretta per salutarli ed il console russo ad Ancona presentò i suoi
colleghi, Se lo avesse saputo, notò Augusta, avrebbe chiesto a quello
bavarese di incaricarsi di farle le presentazioni. Peraltro il protocollo, in e
fuori Ancona, si svolse in maniera molto simile a quello di allora, quando
lei era ancora la padrona di casa. Un giorno Max le disse che sua moglie, a
causa del clima, doveva passare l'inverno a Roma, e che lui, per restarle
vicino, rinunciava alle cacce ad Eichstätt ed a Monaco. Essi avrebbero
abitato nell'ambasciata russa, dove c'era poco posto. Alla sua risposta, che
il fratello le voleva nuovamente mettere a disposizione la sua villa Malta,
egli affermò che condurre due case sarebbe stato troppo caro.
Profondamente ferita, lei dichiarò che sarebbe partita non appena fosse
arrivata la carrozza. La sua cocente delusione è chiaramente espressa nel

suo diario. Essa aveva solamente ceduto alle pressioni del figlio, ed ora era cacciata via. Questa era una lezione per il futuro e si sarebbe guardata bene da dar seguito all'invito in Russia. Tuttavia, accompagnò Max nelle sue diverse visite, senza Mary, ed una volta si giunse proprio ad un litigio fra madre e figlio. Quando egli fece macchina indietro e le chiese di andare con loro a Roma, lei rifiutò. Egli aveva gli occhi bendati ed era completamente sottomesso a sua moglie, notò lei, *più russo che francese e tedesco, Max non manterrà alta la tradizione della famiglia del principe Eugenio, speriamo che un evento imprevisto gli apra gli occhi.*

Nel frattempo venne dicembre. Per prima partì la nuora " con gelida indifferenza….". Il giorno dopo la seguì Max, anche lui poco turbato. Augusta sentì arrivare una malattia e intraprese il lungo viaggio di ritorno con febbre, dolori alle gambe, macchie rosse e gonfiori. Alla sera del 23, arrivò a Monaco con la febbre. Il Dr. Breslau si spaventò per il suo aspetto, diagnosticò un ittero ed infiammazione del fegato. Oltre a ciò lei trovò una lettera del genero Guglielmo, con la dichiarazione che, se Teodolinda avesse avuto un figlio, doveva diventare evangelico. Ebbe un sospiro di sollievo, quando seppe che alla fine di dicembre a Stoccarda, era venuta al mondo una nipotina, Augusta, la futura contessa di Enzenberg e, dopo essere rimasta vedova, contessa Thun Hohenstein. Teodolinda era rattristata, poiché sua madre non era potuta venire per il parto.

Dal diario della Madre, risulta quanto l'avessero fatta soffrire le lettere piuttosto fredde del figlio. Tre anni di Russia lo avevano cambiato. Egli non voleva credere che lei fosse veramente ammalata. La malattia durò tre mesi prima che lei guarisse. La sua nuova apparizione ad un ballo in maschera nella Residenza, provocò grande gioia.

All'inizio di aprile Isabella Goyaz si stabilì nel Palazzo sino al matrimonio e a metà aprile arrivò la famiglia Max da Roma. Mary era al settimo mese di una nuova gravidanza.Il matrimonio di Isabella Goyaz si svolse due giorni dopo nella cappella di casa. Augusta e suo figlio condussero la sposa, papà Méjan lo sposo. A parte gli abitanti della casa,

c'erano solamente i testimoni, quattro paggi della sposa con i loro genitori
e la presidentessa della fondazione Max Joseph. Il parroco locale celebrò,
dopo un discorso, il matrimonio e lesse la Santa Messa. Dopo pranzo i
novelli sposi partirono in treno per Augsburg ed arrivarono il giorno dopo
al castello Holzen. Questo matrimonio significò per la duchessa un grado
in più di solitudine, d'altra parte era contenta di essersi liberata della
responsabilità nei riguardi della bella ragazza..

Mary   era ora molto più gentile nei suoi confronti. Eugenia non
poté venire a causa della febbre e Linda potette passare solo pochi giorni
con il fratello, poiché aveva lasciato sua figlia a Stoccarda. Il commiato da
Max, nella seconda metà di maggio, fu nuovamente doloroso per la madre.
*Mia nuora e tutto il suo seguito erano questa volta del tutto diversi, si
lasciarono indietro un'impressione decisamente migliore. Mary era
gentile, addirittura amabile. Se fosse stata educata come è desiderabile per
una principessa, la si potrebbe definire "charmant" Essa è spiritosa e
riesce a conquistare chiunque, se lo vuole.*

In questa primavera capitò alla duchessa una grossa gioia: vennero
tutte le sue figlie, Giuseppina per la prima volta, dal suo matrimonio
vent'anni prima. La coppia dei principi ereditari svedesi con la figlia
Eugenia si era annunciata per il 1° d'agosto. La ragione principale di questo
viaggio era che Giuseppina temeva per la vita di sua madre. Inoltre aveva
nostalgia della Baviera, che lei, più di tutte le sorelle, considerava sua
patria. Come racconta il suo biografo, lei scrisse una volta a sua zia,
l'imperatrice d'Austria, cose che commuovevano il cuore e l'animo, ma le
poté esprimere solamente in tedesco, poiché il francese era adatto
soprattutto per la conversazione.   Per il primo incontro, la Madre e la
figlia non riuscirono a parlare per il pianto. Giuseppina era di buon aspetto
e Oscar non era assolutamente cambiato. La tredicenne Eugenia, già alta
come sua zia Linda, si gettò subito al collo del prozio Carlo, come se lo
avesse già conosciuto. Per l'onomastico d'Augusta, il 3 agosto, tutte le
figlie con le loro figlie ed i loro regali, si affollarono attorno al suo letto per
farle gli auguri, anche la piccola Augusta di Linda. La principessa

ereditaria svedese suscitò dappertutto ammirazione per la sua amabilità. La sua prima uscita fu una visita alla sepoltura di suo padre a San Michele. Poi venne il turno della visita ai lavori di costruzione dello zio Luigi.

A metà agosto giunse il barone Zoller, con un nuovo viaggio forzato, con la notizia che a Zarskoje Selo era nato un nipote, Nicola. – Nicola? chiese la nonna, infatti, Mary aveva promesso di chiamare il suo primo figlio Eugenio. Seguì un colpo ancora più duro. Zoller aveva già riferito, che la nipote più grande, Adina era ammalata di pertosse. Subito dopo giunse una lettera dello zar con la notizia che la piccola era morta fra atroci dolori. *Il nostro povero, caro Max, dimostra un'ammirevole forza d'animo, per alleviare il dolore di Mary.* La granduchessa Olga lo afferma nei suoi ricordi. Alla notizia della nascita del nipote, suo padre era accorso dalle manovre. Max era andato avanti e indietro dal letto di morte della figlia ed il letto di puerperio di sua moglie, ed aveva tentato di sorridere davanti alla moglie. Mentre la bimba morta era condotta nella cattedrale di San Pietro e Paolo per la sepoltura, la madre credette di sentire le campane suonare e di vedere delle fiaccole. Solamente dodici giorni dopo il parto, il medico permise di dirle la verità. Max venne da lei con Marussja in braccio. "E Adina?" lei gridò, al che Max rispose che i medici erano preoccupati. –"Lei è morta" esclamò, e cadde in ginocchio. Non ha mai più pronunciato il nome di questa figlia. Nel posto dove era morta, fece erigere una cappella, esaminò il progetto e ne scelse i quadri.

Mentre Costantino e Oscar facevano delle gite, le figlie rimasero con la madre, sino a che, con l'eccezione d'Amelia, dovettero una dopo l'altra, tornare a casa.. Per prima la svedese, alla cattiva notizia dello stato di salute del re Giovanni. Seguirono Teodolinda ed Eugenia.

Il 1° ottobre si seppe che il re Otto di Grecia era stato costretto a promettere l'introduzione di una costituzione, a decorare il capo dell'opposizione, a dichiarare questo giorno festa nazionale e a mandare indietro tutti i bavaresi presenti in Grecia. In loro onore, il famoso pianista Liszt diede un concerto di beneficenza. *Egli è meraviglioso, incredibile....suonò alla perfezione.* Liszt era del resto, allora, da lungo tempo ospite del principe Costantino ad Echingen, dove anche Berlioz dava concerti.

Augusta fu meravigliata, quando ricevette dalla sua nuora russa un invito a San Pietroburgo. Non voleva in nessun caso essere ospite in quel palazzo, dove neppure i servitori portavano le livree di suo figlio. Rimase anche ferma nel rifiuto, quando l'invito fu urgentemente reiterato in primavera, con l'aggiunta che quest'invito rappresentava un particolare desiderio della coppia degli zar. Lei non poteva tollerare l'annientamento dei Behauarnais. *Perché mi chiedono di piantare nel mio cuore il pugnale fino al manico?*

Invece il re si rallegrò, quando Stiglmaier, nella fonderia del bronzo, gli disse che il duca di   Leuchtenberg gli aveva fatto chiedere se da lui si sarebbero potute far fondere sei statue sedute, grandi come quelle del monumento a Massimiliano Giuseppe a Monaco, per una chiesa a San Pietroburgo.

Teodolinda era nuovamente incinta e triste, poiché la sua amica Stefania Méjan doveva dare le dimissioni, in quanto sposava il signor von Hofstetten.

Giuseppina, per la morte del re Giovanni di Svezia, l'8 marzo, era diventata regina di Svezia, Norvegia, Gothen e Wenden. Il nuovo re, Oscar I, fece contemporaneamente le condoglianze e i rallegramenti ad Augusta. Egli aveva inviato   il conte Stedingh per annunciare la morte di suo padre e la sua ascesa al trono, mentre il re Luigi inviò a Stoccolma il suo ambasciatore a Petersburg, conte Bray. Come rappresentante dello zar giunse Max Leuchtenberg. Sua madre e Amelia speravano che sarebbe andato a Monaco, ma restarono deluse.

In quest'inizio dell'anno si sposarono contemporaneamente due figli del re, Ildegarda l'arciduca Alberto d'Austria e Leopoldo l'arciduchessa Augusta di Toscana. Il re Luigi era commosso fino alle lacrime, quando abbracciò l'arciduca Carlo al suo arrivo - *un giorno felice, nel vedere due eroi tedeschi da me*. Il banchetto festivo si svolse significativamente nella nuova sala di Rodolfo d'Asburgo. C'era ancora tutto il freddo invernale.   La sala delle battaglie non fu mostrata, per il fatto che non tutti i quadri erano consentiti, ed Augusta aveva qualcosa da ridire su questa nuova sala delle feste. Per desiderio del re, il vincitore di Aspern fu ricevuto al suono di trombe e tamburi, al suo ingresso nel palco reale del teatro di Corte, e calorosamente applaudito. Il feldmaresciallo bavarese principe Carlo diede un pranzo per il collega austriaco nel suo palazzo, con una ritirata dei cinque reggimenti che stavano a Monaco. Alla fine fu suonata la "battaglia della vittoria" di Beethoven. Il re condusse il suo ospite di alto rango anche alla fontana che in suo onore gettava per la prima volta, all'Università e la nostra duchessa lo invitò a pranzo nel suo palazzo, con tutti gli altri sedici principi.

Leopoldo giunse solennemente a   Monaco, con la sua Augusta, arrivando da Firenze. La famiglia riunita li ricevette alla scala dell'imperatore della Residenza. Augusta descrisse la sua cugina e nipote, come alta, un miscuglio di Asburgo e Wettin. Poiché essa sedeva seria e rigida nella sua carrozza, le grida di evviva furono scarse. A tavola, il re parlò con lei in italiano.

Il 1° maggio si celebrò il matrimonio di Ildegarda. l'arciduca Carlo attese la sposa   con i suoi tre figli e la coppia Modena nella chiesa di Corte, nella quale i residenti arrivarono in solenne corteo dalle stanze reali, la sposa fra i suoi genitori. Il protocollo era eguale a quello dei primi matrimoni nella Residenza, fuori programma una piccola rivolta serale contro l'aumento del prezzo della birra.

Quando si trattava della birra, gli abitanti di Monaco non scherzavano.La duchessa osservò che gli abitanti di Monaco si ribellavano per la prima volta contro gli ordini supremi. Al mattino, fu annunciato al re che, a parte le finestre fracassate, c'erano stati un morto e diversi feriti.   Il direttore della polizia aveva ricevuto un pugno in faccia. Luigi non fu molestato, quando, come sempre, andò in giro da solo ed ispezionò i danni, ma la sera dopo si ricominciò durante la rappresentazione festiva del "Tito", Anche nel teatro si arrivò ad un piccolo panico, quando il fumo del fuoco di bengala, si spinse dal palcoscenico sulla platea durante la rappresentazione, e per un momento fu ritenuto quello di un incendio. Alla fine dominava una certa inquietudine del pubblico. La gente della platea si precipitò verso le uscite, i cantori scapparono dal palcoscenico. La famiglia nel palco reale rimase immobile, nonostante il chiasso che veniva da fuori sulla piazza, evviva e fischi. Il generale conte Ysenburg fece disperdere gli agitatori dalle truppe. La Corte rimase fino alla fine del primo atto dell'opera   ed il re si fece dare notizie dal ministro dell'interno. Il giorno dopo si poté andare con sedici carrozze per le strade illuminate, senza essere disturbati, ma durante la rappresentazione della "Caterina Corsaro" ci fu nuovamente baccano. Assalto alla birreria di Corte, poiché la polizia aveva trascurato di chiudere la cantina Maibock . A parte il re, nel teatro nessuno ne seppe alcunché e neppure durante il pranzo in un intervallo, nella sala dietro il palco reale, nonostante che il ministro dell'interno andasse avanti e indietro continuamente fra il teatro e la stazione di polizia principale.

Prima della partenza dell'arciduca Carlo per il Walhalla, ci fu una grande colazione di famiglia e la sera ballo di Corte. In ogni caso il reggimento dei corazzieri era pronto all'attacco sulla Piazza Massimiliano Giuseppe, e, in varie parti della città, truppe di linea e della polizia municipale. Il re aprì la polonese nella nuova sala da ballo, con Amelia del Brasile-Braganza.

Quando il giorno dopo il re andò a piedi all'Auer Dult, la fanteria e la polizia municipale stavano sulla Piazza S.Maria . Alcuni cittadini gli gridarono evviva, anche i bevitori di birra della pensione "all'albero verde". Giorni dopo, egli visitò con Gärtner i lavori del Palazzo Wittelsbach destinato al principe ereditario, sulla strada del Brennero. Questo doveva essere costruito in stile neogotico, per desiderio del figlio, del tutto contrario al gusto del re. Egli si fece mostrare da Gärtner i progetti per la tomba di famiglia dei Wittelsbach, prevista, ma non realizzata, nel convento di Scheiern. La sera stessa, un ballo in una sala dell'Odeon cambiata dall'ambasciatore austriaco von Senfft in un giardino, chiuse i festeggiamenti dei due matrimoni bavaresi-austriaci.

Roux comparve nel viaggio verso Petersburg, per metterlo al corrente di un'offerta del Papa per i suoi possedimenti in Italia. Augusta era scandalizzata. Questo significava la rovina della famiglia e la fine della sua reputazione. Che il Papa, che da tempo voleva riavere questa enclave, desse poca importanza a questi sudditi russi ortodossi, era comprensibile. *Che io non sopravviva alla caduta ed alla rovina della mia famiglia!* Essa scrisse nel suo diario, e le venne la febbre.

Successivamente giunse la notizia della morte della figlia dello zar, Alessandra. Questa aveva sposato all'inizio dell'anno il langravio Guglielmo di Hessen-Kassel. Morì dopo aver partorito troppo presto un figlio. Il Dr. Mandt scrive nelle sue memorie che Max Leuchtenberg era stato il solo che non avesse perso la testa nella stanza della morta ed aveva chiamato il Pastore, affinché potesse battezzare il figlio in extremis. Entrambi furono sepolti nella tomba imperiale della cattedrale di San Pietro Paolo. Da allora lo zar Nicola cominciò ad essere cagionevole di salute ed anche la zarina non si riprese più.

Augusta si recò dal fratello e dalla sorella a Berchtesgaden. La separazione da Eugenia dopo due mesi che erano insieme ad Ismaning, le fu molto gravosa, poiché sentiva che anche in questo caso si trattava di una separazione definitiva. Dalle lettere di Eugenia in Svezia, si desume che da questo momento iniziò la sua malattia polmonare. In queste lettere si parla quasi esclusivamente di provvidenza divina e di carità. Amelia la accompagnò sino ad Augsburg, per recarsi al castello Holzen dalla sua Isabella Treuberg-Goyaz, la quale là era molto felice ed in febbraio aveva avuto la sua prima figlia, ancora una Augusta.

Mentre era a Berchtesgaden, rimase sconvolta   a causa di una lettera del suo Max, con la notizia che lui avrebbe venduto al Papa i suoi possedimenti italiani. Lei aveva dato il suo consenso al cavaliere Roux, il quale aveva fatto visita a Berchtesgaden, durante il viaggio da Petersburg, attraverso la Svezia, per Ancona, , a patto che fossero pagati in contanti. Per quanto concerneva la parte delle sue sorelle, Max voleva attenersi ai loro desideri.   L'imperatrice Amelia gli aveva dichiarato, a Monaco, che lei avrebbe gradito ricevere il pagamento della sua parte, per poterne disporre liberamente. La regina di Svezia pensava solamente agli altri. Egli ne aveva avuto una eccellente impressione. Tutto il paese amava questa famiglia. Egli aveva in confidenza fatto capire che Max alla Corte russa non era più tanto felice. Si era istigato lo zarevic contro di lui, e si era già giunti a dei contrasti. Se lo zar o la zarina fossero morti, egli non sarebbe più rimasto in Russia. *Quale sarà quindi il futuro di mio figlio al fianco di una moglie irresponsabile, la quale non si adatterà mai ad un posizione diversa!*

Vennero a Berchtesgaden, con il conte Bombelles, per una breve visita, i tre figli della sorellastra di Augusta, Sofia, i futuri imperatori, Francesco Giuseppe d'Austria e Ferdinando Massimiliano del Messico, come pure Carlo Ludovico. Augusta li trovò molto gentili, specialmente il secondo, che Amelia aveva preso in considerazione per sua figlia. Le teste piccole erano tipiche degli Asburgo. Un'orribile impressione le fece l'infelice imperatore Ferdinando, nella sua visita a Salisburgo. *L'imperatore fa una impressione veramente penosa. Egli ha una testa enorme, occhi piccoli che rotea in continuazione e non tiene mai fermi, inoltre un corpo piccolo e gambe corte. Quando parla è ancora peggio, poiché ripete le stesse cose venti volte, senza interruzione, come un meccanismo rotto. L'imperatrice, una principessa di Sardegna e sorella della defunta   regina di Napoli, non è altrettanto bella come lei, ma appare molto distinta e deve avere un buon cuore.*

Il giorno dopo comparve a Berchtesgaden Maria Luisa. Essa

era invero meno gialla di quanto non fosse due anni prima, ma dimostrava vent'anni di più della sua età.

Con molto dolore della piccola Amelia venne a mancare l'apertura solenne dell'Oktoberfest a causa dell'indisposizione del re. In questa occasione si ammirò Fanny Elssler, la quale danzava a Monaco, al ritorno da una sua tournée in America.

Nel Palazzo si era sollevati, poiché Guglielmo di Teodolinda ora aveva promesso che anche gli eventuali figli maschi sarebbero stati cattolici. Ma essa ebbe ancora una femmina, Maria Giuseppina, la quale morì a vent'anni, non sposata.

All'inizio di novembre, durante la cena, Max sorprese sua madre. La lettera che ne annunciava l'arrivo, giunse contemporaneamente a lui. Egli si sarebbe fermato a Monaco solamente ventiquattr'ore ed otto a Weimar. Il barone Zoller ed il suo segretario Mussard lo accompagnavano. Era molto dimagrito. Il re fu atterrito. *In nove giorni e notti, senza contare la sosta a Berlino ed a Dresda,* gli sembravano una fatica eccessiva. Max fece venire il Dr. Breslau, poiché aveva il batticuore. *Lo stato di spossatezza di mio figlio fa apparire pericolosa qualsiasi indisposizione. Il medico dice che ciò è causato dall'eccessivo strapazzo. Egli lo avrebbe senz'altro tollerato, se si fosse comportato come se fosse stato a casa.* Lei poteva solamente pregare che Dio facesse finire il disturbo prima che fosse troppo tardi. Egli non si calmò nemmeno a Monaco, andò a visitare Linda a Stoccarda. Eugenia non poté venire, come era stato combinato, perché aveva probabilmente l'influenza. In realtà i suoi polmoni erano altrettanto in pericolo quanto quelli di suo fratello. Teodolinda lo trovò magro di viso, ma quanto al resto, quello di prima.   Prima che lui partisse il giorno dopo per Hechingen, disse a Linda, che gli era doloroso separarsi dai possedimenti italiani, *ma i sentimenti là sono così rivoluzionari e si era messo già troppo spesso il suo nome alla testa delle insurrezioni, così che probabilmente cederà, qualora le condizioni siano favorevoli, per acquistare altra terra in Boemia o da qualche altra parte, così da mettere al sicuro il nostro patrimonio*. Appena di ritorno a Monaco, si recò ad Eichstätt, ma prima aveva avuto con sua madre una ragionevole discussione sui possedimenti nello Stato della Chiesa, sulla sua posizione in Russia e quant'altro tormentava il suo cuore. Egli aveva un gran talento scientifico ed economico. Era stato direttore dell'Istituto delle miniere a San Pietroburgo, che allora era l'unica scuola tecnica superiore in Russia. Aveva anche fondato uno stabilimento per la galvanoplastica ed una fonderia ed egli stesso se n'era occupato anche scientificamente. Krupp, senza le sue direttive per lo stabilimento per la galvanoplastica, avrebbe dovuto chiudere l'azienda. Il Dr. Mandt scrisse che egli aveva anche gestito una fabbrica di candele di stearina e criticava le sue attività commerciali. Mussard lo chiamava il suo Mefisto, che lo tirava dentro a diverse speculazioni, mentre il senso degli affari della granduchessa si esprimeva in una taccagneria del tutto inutile. Mandt   la sottopone ad un severo giudizio. *In un salone giardino, con vista sulla Neva già simile al mare, in un boschetto di fiori lussureggiante, mi ricevette la giovane e bella Signora che riposava su di una ottomana tappezzata in velluto azzurro. Il suo volto ha completamente la forma di quello dell'imperatore, peccato che la grazia e la forma del corpo non sono all'altezza della bella testa. La signora granduchessa-duchessa è molto pallida; neanche una traccia di colore mitiga la monotonia del bianco volto. Come poco trovai di nuovo la fanciullezza e la giovinezza della figlia dell'imperatore, in ciò che la vita, la solitudine ed il matrimonio ne avevano fatto! Tutto ciò era stato il frutto di pochi anni. La bella bocca aveva un taglio chiaramente apatico, tutto il portamento qualcosa di flaccidità orientale, di disgregato. Solo gli occhi non avevano perduto nulla della loro fresca lucidità ed espressione, della rapida mobilità....Essa è in tutti i sensi impulsiva, un vero quadro della sua grande antenata Caterina, in tutto ciò che riguarda le qualità negative.*

Max aveva adesso una maggiore libertà di movimento rispetto a prima. Passò nuovamente il Natale da sua madre nel Palazzo. Essa rilevò dei progressi nell'ambito spirituale. Egli era diventato ben orientato, chiaro nelle sue intenzioni, pieno di tatto e considerevolmente assennato. In ciò aveva mantenuto la riservatezza, sincerità e lealtà, che erano caratteristiche in così grande misura del padre e del fratello. Egli partì a mezzanotte del 1° gennaio, dopo una cena intima nel Palazzo, dopo aver promesso di ritornare ancora in quest'anno 1845.

Il nuovo anno cominciò felicemente con la nascita del primo nipote del re, il futuro Luigi III, il 7 gennaio. Il vecchio arcivescovo celebrò il battesimo il giorno dopo nella sala del trono.

La granduchessa Maria aveva partorito una figlia il 1° aprile, che ricevette il desiderato nome di Eugenia, la futura principessa Alessandro di Oldenburg. Lo zar scrisse che la bimba era graziosa, nonostante fosse nata troppo in anticipo. La si era avvolta in ovatta e posta fra recipienti pieni di acqua calda. La nonna Augusta registrò che invero il nome ricordava la gloria della famiglia, ma che in Russia suo figlio non era certamente il Signore in casa sua, che era chiamata "Palazzo della granduchessa Maria".

Mi sanguina il cuore, notò la duchessa il 13 maggio, quando si realizzò la vendita dei possedimenti italiani. *Era l'ultimo legame di mio figlio con l'Italia ed il nostro bel, glorioso passato. Il Papa ha venduto tutti i terreni a privati, invece di rendere al clero la parte che una volta era una proprietà del convento. Ci era stato rimproverato che i nostri possedimenti appartenevano alla Chiesa e che noi non glieli avevamo restituiti. E' chiaro che la curia a Roma non voleva che mio figlio avesse una proprietà in Italia, dato che ha sposato una granduchessa russa e che diventa sempre più russo invece che Leuchtenberg. Io lo avevo previsto sin dal suo matrimonio. Le persecuzioni dei cattolici da parte dell'imperatore Nicola nel suo impero, non sono neppure una buona referenza.*

Alla famiglia rimanevano ora solamente Eichstätt, Ismaning ed il palazzo a Monaco, con la sua "sala dei ricordi" che il fratello Luigi ha attentamente osservato. Era stata fatta per portare davanti all'anima la vita di Napoleone dal 1796 in poi. Così la descrive *Lì c'è la sciabola del padre di mio genero, il visconte di Behauarnais,ghigliottinato, che il mio genero Eugenio, da ragazzo, aveva chiesto ed ottenuto dal generale Bonaparte, il quale comandava a Parigi .Questa, come si espresse il conte Méjan maggiordomo di Corte di mia sorella Augusta e divenuto aiutante di Eugenio, fu l'occasione in cui egli fece visita alla madre di lui, col che la conobbe e la sposò. La sciabola, che Napoleone aveva portato nelle battaglie del 1796 in Italia, che gli diede quando nominò Eugenio viceré d'Italia. Una parte della tenda di Murad Bey, conquistata nella battaglia delle piramidi, è montata, molto ricca. Mi ricorda il letto nella stanza dell'imperatore nella Residenza, come quella, di colore carminio e ricamata in oro.   Anche lo scudo con il talismano e le armi sono appesi lì dentro. Una poltrona dalla stanza da lavoro di Napoleone alla Malmaison, del quale si è servito sino al 1810, che i miei occhi hanno visto in occasione delle sedute del consiglio di stato. Che egli avesse tagliuzzato i braccioli della sua poltrona con un tagliacarte, è anche lì da vedere. Un semplice orologio a pendolo, senza oro sopra, egualmente dalla Malmaison. Dolmen e pelliccia di Eugenio da comandante dei cacciatori della guardia, il suo vestito di stato come arcicancelliere di Francia, blu scuro con alamari d'oro, e quello, come principe di Venezia, di velluto grigio scuro ricamato con corone d'argento. Un portafoglio rosso, che ricevette un colpo di lancia nella guerra di Russia. Una uniforme del reggimento della guardia del corpo di mio padre, uniformi bavaresi e portoghesi di mio nipote Augusto, marito della regina del Portogallo. Un grande cucchiaio di vermeille, sul quale furono porti il pane ed il sale, secondo l'usanza russa, quando Max venne a Mosca come genero dell'imperatore Nicola. Anche una piccola aquila d'argento, che era applicata sull'argenteria di Napoleone, che egli non fece fondere, quando a Sant'Elena dovette sacrificarla per il suo mantenimento, conservata per ricordo dopo la sua morte. Questi sono solamente alcuni oggetti nella massa di questo tesoro storico.*

Subito dopo, le due Amelie Braganza ritornarono in Portogallo. Linda le sostituì con le sue due figlie. Fra parentesi, Amelia alla partenza disse alla regina Teresa, che aveva acquistato il castello e la proprietà di Stein, presso Traunstein. Sua madre notò che era una bella proprietà, ma non ne avrebbe consigliato l'acquisto. Non ci si può molto sbagliare nel supporre che lei, che nel gran Palazzo Pombal a Lisbona aveva perduto qualcosa e che era solamente tollerata dai Braganza, abbia voluto volentieri avere un proprio possesso terriero nelle vicinanze di sua madre, dove lei potesse fare e lasciar fare ciò che volesse, specialmente anche per sua figlia, la quale in Portogallo non poteva aspettarsi né rango né patria. Con questo, e con il successivo acquisto di Seeon, Amelia ha creato per i successori di Max un domicilio in Baviera ed un rifugio dopo la rivoluzione russa.

Stein e quello che una volta era il convento di Seeon, stanno a Chiemgau, a circa 15 chilometri di distanza uno dall'altro, a nord del Chiemsee, Stein sul Traun e Seeon sul piccolo lago omonimo. Alla signoria di Stein appartenevano il castello, il latifondo, poderi, con le marche di Corte Kienberg ed Altenham oltre 1000 giornate, due laghi con ancora 50 giornate e la più grande fabbrica di birra della Baviera superiore. Veniva ancora la Corte di Berndl, posta sul ponte sul Traun. Seeon deve essere stata acquistata solamente nel 1852. A Stein, la Hohlenburg, posta in alto sui dirupi, presumibilmente preistorica, è una cosa unica. Il leggendario cavaliere di Stein deve aver costruito là sotto il cosiddetto castello alto, nel tredicesimo secolo e lì aver infierito crudelmente, ed aggirarvisi come fantasma.. Solo più tardi venne il "castello abitazione", che ora sarebbe stato messo a posto per la nuova castellana. I conti di Toerring stettero 450 anni a Stein, poi i conti di Fugger-Kirchberg, poi i conti di Lösch. Nel 1829 un barone Kaiser comprò la Signoria, e da lui nel 1835 il banchiere di Monaco Martino Kraft, il cui figlio Ermanno lo cedeva ora all'imperatrice vedova del Brasile.

La Madre e Teodolinda accompagnarono la nuova castellana con la ferrovia sino ad Augsburg. *Negli ultimi due anni mi sono abituata ad essere con Amelia e sua figlia. Mi è ora gravoso essere derubata di tale felicità.* Almeida rimase indietro per sposare Sofia, la figlia più giovane del fratello di Augusta, Carlo. Teodolinda lasciò le sue figlie a Maman, quando andò ad Ostenda con suo marito per i bagni di mare. *Poiché questa volta sono stata contenta di Guglielmo, sono tranquilla anche per la partenza di mia figlia, ma la sua andata via mi ha comunque provocato dolore.*

Eugenia venne ancora una volta ad Ismaning.

L'evento più interessante di questa estate fu la nascita del futuro re Luigi II, nel castello di Nymphenburg. Ci si può immaginare con quanta tensione si attendesse il parto della principessa ereditaria Maria. Il 24 agosto, il giorno prima dell'onomastico e compleanno del re, un messaggero inviato da Méjan si lanciò su un cavallo sudante verso Ismaning, con la notizia che le doglie erano iniziate. Quando la duchessa arrivò a Monaco con Rosa Aretin, si disse che il re era tornato da Nymphenburg, poiché l'evento andava ancora per le lunghe. Per questo lei andò a Nymphenburg solamente al pomeriggio. La si condusse in una stanza della principessa ereditaria, dove il fratello Luigi andava nervosamente avanti e indietro. Leopoldo si associò. La stanza da letto dove si stava svolgendo il parto era quella con i tappeti impero di seta verde, che dava sul parco al primo piano del padiglione sud. Si diceva che il bimbo sarebbe nato nella notte fra il 24 ed il 25 agosto. Il re sperava che arrivasse il 25, nel giorno del suo compleanno. Egli era così nervoso che dalle undici di sera in poi non osò guardare l'orologio. Augusta gli fece compagnia nell'attesa. Quando l'orologio del castello batté le dodici, lei lo abbracciò e gli fece gli auguri. *Ora il bimbo verrà al mondo lo stesso giorno di suo nonno,* dichiarò lui. Ed Augusta registrò: *alle dodici e trenta si gridò "Un principe"….una grandissima gioia. Il re diede personalmente questa buona notizia nella nota sala ed abbracciò chiunque gli si trovava davanti. Io mi recai immediatamente dalla madre, la quale felice mi disse*

"Che bello ora, per il compleanno di papà" Anche la regina era molto
*commossa ed il principe ereditario......*Tutti ringraziarono Augusta per
essersi trattenuta sino alla conclusione. *Io sono così felice, se la mia
famiglia me lo consente, di essere così come desidero, e di mostrare il mio
attaccamento.* Per il battesimo del neonato, il giorno dopo, la nostra
duchessa andò con la carrozza di gala a Nymphenburg, indossando uno
strascico da Corte azzurro cielo con ricami d'argento, sopra un vestito
adeguato, con tutti i suoi ordini, diamanti e perle, diadema di brillanti. Essa
costatò soddisfatta , che con questo abbigliamento ebbe successo.
L'ottantaquattrenne arcivescovo celebrò il battesimo nella grande sala,
dove il battezzando fu portato in corteo solenne attraverso la galleria.

Augusta fu in apprensione, quando seppe che suo figlio si sarebbe
recato per due mesi negli Urali per ispezionare le miniere. D'altra parte fu
felice che il previsto viaggio nel Caucaso fosse stato annullato, poiché là il
sollevamento degli Schamil contro il giogo russo aveva preso una brutta
piega. All'inizio di settembre Max fu presente alla famosa Messa a Nischni
Nowgorod, dove accolse persiani, gente dalla frontiera cinese ed altri
asiatici. In suo onore si diede un gran ballo con impronta orientale. Il
viaggio proseguì verso Kazan ed alle miniere presso Perm. Max scrisse di
là e Mary trasmise le notizie correnti per mezzo di Mussard. Max aveva
suscitato l'entusiasmo del paese e della gente ed era stato festeggiato come
un figlio dello zar. Evidentemente era il primo della Corte russa ad
interessarsi di queste miniere. Si seppe indirettamente dall'ambasciatore
bavarese a Petersburg, che lui, in pericolo di vita a causa di un ponte della
ferrovia in costruzione, era stato salvato da un operaio da un lastrone di
ghiaccio del Volga. Mussard scrisse che il suo principe aveva visitato tutti
gli stabilimenti della parte europea del governatorato di Perm e poi, da
Jekaterinenburg quelli nel centro e quelli negli Urali. Dovunque andasse, il
popolo affluiva; un buon popolo. Si deve vivere nella sua terra, per poterlo
giudicare correttamente. Il ventisettesimo compleanno di Max fu
festeggiato con banchetto, festa popolare, danze ed illuminazione a festa. I
buoni siberiani erano rimasti particolarmente entusiasti. Il generale Glincka

aveva dichiarato che era una fortuna avere una tale persona a capo delle miniere. Anche ad Jekaterinenburg ci furono dei festeggiamenti. Max tornò a Petersburg in novembre.

L'anno tempestoso 1848 aveva proiettato avanti le sue ombre; invero il re Luigi aveva ritenuto questa crisi già superata. *Ci sono tempi in cui si deve attendere.....Da maggio a settembre, com'ero mal considerato dai cittadini di Monaco, dalla Baviera.....Con un piccolo ribasso del prezzo della birra mi sono fatto nuovamente amare. La birra è il noli me tangere dei cittadini di Monaco. Abbassando il prezzo di un Kreuzer al boccale.....si potrebbe abrogare la costituzione, far gridare evviva al popolo comune, se si fosse abbastanza perversi.*

Invero, non si trattava solo della birra. I tempi dell'assolutismo erano passati. Come principe ereditario egli si era battuto considerevolmente per l'introduzione della costituzione bavarese e come re stava coscienziosamente attento, che non fosse infranta, ma la avvertiva come un impedimento. Egli non si voleva far dirigere né dai suoi ministri, né dalle camere, o farsi utilizzare come macchina da firma. Per i non cattolici egli era troppo cattolico, per gli ultramontani troppo tollerante, anche perché egli faceva costruire chiese evangeliche e luoghi di culto. Sua sorella Augusta era del parere, che suo fratello fosse completamente nelle mani del ministro Abel e degli Ultras. Abel, il consigliere di Stato barone Freyberg ed altri avevano indirizzato al re una petizione ispirata dal conte Arco-Valley, in cui lui era esplicitamente elogiato come salvatore della religione, che lei definì "incroyables". Essa disse che gli "Ultras" volevano probabilmente mettere alla prova il loro potere, e suo fratello dichiarò che queste petizioni andavano contro la costituzione. Egli era anche irritato con le camere che si erano riunite di nuovo in autunno, poiché quella dei deputati aveva trovato le sue costruzioni eccessivamente costose. Era solo necessaria l'occasione per dare fuoco alle polveri.

La grande sala nel Palazzo Leuchtenberg era arredata di nuovo e suscitò l'ammirazione generale, con i basamenti delle colonne di bronzo

dorato, costruiti da Max nello stabilimento di galvanoplastica. Il duca Max
in Baviera, dopo cinque anni, diede nuovamente un ballo con cinque
quadriglie, nel suo palazzo sulla Ludwigstrasse. Per desiderio della regina,
Augusta si assunse il protettorato su una grande festa benefica nell'Odeon,
organizzata da artisti. L'intendente conte Pocci, noto per le sue
arlecchinate, aveva l'incarico per la musica ed il professore e poeta Dichter
von Kobell lesse le sue poesie bavaresi. L'iniziativa per la
rappresentazione della commedia "Le mari de la veuve" e dei quadri
viventi doveva essere uscita dal Palazzo Leuchtenberg. L'incasso lordo fu
di 2500 fiorini. Poi la protettrice si ammalò nuovamente di erisipela e fece
il suo testamento.

Luigi Napoleone riuscì a fuggire dalla fortezza di Ham, il 25
maggio, travestito da muratore con una tavola di legno sulla spalla, ed a
recarsi in Inghilterra. Egli aveva dovuto aspettare per quasi sei anni
l'occasione che era stata preparata a Corte e la sua fuga non sorprese.
Anche in quest'occasione egli dimostrò il suo sangue freddo e la sua
audacia.

Di nuovo a Monaco il prezzo della birra agitò gli animi. In base
alla lezione degli eventi di due anni prima, la guarnigione fu notevolmente
rafforzata, così che in continuazione cinquemila uomini pattugliavano la
città. Monaco era simile ad un accampamento militare, notò la duchessa,
ma i soldati nelle caserme erano così male alloggiati e nutriti, che li si
doveva compatire. Nessuno osava dire al re la verità. I dibattiti sulla
questione religiosa nelle camere, a metà maggio, misero il re in una
situazione difficile. Egli tentò di far allontanare dalle camere gli oppositori.
Il ministro Abel e Seinsheim furono continuamente aggrediti. Abel si
mantenne più a lungo, ma dopo la chiusura delle camere il ministro della
giustizia von Schenk fu sostituito con suo figlio, il ministro degli esteri
barone von Gise con il conte von Bray ed il principe Oettingen dovette
diventare ambasciatore bavarese a Parigi. La duchessa temeva che il
fratello avrebbe pagato con la sua reputazione a causa di misure così rigide.

L'imminente matrimonio del principe ereditario del Württemberg con la granduchessa Olga migliorò notevolmente la posizione di Teodolinda a Stoccarda. Per prima cosa arrivò la regina del Württemberg, sulla strada per Salisburgo per l'incontro con Olga e fu piena di lodi nei confronti di Teodolinda.

Le peggiori preoccupazioni venivano da Eugenia. La Madre si era annunciata da lei a Hechingen, quando questa figlia, provata nel suo destino, le disse che il medico le aveva diagnosticato una tubercolosi e che prossimamente doveva sottoporsi ad una cura a Badenweiler, ed eventuale cura successiva ad Ems. La Madre si recò subito da lei e la trovò meno peggio di quanto temesse., nonostante che i sintomi dovessero dare sufficienti ragioni per temere. Il medico, Dr. Gefroerer, non aveva taciuto alla duchessa la minacciosa situazione di Eugenia. La sua malattia era stata trascurata, si sperava nel successo della cura. La stessa Eugenia era del tutto tranquilla, notò sua madre, ma andava malvolentieri via da Echingen. *Che Dio protegga questo angelo, che rappresenta tutta la fortuna dei suoi sudditi.* La separazione da lei fu particolarmente dolorosa in tale situazione. Essa per prima cosa visitò nel Lichtenstein la sua coppia del Württemberg e successivamente nella loro nuova abitazione a Stoccarda. Il Lichtenstein le sarebbe piaciuto molto, se non avesse dissipato così tanto denaro. *Il castello sta su una rupe. Ci si va tramite un ponte. Non c'è posto per i bambini, i quali sono alloggiati in una casa che Linda ha fatto costruire molto più in basso. L'unica acqua disponibile viene da una cisterna.* Le piacque che Linda avesse fatto costruire una cappella, dove lei andava a Messa ogni giorno. La casa a Stoccarda le parve bella ed accogliente, con una terrazza sul giardino. Sulla via del ritorno, stabilì che le strade del Württemberg erano migliori di quelle bavaresi. Tutto viene dall'alto *ma il nostro re non lo vuole credere, poiché i ministri gli presentano il contrario. Egli vive nell'illusione che il popolo la ami e sia felice....E' pur vero che non è facile dire al re la verità, perché lui non la vuole sentire. Gli occhi gli si apriranno quando sarà troppo tardi.*

Per papà Méjan giunse la fine. Augusta lo visitava tutti i giorni.

L'ottantenne sedeva su una poltrona e per lo più piangeva. La vista della sua nipotina Stefania lo commosse a tal punto che perse conoscenza. Infine si spense, *come una lampada che non ha più olio, senza agonia. Questa morte mi affligge assai. Conoscevo il conte Méjan da quarant'anni, cioè dal mio matrimonio. Egli ha vissuto con noi i tempi della nostra gloria e fu testimone della nostra felicità. Egli mi capiva. Così perdo a poco a poco una persona dopo l'altra di quel tempo e presto non mi capirà più nessuno.*

Fu una fortuna che la sorella Carlotta la venne a trovare proprio in quel momento. Finché il discorso non cadde su Napoleone, esse si capirono molto bene. Augusta fece ancora una volta il cicerone per le costruzioni del fratello. Il nipote e successore di Stiglmaier, Miller, mostrò la Bavaria pronta per metà. Con Elisa da Berlino, Sofia da Vienna ed il principe ereditario appena tornato dalle manovre, la duchessa poté riunire alla sua tavola venti membri della famiglia. Leopoldo era sul punto di fare un viaggio in Egitto attraverso Firenze, cosa che allora era simile ad una spedizione.

Le sorelle passarono alcuni giorni piacevoli dal re a Berchtesgaden. Quando la nipote Ildegarda ammirò le perle di Augusta che provenivano dall'imperatrice Giuseppina, ed innocentemente disse che non sapeva che lei ne avesse di così belle, Carlotta si intromise subito: *Napoleone ha saccheggiato Loreto ed ha rubato dappertutto.* Al che Augusta disse che i generali austriaci si erano portati via l'argenteria da tavola. Essa non ebbe più nulla da dire, notò lei. Carlotta non aveva sicuramente voluto addolorarla, *ma il fanatismo, la partigianeria e l'animosità contro il nostro passato così glorioso e bello, la fanno essere ingiusta. Essa crede che l'imperatore Francesco sia stato infallibile. Io debbo sempre più meravigliarmi che abbia evidentemente dimenticato tutto ciò che ho perduto e la mia posizione di una volta, così brillante.*

Il 19 settembre venne a Berchtesgaden il suo viaggiatore da record, Max. Essa si gettò nelle sue braccia, seguita dal re, la regina e tutti gli altri, compreso il cardinale principe vescovo, principe Schwarzenberg. Max non volle andare nel salone, poiché non indossava l'uniforme, ma fu così cordialmente accolto che la madre era commossa. Egli dovette andare subito con loro sulla nuova passeggiata, alle "cascatelle". Durante una gita al castello Klessheim, alla frontiera austriaca, Augusta osservò che questo sarebbe rimasto bavarese, se il fiumiciattolo fosse scorso didietro invece che davanti. *Il re non riesce a consolarsi della perdita di Salisburgo e del Tirolo. Ad ogni modo, gli rimane un bel regno! Ma quando io, che ho perso tutto, mi lamento per la perdita del bel regno d'Italia, ci si meraviglia. Così va il mondo!*

Augusta era fiera di poter entrare con suo figlio, all'apertura dell'Oktoberfest, nella tenda reale.

Ancora la sera stessa rullò nel Palazzo, con gran sorpresa di tutti, una carrozza con i nipoti svedesi, il principe ereditario Carlo e suo fratello Gustavo, con tre accompagnatori. Entrambi erano così educati e riservati che si conquistarono i cuori al volo. Il re osservò compiaciuto che essi parlavano tedesco senza accento e li invitò subito a cena con la nonna e lo zio. Questo 7 ottobre 1848 non fu significativo per questa visita svedese, ma perché in tale occasione il re Luigi incontrò per la prima volta Lola Montez.

Riceviamo la bella giovane ballerina spagnola Lola Montez, che ha chiesto un'ora. Bella di viso e di figura – nulla si disse dell'asserzione, che essa, alla domanda se i suoi seni fossero naturali, con un temperino si sia tagliato il vestito, per dimostrarlo. Il cronista reale, estremamente coscienzioso anche negli affari intimi, lo avrebbe di sicuro registrato. Al contrario del suo amore per la verità, quasi tutto quello che Lola gli ha detto, è menzogna e teatro, verosimilmente anche il suo temperamento. Essa disse al re che suo padre era un ufficiale spagnolo e carlista, il quale era stato fatto prigioniero e fucilato dal partito avversario. Essa era stata allevata da sua madre, la quale era legata allo statista inglese Roberto Peel. Dopo la morte di sua madre i creditori avevano portato via tutto. Prima di diventare ballerina, aveva bruciato tutte le carte di famiglia ed i documenti. Si sa che era irlandese e che si chiamava Gilbert e che aveva scelto come nome d'arte quello di Lola Montez, poiché sembrava spagnola e da parte di nonna aveva sangue spagnolo nelle vene. Probabilmente, questa aveva un parente di nome Montez. Lola è il diminutivo di Dolores. Essa si chiamava Maria Dolores Elisa Rosanna Gilbert. Quando venne a Monaco, aveva già diverse avventure alle sue spalle. Era intelligente, di smisurata ambizione, priva di scrupoli. Con la sua esperienza non era difficile entusiasmare il re sessantenne. Ella se l'è fatta anche con i più giovani, per esempio con Franz Liszt. Stieler la dovette immediatamente ritrarre, dopo che il re l'aveva trovata degna di essere accolta nella sua galleria delle bellezze. Essa sfruttò anche la preferenza di Luigi per la Spagna. Adesso, Lola gli dava delle lezioni. Da Parigi lei venne anche a Monaco, dopo aver suscitato uno spiacevole scalpore in diverse capitali europee. A Monaco sarebbe sicuramente scoppiata una crisi anche senza di lei, ma lei l'ha sicuramente incoraggiata. E' difficile rispondere alla domanda, perché lei sia venuta proprio a Monaco. Per il professore di storia dell'Università di Madrid, Pavon, che si è occupato di Lola per molti anni dal punto di vista spagnolo, è fuori di dubbio che ella fosse una emissaria politica, per far vacillare almeno il baluardo cattolico bavarese.Un maggiore al seguito, V. barone von Maltzahn, un vecchio conoscente di Salisburgo, che evidentemente era un amico paterno di Lola a Parigi, aveva detto di averla convinta ad andare a Monaco, promettendole che là avrebbe avuto successo e che sicuramente sarebbe stata accettata nella galleria delle bellezze. Quando egli vide quali disgrazie lei provocava, aveva consigliato il re di scaricarla. Lola Montez appartiene anche alla storia dei Leuchtenberg, poiché la duchessa Augusta ha vissuto tutto l'episodio molto da vicino e l'ha annotato nel suo diario. Si sentì chiamata a spingere il fratello a cacciarla e con questo salvare lui stesso e la patria. Lola inizialmente era scesa all'albergo Corte bavarese e poi si era trasferita davanti, nella dependance al Cervo d'oro. Le sedute da Stieler, alle quali il re per lo più era presente, le erano molto opportune per accattivarselo sempre di più. Dopo la posa della prima pietra per la nuova pinacoteca, il

12 ottobre, essa affermò, alla presenza degli architetti incaricati Gärtner e Voit, che anche lei, come suo padre, era stata quasi uccisa nella guerra dei carlisti. La cicatrice sul suo collo proveniva da un colpo di pugnale.Il giorno dopo, Augusta assistette, con il figlio ed il nipote svedese, al primo ingresso di Lola Montez. Il re aveva ordinato all'intendente di prendere tutte le precauzioni contro qualsiasi disordine, poiché Lola gli aveva detto che qualcuno cui lei si era rifiutata, voleva farla fischiare. Augusta costatò seccamente che lei danzava male, *con troppa audacia e vivacità....ed i suoi occhi si muovono come i suoi piedi.*

Max andò a caccia di anatre con il nipote maggiore, mentre il minore seguì Augusta ad Ismaning. Questo Gustavo amava la musica più che la caccia. Egli rimase con lei anche quando il principe ereditario svedese visitò Milano.

La regina Teresa mostrò ad Augusta, piena di orgoglio, il progetto della piccola casa di campagna con un grande giardino, che il re le aveva regalato, sul prolungamento della sua Ludwigstrasse al paese di Schwabing. Fu il piano terreno del Palazzo principe Leopoldo, il cui nome ricevette anche la strada. *Per il momento sarà solamente una meta per le gite, oltre la via Luigi,* notò la nostra duchessa. Essa condusse Gustavo anche a Schleißheim dove il re faceva costruire la grande scalinata, con le pietre che erano state tenute a disposizione in un capannone, sin dai tempi del principe elettore Massimiliano Emanuele.

Max Leuchtenberg regalò a sua madre ed allo zio re dei prodotti della sua impresa di galvanoplastica a Pietroburgo.

Augusta ora vedeva con preoccupazione come Lola fosse in procinto di stabilirsi, nel vero senso della parola, a Monaco. Il re le aveva comperato una casa, presso quella di Stieler, nella Barerstrasse, ed aveva incaricato l'architetto Metzger di arredarla secondo i suoi gusti, ad imitazione del rococò, nonostante che lui non potesse soffrire questo stile "vecchio-francese" Da lei si intrattenevano, a parte Stieler, un altro pittore, il generale von Heydeck ed il presidente della polizia, barone von Pechmann. Perciò essa era *una persona proprio abbietta,* registrò Augusta, *che conosce tutti e aveva già a che fare con i gendarmi e la polizia. In sostanza si ha compassione del re che a sessant'anni può lasciarsi trasportare.* L'usignolo svedese Jenny Lind era di tutt'altra pasta. Essa si compiaceva di poter presentare ai nipoti questa compatriota nella "Sonnambula, Norma e Figlia del reggimento". La sua interpretazione era completa come il suo canto, la voce insuperabile. Lei non era proprio bella ma di portamento distinto, virtuosa e non civetta.

Augusta a teatro si irritò, poiché Lola aveva affittato il palco antistante a quello dei Leuchtenberg e per fare colpo aveva fatto stendere un tappeto e sistemare delle sedie rosse. Ad un concerto nell'Odeon, cui era presente tutta la Corte, lei osservò che Lola si alzò molto malvolentieri solo quando il re le disse qualcosa all'orecchio. Essa fece incredibili discorsi su suo fratello e recitò a tutti le sue poesie, nelle quali egli scriveva che prima d'allora non aveva mai veramente amato. *L'infatuazione del re è da compiangere. Si ha infatti grande timore di questa persona, poiché ottiene tutto quello che vuole. Essa può causare guai e può segretamente compromettere le persone che non le piacciono, o che le piacciono troppo, ma non vogliono capire le sue avances.*

Max Leuchtenberg visitò le sue sorelle ad Echingen e Stoccarda. Teodolinda fu felice poiché suo fratello si fermò da lei alcuni giorni e si fece festeggiare con lei dalla cognata russa Olga, la quale nel frattempo aveva sposato il principe ereditario del Württemberg.   Vi vennero anche i nipoti svedesi –"superbes gens, grand, beaux, bon", che la nonna lasciò andare malvolentieri. Sino a che Gustavo era in casa, lei aveva ascoltato della musica. Egli era infatti un eccellente musicista, con particolare talento per il pianoforte e per il canto. Max, dopo il suo ritorno a Monaco, attese l'arrivo di sua sorella Amelia. Essa giunse con la figlia ed il seguito, in tutto quindici persone, con la ferrovia. Le due Amelie avevano un buon aspetto e la giovane, che il 1° dicembre avrebbe compiuto quindici anni, era alta quasi come sua madre. Il re venne subito al Palazzo: *ho visto anche sua figlia cresciuta e di aspetto più tedesco; io gradirei averla come nuora per Adalberto.* Teodolinda venne da sola, per vedere ancora il fratello. Il re invitò a tavola, già il giorno dopo, tutti i parenti del Palazzo Leuchtenberg, ma si fece attendere per mezz'ora. Quando si scusò, dicendo che si era trattenuto da un pittore, la regina arrossì e tutti abbassarono imbarazzati gli occhi. Tanto era pieno di attenzioni verso i Leuchtenberg, che invitò ancora Max per un pranzo di addio. Il re e la regina lo amavano molto, notò la Madre *Egli è così felice qui, dove tutti lo onorano e lo apprezzano.* Tanto più dolorosa fu la separazione il 16 dicembre. Poiché la granduchessa Elena si tratteneva ancora a Vienna, egli prese la strada verso questa città, da dove, come riferì Mary, egli in sei volte ventiquattr'ore arrivò a Pietroburgo, le ultime 420 verste o 120 miglia con la slitta in venticinque ore.

Lola diventava sempre più sfacciata, notò Augusta. Per la rappresentazione del "Don Giovanni", con Jenny Lind come Dona Anna, si era messa in trono nel palco accanto alle dame di Corte ed all'ambasciatore di Sardegna su un grande divano di velluto e aveva schiaffeggiato un impiegato sul posto. Aveva ordinato un servizio da toilette d'argento con la corona comitale e si era fatta ricamare uno strascico da ricevimento, per venire a Corte. Lola non fu lo stesso ricevuta a Corte, ma ricevette la cittadinanza bavarese ed il titolo di contessa Landsfeld.

La cura di Eugenia era del tutto particolare: poiché le esalazioni delle mucche facevano bene ai polmoni ammalati, le fu preparata una stanza sopra una stalla circondata da condotti, così che tutte le esalazioni le giungessero. Essa passò l'inverno fra le esalazioni della stalla e si sottomise ad un'altra notevole procedura, che si chiamava cura Moxa. Si bruciava, naturalmente con molta attenzione, sul suo corpo emaciato, del lino, un'esca, o altro materiale poco infiammabile. Con ciò, i medici credevano di arrestare il progredire della tubercolosi durante i periodi freddi. Essa si sottoponeva con rassegnazione a tutto, senza soddisfazione da parte della madre per la quale il suo altruismo si spingeva troppo oltre.. Non si poteva essere sani per tutta la vita, le scrisse la figlia, *e non si soffia via una malattia polmonare, neanche con il fuoco e la spada...Da noi la Moxa è un mezzo violento, questo è vero, ma lo si adopera spesso. Viene dalla Francia ed ha già guarito molte persone, anche lo stesso Dr. Gefroerer.* Nella sua stalla, lei non avvertiva nulla del rigido inverno, non disturbava nessuno e da nessuno era disturbata. Per Costantino era stato difficile acconsentire a questa segregazione, ma poi si era dichiarato d'accordo e si era abituato alle esalazioni. Egli veniva ogni giorno a mangiare da lei. Lei scrisse alla sorella in Svezia, a metà gennaio, che al momento non c'era alcun pericolo. Un raffreddore od un indebolimento potevano ad ogni modo avere pessime conseguenze. Sperava di poter andare a Monaco per la cura successiva, che non era ancora stata stabilita. *Ma si possono fare dei programmi in una tale condizione? Come in tutto, anche in questo voglio fare la volontà di Dio! Essere ammalati è una scuola sublime. Che tu non possa attraversare la soglia della porta, ti insegna di cercare altrove la felicità e ti conduce a Dio.* Non si permise alla Madre ed a Linda di andare da lei, perché lei non doveva parlare. Così la Madre rimase a casa e si fece riferire che il ballo di Corte era stato triste e poco frequentato, che la polonese attraverso la galleria delle bellezze era stata eseguita davanti al quadro di Lola ed anche che il nuovo arcivescovo, conte Reisach, non era venuto, con gran malcontento del re.

Teodolinda, nonostante il divieto, accorse da Eugenia. Suo marito la condusse con una troika attraverso la neve, sino a Tubinga, dove la ricevette Costantino. *Io attraverso il giardino ed entro nel grazioso appartamento che le è stato allestito sopra la stalla, e mi trovo finalmente fra le braccia di Eugenia, che trovo di buon aspetto. Il suo volto è meno teso, la sua voce chiara, essa tossisce poco. Rimango da lei fino alle nove e un quarto. Quest'aria di stalla mi fa male, faccio fatica a respirare.* Il pomeriggio successivo lei era nuovamente a Stoccarda. Ad ogni modo, la Madre non si faceva ingannare; anche se Eugenia scriveva che la cura Moxa le faceva bene, in verità la tosse e le espettorazioni dimostravano che i suoi tubercoli erano ancora presenti. Anche se Dio l'avesse voluta guarire, questo normalmente non poteva essere prima del nuovo anno. Essa pregava anche per suo zio a Monaco, che Dio gli concedesse il giudizio.

Lola non perdeva occasione di sfidare il clero, la società ed il pubblico.Essa andava con il suo morello attaccato alla carrozza ed il suo gran cane Turc attraverso la folla e distribuiva schiaffi, dove avvertiva una opposizione. Il gruppo dei suoi opponenti aumentava continuamente, mentre quello dei suoi fedeli era formato principalmente da gente che sperava di ottenere con le sue raccomandazioni, dei posti od altri vantaggi.. Augusta ne soffriva molto. Il fratello Luigi non credeva alla verità o non la voleva credere. Un giorno venne da lei, abbattuto, e le chiese di venire all'accademia mascherata, poiché Teresa aveva preannunciato un malessere. Lui disse, *tu saresti la mia ultima speranza*. Lei, che riceveva tutti gli avvenimenti riportati caldi caldi ed anche esagerati, annotava molte cose nel suo diario. Lola si era introdotta con la sua cricca in una ristretta compagnia di borghesi, e nel tafferuglio che n'era seguito aveva nuovamente distribuito molti schiaffi, ma aveva anche dovuto incassarne. Senza l'intervento dell'inglese Clemory, sarebbe stata accoppata. Poco dopo ci fu un assembramento davanti al negozio del gioielliere Maierhofer, perché Lola vi si trovava. Essa aveva potuto salvarsi scavalcando un muro dietro al negozio. Si affermava che avesse fatto un patto con il diavolo ed avesse propinato al re un filtro d'amore, ed altre sciocchezze. Il re naturalmente non dava alcuna importanza ai comportamenti stravaganti di Lola, né d'altra parte voleva farsi dare degli ordini dalla strada. Per venir via dal centro della città, essa si trasferì in un appartamento sulla Theresienstrasse, sino al completamento della sua casa. La polizia ricevette ordine di prendere più rigide misure di sorveglianza, e Lola divenne sempre più insolente. Tutta la famiglia era angustiata e preoccupata. Ad un pranzo con la regina di Prussia nella Residenza, Augusta poté appena trattenere le lacrime quando Luigi le disse che sapeva bene che si parlava male di lui, ma che non se ne curava. *Una tale ostinazione nel male porterà sfortuna*, registrò.

Sino ad ora si trattava più o meno di affari privati, ma in febbraio il ministero Abel cadde, poiché non aveva votato a favore dell'"Indigenato"

– la concessione della nazionalità bavarese a Lola-. Fra i ministri c'era
anche il miglior amico di gioventù di Luigi, il conte Carlo von Seinsheim.
Il consigliere di Stato Maurer fu graziato, perché aveva votato a favore. La
duchessa, che notoriamente non era d'accordo con l'atteggiamento
ultramontano di Abel, lodò tuttavia Seinsheim per la sua coraggiosa
fermezza. Augusta era in procinto di far pressione sulla regina affinché
richiedesse l'allontanamento di Lola. Come donna essa aveva sopportato
oltre il ragionevole, ma ora si trattava della dignità regale. *Il re dovrebbe
riflettere due volte sul fatto di offrire la regina in sacrificio a questa
creatura. Ora vorrei essere ricca per poter risarcire coloro che hanno
perso tutto per essersi comportati lealmente ed onorabilmente.*

Quando Lola venne da lui con proposte per i nuovi ministri, egli la
respinse.

Augusta rifletteva giorno e notte come poter aprire gli occhi al
fratello. Essa sapeva che lui al momento non poteva cedere, ma quando
tutto fosse stato scoperto, egli doveva trovare la forza di separarsi da quella
donna, che era colpevole di tutto. *Se Dio mi mostrasse la via per salvare
mio fratello e la Baviera.*

L'8 febbraio, Max informò sua madre che era nato un altro nipote
ed era stato battezzato con il nome di Eugenio. Per festeggiare il nuovo
nipote lei invitò a pranzo tutti i russi presenti a Monaco ed i bavaresi che
erano stati in Russia con il suo Max. L'ambasciatore barone Sévérin parve
convinto che l'ambasciatore austriaco conte Senft e l'arcivescovo, erano la
molla motrice dell'agitazione contro il re. Il 1° marzo si giunse ad una
sollevazione di studenti davanti all'abitazione di Lola, a causa della
sospensione del professore universitario Lasaulx. Si deve ammettere che
lei dimostrò coraggio. Essa guardava dalla finestra aperta i fracassoni,
nonostante volassero dentro dei sassi. Il re andò attraverso la folla a capo
alto, nonostante tutti gli avvertimenti. "Giù il cappello", intimò, ed i
cappelli vennero giù.

Nella Residenza furono gettati dei sassi nelle finestre della sala dei Nibelunghi sotto le stanze del re. La duchessa vide dalla finestra la gente che passava davanti alla sua casa per dare l'assalto, mandò immediatamente alla Residenza, per informarsi della regina. Alla notizia che essa si trovava dalla contessa Deroy e che non c'era neppure il re, le fu chiaro che egli si era recato nella Theresienstrasse. Era decisa di andare in suo aiuto. Quando seppe che egli era tornato alla Residenza, lei vi si recò nonostante che le sue dame non volessero farla uscire dal Palazzo. La Residenza era circondata dai militari; essa udì delle grida di evviva, tutte le porte erano chiuse. Lei scese nel cortile della cappella e salì dalla regina. Il re le venne incontro sorridendo e l'abbracciò. Anche Teresa era calma.

Il re annunciò che avrebbe chiuso l'università, qualora il mattino dopo non vi fosse stata di nuovo calma assoluta. Non accadde più nulla. Augusta osservò solamente che per le strade passava più gente del solito. Il fratello Luigi venne a Palazzo. Egli affermò che si trattava di un complotto del medesimo partito dal quale si era lasciato abbindolare in occasione della morte della regina Carolina. Egli lo conosceva e non avrebbe ceduto. A questo proposito la sorella voleva infine aggiungere ciò che essa aveva da molto tempo sul cuore. Lui sapeva quanto lei lo amasse e che lui poteva fidarsi di lei, cominciò. *Egli prese la mia mano e disse"Sì, io so che tu mi ami e che io posso contare su di te" ma non mi lasciò il tempo di dire ciò che volevo ed uscì dalla stanza con le parole"Vado da tua figlia Amelia". Voglia Dio illuminarlo e darmene la possibilità di aprirgli gli occhi.*

I nuovi ministri, con la denominazione di "vicario" erano: il consigliere di Stato Maurer per l'estero e la giustizia, von Tenetti da Landshut per l'interno, il barone zu Rhein da Regensburg per le finanze ed il culto, il generale barone Hohenhausen per la difesa, personalità dichiaratamente apartitiche, e generalmente rispettate. Essi non avevano accettato volentieri la chiamata.

Quando la coppia reale ricomparve in Teatro il 7 marzo, fu applaudita.

Max   sollecitò nuovamente la madre a visitarlo in Russia. Essa scrisse al figlio che era commossa dalla sua offerta di aiutarla per il viaggio, portatale da Roux. Essa capiva che Mary al momento non poteva viaggiare e che a lui non avrebbe giovato un soggiorno di pochi giorni a Monaco. Però, lei non voleva separarsi da Amelia.

In questo difficile periodo il re si ammalò ed Augusta non riusciva a capire come mai la regina, invece di preoccuparsi per suo marito ammalato, e di mostrarsi disgustata dalla psoriasi sul suo volto. Essa trovò inoltre tatticamente sbagliato che la regina non avesse voluto, in quest'estate, accompagnare il re ad Aschaffenburg, lasciando così il campo libero a Lola. Lei stessa gli faceva spesso visita e mangiava con lui.

Nella seconda metà di aprile la sorella Amelia, senza la figlia, si recò ad Echingen. Già le prime notizie sullo stato di salute di Eugenia erano gravi. La sorella era in condizioni assai più gravi di quanto ci si aspettasse, così che la Madre era convinta che le si fosse tenuta nascosta la realtà delle sue condizioni.   Essa aveva ripetutamente percepito che il parroco   utilizzava la sua grande influenza, per farle stendere un testamento in favore delle chiese, dei conventi e del clero, escludendo le sorelle. Lei non lo aveva ritenuto possibile conoscendo il suo attaccamento alla famiglia. *Mia figlia Eugenia è come una santa e non sospetta quanto si faccia cattivo uso della sua fiducia.*

La prima uscita del re dopo   la sua malattia, fu alla casa di Lola sulla Barerstrasse. Alla fine del mese lei vi si sarebbe stabilita. Le era a stento riuscito di avere rapporti con appartenenti alla prima società, ma poteva aggirarsi nel parco di Nymphenburg, cosa che era permessa solo ai componenti della famiglia reale.

Teodolinda scrisse che a causa dell'aumento del prezzo del pane vi era stata a Stoccarda una rivolta. La folla aveva tirato sassi contro le truppe. Il re aveva cavalcato con il principe ereditario incontro ai rivoltosi. Poiché anche questo non bastava, fece sparare. Il suo Guglielmo fu ferito ad un ginocchio ed il suo aiutante alla testa. Anche dalla Boemia e dalla Galizia giunsero notizie inquietanti.

La duchessa, piena di paura, assieme alla famiglia, vide, dalle stanze del re, la fiaccolata degli studenti sulla Piazza Max Joseph. Il Teatro e la Posta centrale erano illuminate dai bengala. Un'enorme folla di curiosi si tratteneva silenziosa, sino a che risuonarono l'inno reale e grida di evviva. Il re parlò con i rappresentanti delle cinque squadre degli studenti. Augusta respirava tranquillizzata, finché vide che suo fratello balzò in piedi, dopo che gli era stato recapitato un messaggio, e se ne andò dichiarando che doveva scrivere. *Si sapeva che la signorina Lola era venuta per guardare la fiaccolata dalle finestre del re. Il mio cuore si addolora. Questa donna fa di lui ciò che vuole.*

Eugenia scrisse che dopo mezz'anno era andata per la prima volta a piedi sino a una sedia in giardino, ed il giorno dopo era andata fuori in una carrozza chiusa con suo marito. Era una grande fortuna che questo non l'avesse danneggiata. Ci si faceva un'idea del tutto errata della sua stalla, *mentre questa sistemazione era la più bella e comoda che si possa avere in una vita come la mia. Io mi sono talmente abituata, che non sento la mancanza della mia grande camera al piano terreno. Per il momento rimango dove sono. Probabilmente ritorneranno giorni brutti ed il prossimo mese si deve pensare a viaggiare. La mia prima sosta sarà comunque Badenweiler, poiché la granduchessa mi ha scritto personalmente, per offrirmi là la sua villa, su incarico del granduca.* La partenza verso quella meta fu fissata per l'8 giugno. Suo marito si recherà a Baden-Baden, la andrà a trovare a Badenweiler e rimarrà ad Homburg, mentre lei sarà ad Ems. Lei non poteva disporre del futuro. *E' come se per me il mondo finisse in autunno. Quando si è sofferenti, non si fa conto sul prossimo giorno.* A Badenweiler lei farà una cura di latte ed una di succo d'erba. I medici temevano Ems. Perciò essa doveva provare con molta prudenza, se tollerava quest'acqua.

Teodolinda scrisse che si sarebbe recata nuovamente con suo

marito a Ostenda per i bagni di mare. Lei adesso era felice nel suo matrimonio con i figli e voleva dimenticare i primi due anni.

Augusta era indignata per il fatto che suo fratello conduceva a passeggio Lola a braccetto a Nymphenburg e che questa aveva minacciato con il pugno una contessa, perché l'aveva osservata, a Teatro, dove in quel momento danzava la Taglioni. *Quando   è stata ad Ehenberg dal principe Reuss, lei si divertiva a spingere i cavalli nel giardino e ad aizzare i cani dietro di loro. Si vede che   è figlia di un torero e crudele.* Oltre a ciò era andata con il suo morello davanti alla carrozza della coppia reale ed a quella della principessa Leopoldo, cosa assolutamente inaudita, e così via. L'esasperazione raggiunse il punto massimo, quando la sua contessa Sandizell ricevette una protesta firmata L. Montez, poiché   le aveva voltato le spalle. La lettera era altrettanto falsificata come quella ad Adalberto, dove lei probabilmente si offriva come insegnante di spagnolo. Si giunse a scene violente fra i fratelli, sino a che Lola scrisse una lettera corretta con tutt'altra calligrafia.. Augusta si ammalò per l'indignazione. Il principe ereditario, ritornato dall'Italia, era per lei troppo indulgente verso Lola. Essa tuttavia si commosse quando il re, per il suo 59° compleanno, le diede, in maniera molto affettuosa, il suo ritratto molto somigliante, dipinto da Stieler. Essa doveva anche ammettere, che lui, dal momento della sua passione per Lola, era diventato molto più premuroso verso la famiglia. Egli aveva un buon cuore.

La regina era partita per Franzensbad, per poi incontrarsi con suo marito ad Aschaffenburg. Lola partì per Bruckenau, come la duchessa aveva temuto, ed il re la seguì immediatamente. La coppia dei principi ereditari si recò a Kissingen, i Leopoldo si stabilirono a Nymphenburg ed Augusta con le due Amelie ad Ismaning. All'inizio di agosto vi giunse anche la contessa Isabella von Treuburg, con la sua bellissima figlioletta Augusta. Poi la grande Augusta si fermò due giorni presso il fratello Carlo a Tegernsee.

Eugenia scrisse lettere tranquillizzanti da Badenweiler. Ma

Giuseppina: Nessun miglioramento, essa era se possibile ulteriormente dimagrita. Il suo corpo era inquietante. Dopo sedici mesi che lo prende, il latte d'asina non le fa più effetto. I diversi medicamenti avevano danneggiato il suo stomaco così che lei poteva prendere qualcosa per la febbre solo due volte al giorno. Lei era già da cinque settimane a Badenweiler. Il 14 si sarebbe stabilita con suo marito a Baden-Baden. Lei sperava di essere di nuovo a casa entro otto settimane. Quelle passate a Badenweiler erano state per lei del tutto inutili. A Baden-Baden doveva essere ancor peggio. Lei aveva timore della gente, si doveva nascondere.

Baden-Baden, 15 agosto: ieri arrivati, nonostante lei alcuni giorni prima della partenza avesse improvvisamente espettorato sangue durante la notte. Lei non era affatto spaventata. *Il mio conto è già chiuso da tempo. Ma devo confessare che questo eccesso di sofferenze è proprio un brutto segno!!! Le persone che mi stanno attorno sono molto spaventate. Le mie donne hanno pianto. Ho dovuto consolare nel completo sconforto, poiché la cosa non mi ha assolutamente toccato. Quando deve giungere l'ora, arriverà! Ma prima si deve soffrire molto. La mia mano trema.* Dal suo arrivo lei sedeva durante il giorno in poltrona. Sulla ferrovia lei aveva viaggiato seduta nella sua carrozza.

Alla madre: circa le sciocchezze che combinavano i suoi polmoni, avrebbe riferito il medico. Lei non era affatto inquieta, era solo spiacente di non poter venire da lei. La situazione era peggiorata. Costantino non si era arreso, sino a che lei aveva scelto il famoso medico Kucker. La bella piccola casa aveva un balcone sulla passeggiata, proprio quella adatta a lei. Costantino abitava proprio accanto nell'albergo Europa.

L'ultima lettera a Giuseppina è del 22 agosto. Lei si sentiva meglio e sperava di poter tornare presto a casa. Il signor Kucker diceva, come tutti gli altri medici, che lei doveva cercare di guardarsi da grandi eccessi. *La malattia polmonare non recede.*

La Madre al suo ritorno da Tegernsee, trovò un dispaccio di

Costantino ed una relazione del medico. *Essi scrivono che la mia sventurata Eugenia è giunta all'ultimo stadio della sua malattia polmonare.* Lei non poteva piangere, ma era disperata. Sua figlia Amelia aveva avuto un attacco cardiaco.

Poi si disse che Eugenia voleva mettersi in viaggio verso casa dopo l'arrivo di Linda da Ostenda. Lei stessa scrisse il 26 agosto che era felice, ma che non sarebbe mai guarita. Che fosse fatta la volontà di Dio! Due giorni dopo giunse una lettera di Costantino e la sua ultima alla Madre. *Io vi scrivo ancora una volta da qui, cara Mamma, per dirvi che noi, se non mi capita nulla, partiremo il 30 mattina per Echingen. Probabilmente faremo il viaggio in tre giorni. Baden non mi ha fatto bene. E' una terribile spedizione, ed io non so che cosa preferire. La mia natura ha assunto una spiacevole tendenza. Io sono molto felice di tornare a casa, poiché Vi vedrò presto. Ma Voi dovrete prima abituarVi di trovarmi molto cambiata e sofferente. Probabilmente là sarà comunque meglio. Linda voleva arrivare il 30 sera, ma le ho scritto che parto, per non farla venire. Lei verrà più avanti ad Echingen   Si era aspettata di più dall'aria di Baden. Da due giorni c'era anche cattivo tempo, come se il cielo si rovesciasse. Conoscete la mia comoda carrozza. Io vi sto come a letto. Io spero di raggiungere il mio paese, con l'aiuto di Dio. Con un polmone ammalato purtroppo non c'è nulla da fare, tanto più a causa dell'espettorazione di sangue. Addio, cara buona Musele. Dio vi benedica, vostra rispettosa figlia Eugenia.*

La Madre ha inserito questa lettera in una cornice bordata di nero e con la scritta: *ultima lettera di mia figlia Eugenia e le lettere che mi comunicano che lei è morta come una santa, il 1° settembre alle 6 del mattino a Freudenstadt, 6 miglia da Hechingen, 1847. Essa si è addormentata con un sorriso sulle labbra.*

Teodolinda e Guglielmo, al ritorno da Ostenda, avevano ricevuto da Eugenia una lettera con la notizia che essi non dovevano venire a Baden, ma avevano egualmente tentato di raggiungerla, così che arrivarono da Kassel a Karlsruhe   il più rapidamente possibile passando per Heidelberg e Brucksal. Quando giunsero alle cinque e mezzo della sera del 30 agosto all'albergo Europa a Baden-Baden, lei era già andata via da molto tempo. Teodolinda era disperata, voleva proseguire subito, per raggiungerla a Freudenstadt. Essa si mise in viaggio dopo una scenata con suo marito. Il treno di Basilea era in ritardo. A Baden-Oos dovettero aspettare tre quarti d'ora. Alla fine si proseguì per Karlsruhe-Brucksal-Stoccarda. Lì li raggiunse una staffetta da Freudenstadt con la notizia che Eugenia il mattino aveva avuto ulteriori espettorazioni ed era stata data per persa. Linda fece arrivare i cavalli e partì con Guglielmo e la sua Dama von d'Allarmi alle undici e mezzo. La carrozza si fermò alle otto del 1° settembre davanti alla pensione "Alla Posta" a Freudenstadt. La d'Allarmi chiese ad un giovanotto se la principessa era ancora in vita. Egli scosse la testa.

Ad Ismaning, il 2, dopo pranzo Amelia fu chiamata fuori dal salone. Poiché dopo un lungo tempo non rientrava, la Madre uscì e si recò da lei. . Lei aveva delle lettere. *Io compresi che tutto si era compiuto.* In quelle lettere era scritto che Eugenia aveva voluto assolutamente andare via da *Baden-Baden. La si era dovuta portare a braccia alla carrozza ed inoltre ci si era dovuti fermare ad* ogni gradino. Lei aveva tentato di consolare i domestici presenti, che piangevano. Sapeva di dover morire, però dovevano pensare che dall'altra parte la aspettava una vita più felice. Da Freudenstadt non la si poté trasportare oltre. Lei non aveva avuto agonia. Era più felice, osservò la Madre. Lei stessa non poteva piangere come Amelia, la quale ebbe mal di cuore. *E' tremendo, sopravvivere ai propri figli.*

La salma giunse ad Hechingen a mezzanotte e fu deposta nella bara nella sala terrena del vecchio castello. La sepoltura avvenne la sera nella cripta della Chiesa del Voto, con grande partecipazione.

Teodolinda non trovò il coraggio di partecipare alla sepoltura. In questo giorno, lei fece celebrare un requiem a Stoccarda, la stessa cosa fece la Madre disperata nella sua cappella di casa. Il cuore di Eugenia fu posto nella nicchia della Cappella del Palazzo Leuchtenberg solamente nel 1851.

Dal testamento di Eugenia, risulta solamente che lei lasciava alla sorella Giuseppina, preferita fra gli altri: *un medaglione d'oro con i capelli dell'imperatore Napoleone, del Padre e del mio povero fratello, come pure uno con i capelli di tutta la mia famiglia, che io porto sempre.*

Augusta ed Amelia si ritirarono a Stein sul Traun. *Io ho un piccolo salotto ed una camera da letto grande e bella,* notò la Madre sotto l 19 settembre. Le due Amelie abitavano immediatamente accanto. Ciascuna visita di condoglianza rinnovava il dolore. Per prima venne da Berchtesgaden la principessa Leopoldo. Amelia la mostrò il castello do Hoele, *dove aveva abitato il cavaliere predone Giovanni di Stein. Si mostra una piccolissima stanza, cui di giunge tramite una scala. Lì egli ha rinchiuso sua moglie e l'ha fatta morire di fame.* Il giorno dopo venne la regina Elisa di Prussia, che aveva amato specialmente Eugenia. La duchessa si torturava ancora senza lacrime. Fu particolarmente brutto, quando la cameriera di Eugenia portò dei ricordi e parlò per ore della santa fine della sua Signora. Tutti i tentativi di distrarla un poco, furono inefficaci. Da Giuseppina e Max arrivarono lettere strazianti. La ferale notizia aveva raggiunto quest'ultimo a Mosca. Egli sperava di ricevere dallo zar il permesso per una breve visita alla Madre. Egli giunse già la sera del 2 ottobre, completamente bagnato e affetto da una "flussione"; si era precipitato nella stanza, aveva la febbre e tali dolori, che si recò dopo tre giorni dal medico a Monaco.Per il suo onomastico ritornò a Stein. Per distrarlo un poco, Amelia gli organizzò una caccia, nella quale furono abbattute molte volpi. Max   concesse alla Madre di rimanere a Stein fino all'arrivo di Teodolinda e l'accompagnò a Monaco.

La famiglia Leuchtenberg si riunì nel Palazzo. Il 1° novembre Max si recò a Eichstätt per la caccia e a metà del mese intraprese il viaggio di ritorno, per Stoccarda, per vedere sua cognata Olga. Teodolinda rimase fino all'anno nuovo.

Le preoccupazioni della duchessa si rivolsero nuovamente a Luigi e Lola, la quale era andata ad abitare nella sua nuova casa come contessa di Landsfeld. Seguiva con crescente preoccupazione i turbolenti dibattiti delle Camere e la crescente agitazione a Monaco, e si sentì chiamata a portare avanti la cacciata di Lola. Lei non sapeva che essa, con le sue sempre crescenti pretese e rivendicazioni e con il suo comportamento provocante aveva già intimamente raffreddato il fratello. Esteriormente egli proibiva invero qualsiasi interferenza nei suoi affari privati e nel governo, cosa che proveniva dalle limitazioni della costituzione.

Augusta fu fiera del fatto che il fratello le avesse lungamente parlato, anche su Lola, in occasione del pranzo di addio a Max nella Residenza. Era *incredibile quale fiducia egli riponesse in questo giovanotto, il quale gli può dire di tutto, senza che lui si arrabbi. Purtroppo non serve a nulla, poiché questa creatura l' ha completamente soggiogato. Il re vede solamente con i suoi occhi e crede solamente a quello che lei gli dice. Quando lei mette qualcuno in cattiva luce, la persona in questione è in qualche maniera punita, senza potersi giustificare o difendere.*

La separazione da Max le fu nuovamente penosa: mi abituo così rapidamente ad averlo ancora con me…. E con tanta infelicità si diventa naturalmente timorosi. Che Dio lo protegga! Egli si era dichiarato d'accordo che il conte Maurizio Méjan, ormai da quarant'anni in casa, a causa di infermità fosse sostituito nella carica di maresciallo di Corte, dal suo barone Zoller.

A fine novembre la duchessa trovò suo fratello di cattivo umore a causa di accesi dibattiti alla Camera e la regina molto nervosa. Si parlava di un nuovo cambio di ministri. Il principe

Öttingen-Wallerstein, caduto in disgrazia dopo l'ultima Dieta, doveva diventare ministro degli esteri. Augusta notò più avanti, di aver incontrato due volte Lola sulla strada, con gli studenti e due lacchè, e Teodolinda scrive che adesso lei andava a passeggio sulla strada di Nymphenburg, facendosi vedere tutti i giorni fra l'una e le quattro sulla Ludwigstrasse, con due servitori o con un piccolo fantino, sempre vestita di velluto e pelliccia. Ed il giorno dopo, ancora la Madre, che Lola aveva ordinato ad un poliziotto davanti al Palazzo Duca Max, di arrestare un postiglione ducale, poiché non le piaceva il suo comportamento. La cosa non aveva naturalmente avuto seguito, ma quando si riferivano al re queste cose, egli affermava che si diffamava la contessa. *Mi pare impossibile che si possa continuare così. Si giungerà sicuramente ad una catastrofe.*

Chiaramente, le giungevano all'orecchio anche delle informazioni assai esagerate. Era vero che il re aveva affidato al principe Wallerstein gli esteri ed al signor von Bercks, appoggiato da Lola, gli interni, era invece falso che egli le desse ragione in tutto. Si arrivava fra i due, quasi tutti i giorni, a violenti litigi. Il re la sospettava, non senza ragione, di avere troppo stretti rapporti con lo studente Beisner dell'associazione Alemannia a lei sottomessa. Cosa avrebbe detto la duchessa, se avesse saputo che Lola l'aveva accusata al re come promotrice di un'offerta di mezzo milione, se lei avesse lasciato Monaco! Augusta aveva definito il nuovo ministro degli interni e vicario Bercks, il domestico di Lola, nonostante egli fosse stato prima segretario della regina. Questa lo aveva anche ignorato, quando con gli altri dignitari del nuovo governo era venuto a pranzo.

Il fratello rispondeva sempre ai chiarimenti intesi a fin di bene, che si trattava di bugie. Egli pretendeva adesso che i suoi

aiutanti di bandiera lo seguissero in occasione dei ricevimenti di
Lola nella sua casa. Il conte Luigi Rechberg aveva già presentato le
sue dimissioni, altre sarebbero seguite. Le persone oneste evitavano
la Ludwigstrasse, per non incontrarla. Teodolinda lo confermò. Il
ministro von Bercks, il generale von Poissel ed altri fedeli si
incontravano per i ricevimenti di servizio, nella Barerstrasse. Gli
aiutanti di bandiera consideravano servizio l'accompagnamento del
re e non aprivano bocca. Appena il re se ne era andato,
cominciavano le orge con gli studenti. Il 9 febbraio la duchessa
osservò che l'umore, durante un ballo pomeridiano a Corte,
ricordava quello degli "Ugonotti" a Meyerbeer subito prima della
notte di san Bartolomeo. Già poco tempo prima si era giunti ad una
sollevazione di studenti, sulla Ludwigstrasse, contro gli Alemanni,
altrimenti detti Lolisti. Bercks aveva suggerito al re di sciogliere
l'Alemannia durante le vacanze. Questi era d'accordo,
effettivamente minacciò di far chiudere l'università fino al semestre
invernale, in caso di ulteriori dimostrazioni, ed ora era veramente
troppo. Il re, dopo essere venuto via dal ballo, aveva cercato Lola,
l'aveva incontrata sulla Briennerstrasse, e l'aveva condotta a casa.
Prima di ritornare alla Residenza, le aveva ordinato di non lasciare la
sua casa. Nonostante ciò, essa, confidando nella sua potenza, si infilò
nel mezzo della sollevazione. Questa volta la sua magia fallì, fu
minacciata, scappò nella chiesa dei Teatini e di lì alla Residenza.
Dalla sala nera lei mandò al re un biglietto, che gli fu recapitato
durante il pranzo. Egli la trovò, scortata da Alemanni. Lei affermò
che avevano messo mano ad un pugnale contro di lei e che era stato
programmato un tumulto sulla Residenza. Quando lei fu a casa, egli
le inviò un biglietto, poiché temeva che lei fosse ancora in pericolo,
e chiese una risposta. Un grazioso giovane la portò – Lola in
pantaloni. Il giorno dopo, 10 febbraio, l'università fu chiusa e fu

ordinato agli studenti non residenti, di lasciare la città entro trentasei ore, Da ciò, grande indignazione soprattutto fra la borghesia a causa delle loro perdite finanziarie. Ci fu un raduno davanti al municipio e duemila persone dimostrarono sulla Piazza Max Joseph davanti alla stanze del re; richiedevano un diverso indirizzo degli ordini. Poiché il re non volle ricevere la delegazione con i due borgomastri, essi si rivolsero alla principessa Leopoldo perché intercedesse in loro favore. Lei andò con Leopoldo dal re che proprio in quel momento voleva alzarsi da tavola, e gli si gettò ai piedi. Egli allora, alla presenza di suo figlio Adalberto, ricevette la delegazione, ma dichiarò che rimaneva fermo sulla chiusura dell'università . Secondo Augusta Leuchtenberg, i cittadini avrebbero deciso di ritornare il giorno dopo, ma in questo caso non solo per la riapertura dell'università, ma anche per l'espulsione di Lola. *Tutta la guarnigione rimane armata. Si potrebbe intendere che si tratti di rivoluzione o per lo meno di una sollevazione- ma nulla di tutto ciò, si voleva solo l'allontanamento di Lola.* La duchessa non sapeva che la regina aveva posto e reclamato la medesima richiesta, che a Lola fosse almeno interdetto l'ingresso alla Residenza. Il re aveva risposto che non poteva spedirla via senza disprezzare se stesso, e che nella Residenza poteva venire chiunque. Al contrario, Bercks dichiarò che ora vi erano sufficienti ragioni per sciogliere gli Alemanni. Lola garantiva per l'associazione, ma Luigi rimase fermo, e fece annunciare che l'università sarebbe stata riaperta già per il semestre estivo, se i cittadini di Monaco si fossero mantenuti tranquilli. Bercks si recò con questa assicurazione al municipio, mentre Lola, ancora in abiti maschili, arrivò alla Residenza. Augusta ebbe una notte insonne. Essa giunse alla determinazione di affrontare personalmente suo fratello, il mattino dell'11 febbraio, per ottenere l'allontanamento di Lola. Dapprima, lei pregò per ottenere la forza di

affrontarlo; salì poco dopo le sette sulla sua carrozza. La Residenza
era circondata da truppe, così che lei dovette proseguire a piedi. A
causa di dolori al cuore riuscì a mala pena a salire la lunga scala.
Nell'anticamera incontrò il maresciallo di Corte conte von Yrsch ed
il direttore di polizia von der Mark, che rimasero molto sorpresi dalla
sua visita così mattiniera. Suo fratello camminava irritato avanti e
indietro nella grande sala, dicendo: *ma, Augusta, cosa vuoi mai,
perché sei venuta, io non ho tempo.* Al che la sorella: *Ti prego,
ascoltami. Tu sai come mi sei caro, come sono buone le mie
intenzioni, che io voglio solamente iltuo bene. Togliti la benda dagli
occhi. Qualcuno ti ha irretito, tu non conosci la verità; il pericolo ci
minaccia. Egli continuava a camminare, dicendo: ho la testa così
piena. Io so che ti sono caro, che hai buone intenzioni, ma vai.
Allora mi gettai ai suoi piedi. Egli mi si avvicinò, mi prese per mano
e mi ordinò di alzarmi, di tranquillizzarmi e mi accompagnò fino
alla porta. Nella stanza di servizio mi lasciai cadere su di una sedia
e scoppiai in lacrime, non potevo fare di più. Poi mi recai da mia
nipote Augusta, per dirle che cosa avevo fatto, e di lì da mio fratello
Carlo. Tutti approvarono il mio comportamento. Tornata a casa,
salii da mia figlia Amelia. Lei fu molto sorpresa da quanto le riferii.
Alle nove ero, come sempre, nella mia cappella per la Messa. Subito
dopo il magistrato fece dare la notizia che Lola sarebbe andata via
alle undici e mezzo. Questa notizia suscitò grande gioia e tutti
andarono sulle strade per informarsi sui particolari.* Così la
duchessa potette ammettere che la sua andata sacrificale aveva
condotto alla grande decisione. Il re aveva fatto giungere da
Augsburg, con la ferrovia, i suoi cavalleggeri, poiché il
supercommissario della guerra Mussinan, uno dei seguaci di Lola,
gli aveva detto che non ci si poteva fidare della guarnigione di
Monaco. Lola sarebbe stata perduta se fosse rimasta in città. Ma lei

non voleva alzarsi e non voleva lasciarlo passare. L'eccitazione era enorme, ma la rappresentanza dei cittadini aveva dichiarato che avrebbe mantenuto la calma se fosse stato permesso agli studenti di rimanere. In caso contrario avrebbero messo mano alle armi, e le truppe non avrebbero attaccato gli agitatori. In seguito a ciò il re fece sapere a Lola che non poteva più proteggerla e che avrebbe dovuto lasciare Monaco.. Su consiglio di Bercks egli fece venire tutto il corpo dei ministri. Arrivarono le dieci. Egli utilizzò il tempo, fino a che tutti fossero radunati, per scrivere un proclama ai cittadini di Monaco. Bercks poté strappargli l'impegno della riapertura dell'università solo assicurandolo che il re con ciò non sarebbe stato perdonato, ma viceversa avrebbe chiuso il conto con l'opposizione, e questo avrebbe portato a spargimento di sangue. Il re, che non sapeva se Lola era già via, andò a piedi attraverso la Ludwigstrasse verso la sua casa. Fece allontanare dai soldati delle persone, che erano salite sulle mura. Vi erano là fanteria e cavalleria, che tuttavia rimasero immobili, quando furono infrante delle finestre. Gli ufficiali consigliarono al re di non andare a casa, ma egli lo fece lo stesso. Quando attraversò la porta, gli arrivò una pietra su un braccio. Egli si fermò eretto davanti al portale, e degli ufficiali con la sciabola sguainata gli corsero accanto per difenderlo. Annunciò personalmente di aver riaperto l'università, affinché la popolazione non dovesse farne le spese, però dovevano andarsene subito. Il lancio contro le finestre cessò immediatamente, la folla intonò, al richiamo di un ufficiale, "Viva il re". Egli stesso diede disposizioni per lo sfollamento della Corte e della Barerestrasse e rimase fino a che quelli si misero in movimento, seguito da una grande folla che cantava "Evviva il nostro re, evviva". Dalle sue stanze vide che sulla Piazza Max-Joseph si radunava ancora della gente, per ringraziarlo. Dovette fare uno sforzo per avvicinarsi alla finestra aperta, e quando i consiglieri del regno arrivarono con lo stesso scopo, non li ricevette. Era intimamente offeso e si sentiva umiliato, solo il lancio delle pietre lo rallegrava come dimostrazione della sua forza personale.La sorella Augusta mangiò da lui nella Residenza, mentre la regina era troppo agitata per farlo. Fu un pranzo terrificante. Il re era arrabbiato ed abbattuto…." Non trionfate troppo presto, disse anche ad alcuni sulla strada, per esempio al conte Pocci, il quale non poteva soffrire Lola. Quando verso sera si diffuse la voce che Lola era ritornata, ci fu nuova agitazione. Le truppe rimasero sul posto. Augusta fece dare da bere ai corazzieri, che erano rimasti a cavallo sulla Piazza Odeon sin da mezzogiorno e che solamente alle otto della sera potevano rientrare. Effettivamente Lola era passata da Monaco, in transito da lì verso Blutenburg, travestita ed accompagnata dall'oste di Hessellohe. Il re era andato nuovamente nella sua casa, dopo lo spiacevole pranzo e vi aveva trovato una lettera in cui era scritto che lei si era recata a Hessellohe. Allora andò da lei la sera ad Hessellohe, dalla abitazione di von Bercks, con lui ed il giovane Mussinan travestito da domestico, con una carrozza in affitto. Quando arrivarono, Lola era di nuovo lontana. Si disse che si fosse recata a Monaco; Luigi passò la notte nell'osteria su un sofà e camminando avanti e indietro nella stanza, nel caso che lei ritornasse. Invece di lei arrivarono due Alemanni con la notizia che lei si trovava a Blutenburg. Bercks riuscì a trattenere il re dal recarsi a Blutenburg il mattino, facendogli capire che Lola sarebbe stata perduta, poiché si era sulle sue tracce. Lola aveva passato questa notte a Blutenburg; al mattino fu scortata dai corazzieri alla stazione della ferrovia di Pasing e di lì partì alle undici alla volta di Lindau, accompagnata dall'ufficiale di polizia Dichtl e dal funzionario Weber. La carrozza ed i cavalli erano al seguito.

La duchessa ha annotato nel suo diario questi avvenimenti, in maniera generalmente esatta. Alcuni particolari sulla notte a Blutenburg dimostrano che Lola non era sola. Non appena il locatario di Blutenburg ebbe saputo chi sarebbe stato il suo ospite, si era recato in fretta a Nymphenburg, dal capo dei corazzieri che vi sostavano, per chiedere protezione. Questo, anche lui un conte von Yrsch, era poi andato a cavallo con alcuni corazzieri a Blutenburg e li aveva lasciati lì. Lola aveva con se tre Alemanni, fra i quali il suo amico Beisner. *L'oste venne dal re per raccontargli tutti gli orrori che questa donna aveva commesso durante la sua breve sosta a Blutenburg.* Egli non volle credere che lei avesse passato la notte con Beisner, ma l'oste assicurò che poteva dimostrarlo. Lola non aveva assolutamente voluto parlare con il re.

Non c'è da meravigliarsi, che l'umore, in occasione di una partita di lotto organizzata la sera dalla regina per la famiglia, fosse depresso. Augusta trovò il fratello di pessimo aspetto, triste da far compassione. Prima di andarsene, lei lo prese da parte, dicendo che non poteva immaginare che lui avesse rotto con Lola, che lei fosse solamente andata in viaggio. *"Mi hai capito, Augusta?" Allora mi fu chiaro che questa vicenda non si era ancora conclusa e che solamente Dio può aprirgli gli occhi. Quale terribile risveglio, quando vedrà il precipizio in cui è caduto, e riconoscerà come lo si sia ingannato!*

Il giorno dopo Mussinian gli disse –e Bercks lo confermò – che le camere si erano di nuovo riunite, per detronizzarlo, e spedire un corriere al principe ereditario, il quale aveva passato l'inverno a Würzburg, se lui avesse ancora esitato a riaprire l'università. Mussinan fu inviato a Lindau, per allontanare gli Alemanni di scorta a Lola. Questi non dovevano in alcun modo accompagnarla in Svizzera. La cameriera di Lola aveva nel frattempo confidato al re

che Beisner anche a Monaco aveva dormito da lei. La duchessa
registrò pure che la regina le aveva confidato che era stata avvertita,
con diverse lettere, di attentati alla sua vita. Dopo che il cioccolataio
Mayerhofer, che prima era farmacista di Corte, era diventato
fornitore della Corte, lei si era fatta preparare la cioccolata in casa.
Circolavano le voci più insensate.

Il 18 febbraio le truppe erano ancora pronte all'attacco. Alla
duchessa parve sospetto che in questa sera suo fratello, nella
Residenza, fosse nuovamente di buon umore. Sospettò subito che
egli avesse combinato un incontro con Lola da qualche parte. Si
mormorava di Palermo o Malta. Secondo il suo parere, i tempi non
erano adatti ai viaggi, specialmente per un sovrano, in Italia. *In tutta
Italia ci sono focolai dalla Sicilia sino a Milano. Sono del parere,
che i sovrani dovrebbero restarsene a casa.* Effettivamente egli
aveva nel frattempo preparato un piano per un incontro, e proprio a
Losanna.

Il 27 febbraio Augusta seppe che Luigi Filippo aveva
abdicato in favore di suo nipote e aveva designato sua madre come
reggente. Lei espresse il suo timore che questa abdicazione potesse
fare scuola, *specialmente in Italia, dove già si ripetono molte
sollevazioni....Io tremo anche per il patrimonio di mio figlio, che
finora è costituito esclusivamente da obbligazioni.*

Il 28 comparvero nel giornale i nomi dei nuovi ministri
francesi – il poeta Lamartine ministro degli esteri -, giorni dopo la
proclamazione della repubblica, l'assalto alle Tuileries, la cacciata
della famiglia reale, la quale era fuggita in Inghilterra.

L'effetto sulla Baviera consistette alla fine nel fatto che il re con il suo ministro principe Wallerstein programmò misure prudenziali nelle fortezze di Landau e Germersheim, contro eventuali brame sulla riva sinistra del Reno, ed un possibile ingresso dei francesi. Tutto ciò che poteva essere inteso come dimostrazione, doveva essere evitato, ma se ci si fosse arrivati, sarebbe stato il momento per la riconquista dell'Alsazia, cosa che egli segretamente sperava. Egli voleva sollevare il principe Wallerstein dal suo incarico, dopo la prossima dieta, ma non lasciare andare Bercks, il quale aveva compreso che non poteva fermarsi. Intanto Bercks si confermò nella sua opinione, poiché la sera del 3 marzo furono lanciate delle pietre nelle sue finestre. Il mattino, la duchessa vide dalle sue finestre che la Ludwigstrasse era affollata. Si diceva che la popolazione volesse inviare al re una petizione per il licenziamento di Bercks e degli altri ministri vicari, con la richiesta di libertà di stampa e la convocazione della dieta. Inoltre fu sparsa la voce che Lola sarebbe ritornata. A Luigi fu riferito che, a parte che per le riforme, si era gridato anche per la repubblica. Quando il borgomastro Steindorf con i membri della sua magistratura, si presentò, fu invero cordialmente accolto, ma dovette sentire che la corona ed il diritto di Stato erano al disopra della costituzione e non si voleva imitare i francesi. La dieta fu convocata per l'autunno; al momento sarebbe stata inattuabile. Mussinian aveva reso noto al re che una sostituzione della guarnigione sarebbe stata inutile, in quanto le truppe esterne non erano più fidate. Quando il comandante Spaul, un parente di Mussinian, disse al re che erano stati offerti sul suo capo quattromila fiorini, il re rispose che aveva creduto di avere un maggior valore. Egli fu tempestato da più parti, perché cedesse. Il principe Öttingen annunciò che nel municipio si erano radunati quattromila cittadini. Alla fine il re cedette, inviò il principe al municipio con la dichiarazione che la dieta sarebbe stata convocata per la fine di maggio.

Augusta notò che il re del Wűrttemberg ed il granduca del Baden avevano evitato la rivoluzione nei loro territori, cedendo al momento giusto. Se fossero state licenziate le creature di Lola, si potevano ancora avere speranze per il fratello. Il principe elettore di Hessen era stato cacciato dal paese. La sera passò tranquillamente, dopo che la folla era stata dispersa dai corazzieri. Essi ed il reggimento della guardia del corpo avevano eseguito molti arresti in una birreria. Il mattino del 3 marzo il principe Őttingen-Wallerstein alla testa dei suoi colleghi, riferì che l'agitazione era più grave che mai. Si richiedeva la convocazione della dieta entro quattordici giorni. Arrivarono alla Residenza montagne di lettere, ed anche cittadini che si gettavano in ginocchio. Se il re non avesse ceduto, la Residenza sarebbe stata incendiata. Il re fece venire i principi maggiorenni e diede a suo fratello Carlo il comando superiore delle truppe. All'una, Augusta si trovava con Amelia dalla regina; c'erano anche le principesse Leopoldo e Matilde, quando il re condusse Teresa fuori dalla stanza. Essa rientrò pallida in volto. Fuori si udì risuonare la marcia generale. Si diceva che cittadini armati marciavano verso la Residenza. Il re voleva far portare al sicuro la regina e sua nuora con i figli, ma le donne rifiutarono, solo i bambini andarono a Biederstein. Augusta ritornò nel suo Palazzo. Il fratello Carlo si recò alle tre e mezzo in municipio, ed annunciò la convocazione della dieta per il 16 marzo, cosa che fu ricevuta con evviva. Da lì andò a cavallo al Prater ed alla Piazza del mercato con il medesimo scopo. Là dovevano essere riuniti almeno 1200 armati. Egli parlò loro e raccolse nuovi applausi. Alle cinque la duchessa era nuovamente alla Residenza con Amelia. Si era entusiasti del comportamento di Carlo, si sperava solamente che il re seguisse i consigli del fratello. Luigi si fece vedere solo brevemente. *Lo trovai tranquillo e del tutto diverso da allora, dopo l'aggressione alla casa di Lola.* Gli ingressi alla Residenza erano bloccati dai militari. Carlo scese da cavallo e salì dalla famiglia. Il fratello gli andò incontro e lo ringraziò. *Tutti lo abbracciammo.* A mezzanotte le truppe si ritirarono.

Il mattino della domenica di carnevale, il 5 marzo, il re giaceva con il mal di testa su di un sofà, poetava, scriveva lettere. Quindi sbrigò con il suo segretario di gabinetto gli affari di routine attuali. Improvvisamente si aprì la porta ed entrò Carlo. Disse che la gente non voleva più il fratello come re, e neppure il principe ereditario, ma una reggenza e preferibilmente la repubblica. A Miesbach c'erano dei contadini pronti alla marcia su Monaco, per deporlo. Il partito degli "Ultras" programmava delle agitazioni per portare avanti le richieste. Il giorno dopo il re, per prima cosa, offrì il ministero dell'interno al borgomastro di Regensburg, barone von Thon Ditmar. Poi tenne un consiglio dei ministri in presenza dei quattro principi maggiorenni, il fratello Carlo e dei figli Max, Leopoldo ed Adalberto. Fu letta la bozza del proclama con le concessioni. Il re aveva il suo orologio davanti a se sul tavolo, poiché l'ultimatum stabilito dall'opposizione scadeva alle dodici. Il principe Öttingen arrivò in municipio poco prima con la dichiarazione firmata. Il re lesse tranquillamente il giornale sino al suo ritorno. Vide come la Piazza Max-Joseph si riempiva nuovamente di gente. "Viva il re" risuonava da fuori. La coppia reale si portò alla finestra aperta. *Essi gridano   e mi umiliano,* disse a Teresa. Augusta scrisse nel suo diario che il proclama aveva fatto una buona impressione. I bavaresi fedeli al re avevano appuntate delle coccarde bianco-blu. Lei trovò la regina e le principesse di umore più fiducioso, al contrario Carlo. Egli riteneva perduto il trono del fratello, ed Augusta dovette dargli ragione, ma corresse la sua opinione il giorno dopo. Era il martedì grasso con il tradizionale salto del macellaio. Per diventare soci, gli apprendisti, cuciti dentro una pelle impermeabile all'acqua, dovevano saltare dentro le fontane nella Marienplatz. Il re guardava con i due figli di Leopoldo. – il principe ereditario era rimasto con sua madre a Würzburg. Una rappresentanza dei macellai venne come il solito da lui alla Residenza e la città era pacifica.

Il nuovo vicario del ministero dell'interno barone Thon Ditmar, fece una buona impressione alla duchessa. Ella registrò più oltre che il principe ereditario, con la sua richiesta di sostituire Mussinian, era stato bruscamente mandato via dal padre.

Anche il mercoledì delle ceneri passò tranquillamente. Il re discusse con il suo consigliere di Stato von Voltz il rimpasto del governo. Il principe Öttingen doveva essere sostituito dal conte von Waldkirch. Quando il re, nel momento del cambio della guardia, passò accanto alla Feldherrenhalle, fu salutato con grida di evviva. Poi incontrò un corteo di studenti con alla testa il loro rettore magnifico alto sul cavallo, che andava alle esercitazioni della guardia nazionale. Giunsero dei rappresentanti alla Residenza. I cittadini ed i contadini sono il sostegno del regno, tutto il resto è marciume, disse loro. Si annunciarono i comandanti dei corazzieri Principe Adalberto, chiamati da Landshut e dei cavalleggeri reali che stazionavano a Nymphenburg, da Augsburg.

Si può immaginare lo spavento della nostra duchessa, quando il mattino seppe che Lola era nuovamente in città e che fra lei ed il fratello c'era stata una violenta scenata, nella stazione di polizia. Il re era stato svegliato all'una di notte. Gli volevano parlare il direttore di polizia von der Mark ed un capitano della gendarmeria. Essi annunciarono che Lola si trovava nel presidio di polizia. Mark chiese insistentemente al re di non recarsi là – senza successo. I due signori dovettero accompagnarlo. Lola era travestita da contadina. Erano venuti con lei un barone dell'elettorato ed il suo cane Turc. Lei disse di essersi messa in movimento, poiché a Berna non aveva ricevuto lettere. Luigi aveva scritto a Losanna, poiché riteneva che lei fosse là. Lei gli parlò   - come prima per iscritto – molto insistentemente, per convincerlo ad abdicare. Poiché il popolo l'aveva spuntata contro la sua volontà, avrebbe continuato sulla stessa strada. Egli avrebbe preferito passare il resto della sua vita tranquillamente con lei, per esempio in una casa a Vevey, sul lago di Ginevra. Lei avrebbe preferito in assoluto portarlo subito con sé, ma la sua magia non era più sufficiente. Egli le disse che ora non voleva andar via da Monaco, ma dopo la dieta voleva andarla a trovare. Lola tornò in Svizzera   - aveva perso. Dopo aver aspettato ancora un po' di tempo in Svizzera, la sua vita avventurosa si portò in Francia, Spagna, Inghilterra, Australia, con i cercatori d'oro in California ed oltre, ed alla fine morì povera e benefattrice dei bisognosi a New York.

La vita a Monaco parve a poco a poco riprendere un aspetto di normalità. Quando dopo quattro settimane la coppia reale ritornò nel Teatro, esplosero grida di giubilo. Fanciulle vestite di bianco-azzurro spargevano fiori. Teresa pianse di commozione, mentre Luigi, amareggiato osservò che anche le vittime sacrificali erano adornate. Augusta ed Amelia erano per la prima volta dopo undici mesi di nuovo a Teatro. Anche le principesse portavano delle acconciature bianco-azzurre, e fu cantato "Viva il nostro re viva". Suo fratello le parve commosso, quando lei lo vide il giorno dopo, dalla regina.

L'11 marzo il barone Zoller le riferì che il principe Ŏttingen-Wallerstein era stato sostituito dal conte Waldkirch, come ministro, senza alcuna spiegazione. La sera, al lotto nella Residenza, il fratello la trasse nella stanza accanto e disse: *Si penserà che sono debole, poiché ho ceduto; non potevo fare altro. Chissà quali conseguenze si avranno!* La sorella rispose che sarebbe andato tutto bene se egli si fosse mantenuto sulla retta via e tutti erano convinti che lui voleva il meglio per la felicità e la tranquillità della popolazione. I bavaresi erano buoni ed affezionati alla Casa regnante. Egli la abbracciò appassionatamente. *Egli mi fece così pena. Spero in una occasione, di potergli dire la verità di parlargli di diversi argomenti. Egli pare non credere che Lola abbia la maggiore responsabilità di quanto era accaduto.* Il principe ereditario era costernato per la dimissione del principe Ŏttingen, soprattutto perché il padre non gliene aveva parlato. Egli chiese alla zia di convincere il padre di farlo partecipare al consiglio dei ministri. Thon Ditmar le piaceva molto. Egli le disse che non avrebbe accettato questo incarico in nessun'altra condizione, ora lui lo considerava un suo dovere.

Il 12 marzo il re andò, angosciato nel giardino inglese. Nevicava un poco. Tutte le persone a lui fedeli erano adesso state allontanate dal governo. I suoi cittadini di Monaco avevano ferito i diritti della Corona., ed ora doveva fingersi contento! Augusta osservò che vi erano le bandiere. Le luminarie ed il corteo degli studenti erano stati rimandati al giorno dopo a causa del tempo inclemente. La famiglia guardò la marcia degli studenti e delle guardia nazionale verso la Residenza dalla costruzione reale, mentre il re con i principi ispezionava le file del primo reggimento. Parve sorprendente quanto rapidamente gli studenti si fossero immedesimati nel loro ruolo militare. Il re stava in mezzo alla popolazione e non c'era fine agli evviva. La duchessa notò che al fratello Carlo, a causa dei recenti avvenimenti,   si erano ingrigiti i capelli. La sera la "Liedertafel" fece una serenata ed infine la corte andò, scortata dalla milizia territoriale a cavallo, attraverso la città illuminata. Quando la carrozza della coppia reale uscì dalla Residenza, gli studenti vollero staccare i cavalli e trainarla. Il re non poté impedirlo. Il giro durò un'ora e mezzo, fra ininterrotte grida di giubilo. Luigi ricordò a Teresa che gli stessi che avevano gridato Osanna, il giorno dopo avevano gridato Crucifige.

La duchessa si spaventò leggendo sul giornale che suo genero Costantino era andato a Stoccarda da Hechingen, poiché i contadini richiedevano una riduzione delle tasse e che anche nel Baden e nel Württemberg erano in corso delle sollevazioni. Una lettera da Hechingen riferiva che la gente non era soddisfatta della concessione di sette dei ventuno punti richiesti ed avevano minacciato di mettere a fuoco la città- Il principe aveva convocato le Camere ed aveva portato i gioielli a Teodolinda.

A metà marzo si ricominciò anche a Monaco. Si era diffusa la falsa notizia che Lola si trovava a Fürstenried. Alcuni dicevano di averla anche vista. Comunque, la coppia reale fu acclamata quando comparve per un concerto all'Odeon, illuminato a festa, ma già il giorno dopo si giunse ad assembramenti ed a rotture di finestre nell'edificio della polizia. Augusta era con le due Amelie ad una rappresentazione del "Rapimento" di Mozart. Essa vide che il re fu prelevato dal suo palco ed udì risuonare dall'esterno la marcia generale, allarme per le truppe e la guardia nazionale. Nonostante ciò, essa rimase sino alla fine dell'Opera. Il presidente del governo, barone von Godin, aveva annunciato l'aggressione alla polizia ed anche che erano state infrante alcune finestre della Residenza. Alla fine il re si fermò con suo fratello nella sala dietro al palco, ma si recò poi, dopo il secondo atto, dalla regina alla Residenza. Là ricevette l'informazione che la folla davanti all'edificio della polizia era stata dispersa. Si voleva aggredire la casa dei testimoni. Alle dieci vi era di nuovo calma. Sulla Piazza Max-Joseph erano schierate le truppe pronte all'impiego. La notte passò tranquillamente, ma il re fu profondamente ferito, quando il mattino i ministri-vicari gli riferirono che la contessa von Landsfeld non poteva mantenere la cittadinanza. Essa l'avrebbe sicuramente restituita, rispose, cosa che essa poi effettivamente fece. Egli già parlava di rinuncia al trono, ma non ora, con il rischio che significasse una mancanza di coraggio.

18 marzo: Il re aveva l'emicrania, parlò con il delegato, barone von Rothenhahn dell'intenzione di abdicare. La regina mostrò ad Augusta una lettera della sorella Carlotta da Vienna. Lei non riteneva possibile che gli eventi in Francia avrebbero avuto conseguenze anche in Austria. Mentre scriveva, l'imperatore, l'arciduca Francesco Carlo e suo figlio Francesco Giuseppe furono acclamati mentre attraversavano la città. *Come qui,* notò la duchessa. *Che importanza si può dare a queste notizie! Si deve costruire su persone che per un nonnulla cambiano umore! I deputati del Palatianto del Reno sono arrivati e parlano di repubblica....La vecchia Baviera è affezionata alla Famiglia reale.* Doveva essere girato un appello in cui si voleva avere come re il principe Leopoldo, *poiché ha come moglie un angelo. Dio sa che cosa ne verrà ancora fuori. Il futuro è molto oscuro. Probabilmente non avrò neppure la consolazione di essere sepolta accanto al mio Eugenio, morirò in terra straniera.*

19 marzo: descrive la notte passata tranquillamente e le misure prudenziali. Il re si era deciso finalmente ad abdicare. Aveva dovuto convincersi, che non poteva più regnare così come voleva e

stabilì le condizioni con cui avrebbe abdicato in favore del principe ereditario. Poi sbrigò, come sempre, con il suo segretario di gabinetto von Schilder, le pratiche ordinarie, andò in chiesa, trasmise la parola d'ordine, ricevette una rappresentanza del consiglio del regno ed i dignitari, i quali annunciavano la riunione delle loro Camere. All'una egli riunì i principi maggiorenni, disse al fratello Carlo di avere ben capito che in quelle condizioni non poteva più regnare oltre. Carlo concordò e scoppiò in lacrime, come pure il duca Max. Quest'ultimo era contrario all'abdicazione. Dopo un po' tutti erano in lacrime, anche il re. Dopo aver regnato ventitré anni come riteneva giusto, non poteva abituarsi ad alcun metodo nuovo, ma poteva abituarsi ad un successore. Poi lesse il proclama al popolo bavarese, scritto di suo pugno. Il principe ereditario Massimiliano si disse contrario all'abdicazione di suo padre. Poiché questo non cedeva, egli si inginocchiò davanti a lui e chiese la benedizione paterna. Tutti erano profondamente commossi . Il re si recò poi dalla regina per metterla al corrente. Augusta si trovava in quel momento dalla regina, quando entrò il re con i segni delle lacrime sul volto. Egli condusse la sorella nel suo studio e le confidò che aveva appena abdicato. Egli non poteva essere d'accordo con le nuove idee, per cui era meglio chiuderla in quel modo. *"Io non ho fatto nulla affrettatamente, sono calmo e rassegnato. Nessuno dei miei ministri sa di questa decisione, è venuto tutto da me. Mi ritirerò nel Palazzo Wittelsbach, poiché voglio continuare a vivere vicino a voi. Conosco il tuo animo fedele. Non è vero, tu rimarrai per me sempre la stessa buona sorella". Egli mi trasse sul suo cuore. Poi andò fuori e parlò con le sue due cognate, le quali scoppiarono in lacrime. Io andai nella stanza da letto dove trovai mio nipote, il duca Max e mio fratello Carlo, in lacrime. Il mio buon fratello Carlo mi disse: "Il re era veramente sublime. Avrei voluto che lo vedessero in quel*

Il giorno dopo il re parlò con il suo segretario delle
condizioni e sbrigò con Schilcher come al solito, gli affari ordinari.
Poi ricevette una rappresentanza di settanta cittadini del Palatinato, i
quali portavano le petizioni con migliaia di firme. Egli notò, fra le
coccarde bianco-celesti, anche alcune nero-rosso-oro. Poi arrivarono
i dignitari del Palatinato. Dopo che furono andati via egli conferì a
Schilcher ed al bibliotecario di Corte e dello Stato von Lichtenthaler
la gran croce della Corona bavarese. Durante una passeggiata sotto il
sole primaverile, si sentì come rinato. Anche a tavola con gli ospiti
fu allegro. Egli firmò la sua rinuncia al trono, il suo commiato dai
bavaresi e le sue condizioni al successore, con la stessa penna, con la
quale aveva sottoscritto alle 6 le concessioni. Questa penna egli la
destinò alle "Collezioni unite". La sera, al lotto, era presente anche
Augusta con Amelia, la nuova regina Maria e la coppia Leopoldo.
*Sapevamo che il re aveva appena firmato la sua abdicazione e che i
ministri erano riuniti dal principe ereditario-re. Tutti erano tristi e
preoccupati, solo il re era sereno, quasi allegro.* Il re Luigi I affermò
sempre che non sarebbe mai stato una "macchina da firma". Egli si
oppose anche fermamente alle voci che avesse rinunciato alla corona
per le insistenze di Lola. Egli le aveva espressamente detto che non
lo avrebbe fatto. Il primo pensiero ad una abdicazione era venuto a
galla, quando suo fratello Carlo gli aveva detto che contadini armati
volevano marciare contro di lui da Miesbach., cosa che si rivelò una
falsa voce. Se i bavaresi fossero andati contro di lui, egli doveva aver
perduto la loro fiducia. Un ulteriore colpo, era stato che non gli si
voleva credere quando diceva che Lola non era affatto ritornata per
la seconda volta, inoltre, che i ministri lo costringevano a togliere

alla contessa Landsfeld la cittadinanza, cosa che andava contro la
costituzione, con l'affermazione che altrimenti si sarebbe giunti a
nuove insurrezioni. Egli aveva evitato tali sollevazioni scrivendo a
Lola di rimandargli il decreto di conferimento della cittadinanza.
Infine Thon Ditmar aveva rilasciato due dichiarazioni, secondo le
quali egli aveva ricevuto la concessione solo successivamente. Prima
della dichiarazione della sua abdicazione egli ne aveva parlato
solamente con la regina e con il barone Rotenhahn. La regina
affermò che egli se ne sarebbe poi pentito, Rothenhahn era
d'accordo.

Il mattino del 21 marzo 1848 gli araldi annunciarono la
rinuncia al trono dél re a l'ascesa al trono di Massimiliano II. Le
truppe prestarono giuramento al nuovo re. La guardia nazionale
richiese anticipatamente una dichiarazione che il re non era stato
costretto a questo passo.

Della famiglia Leuchtenberg, anche Max e Giuseppina
presero molta   parte da lontano agli eventi che si svolgevano a
Monaco, come risulta da una lettera della regina svedese a suo
fratello. Le notizie che giungevano da due settimane da Monaco
erano una "douce compensation" per tutte le sofferenze precedenti.
*Anche se è molto penoso vedere un sovrano dell'età di nostro zio
essere talmente accecato dalla passione, si deve ammettere che si è
comportato nella maniera più onorevole possibile. Cittadini e
studenti hanno dimostrato in questa occasione un virtuoso tatto
coniugato con una esemplare misura. Ti assicuro che ero fiera dei
miei cari Bavaresi....i quali hanno mantenuto il loro rispetto verso il
re, che essi hanno completamente tenuto separato dal personaggio.
Non appena ebbero revocato l'editto precipitoso e sconsiderato e si
era allontanato il risentimento per lo scandalo e la sciagura, hanno*

deciso di comune accordo di dimenticare il passato…e lo hanno applaudito. Dove si potrebbe trovare una cosa simile? E questa buona regina, il cui primo pensiero era rivolto alla Baviera: disse "Grazie a Dio, la Patria è salva" e rispose a quanto Maman le diceva: " Oh, no, non ho pensato a me stessa, ho sofferto per l'onore del re". Lei prima non ha mai aperto bocca su questo argomento. Io ero anche molto felice che Maman abbia avesse fatto il coraggioso passo verso il fratello, poiché deve esserle costato un grande sforzo gettarsi ai suoi piedi. Anche se non ha ottenuto immediatamente il suo scopo, lo ha invero preparato a fargli ritenere accettabili le proposte dei suoi ministri riuniti. Ad ogni modo, lei ha fatto ciò che desiderava ed Anche Augusta di Leopoldo. Vivano le principesse della nostra Baviera! Quanto si mostrano tranquille anche nella loro vita comune, così sono coraggiose quanto ne vale la pena!

La notizia della abdicazione l'aveva sconvolta. L'aveva appresa il giorno prima ad Amburgo, riferì al fratello. Poteva immaginare che cosa avessero passato la Madre, la Famiglia e la Patria. E' *una importante decisione ed io confronto questa conclusione a qualche altra situazione che si è svolta sotto i nostri occhi in altri Paesi.* Se anche in Baviera ci fosse stato in embrione il germe della rivoluzione, ci sarebbe stato un gran scompiglio. Essa aveva appena ricevuto una lettera da Maman con la descrizione di tutti i particolari, ed era più tranquilla: *Alla nostra frontiera abbiamo la guerra fra lo scandinavismo ed il germanesimo. In tutt'Europa le nazionalità si sono messe in movimento. Dove ci porterà tutto ciò?*

I Leuchtenberg, i quali attraverso i Behauarnais erano strettamente imparentati con le case regnanti di Francia, Svezia Württemberg, Baden ed

Hohenzollern, ed attraverso i Wittelsbach con quelle d'Austria, Prussia, Sassonia ed Hessen, presero molta parte anche alle convulsioni esterne alla Baviera.

Le notizie da Vienna riferivano di avvenimenti sanguinosi. L'imperatore dovette concedere la costituzione e la libertà di stampa, cedere come il re Bavarese, con la sola differenza che, *grazie a mio fratello Carlo, qui non è stato versato sangue. Le notizie da Berlino sono spaventose. La battaglia fra la cittadinanza ed i militari è durata sette ore, con grandi perdite da entrambe le parti.. Dopo questo macello, il re ha dovuto cedere come gli altri. La mia infelice sorella Elisa ha scritto una lettera disperata. I giornali riferiscono che tutti i cadaveri sono stati trascinati davanti al castello, ed il re à stato costretto a guardare le vittime....Qui domina la calma più completa. I nostri buoni bavaresi costituiscono una onorevole eccezione.*

Teodolinda afferma che dei lavoratori stranieri cacciati dalla Francia, si trovavano in marcia verso il Reno, per collaborare con i loro compagni di fede tedeschi. Lei avrebbe mandato alla madre gioielli e documenti, affinché li custodisse in luogo sicuro, e le chiese di accogliere eventualmente le sue figlie. Lei stessa avrebbe resistito possibilmente a lungo a Stoccarda. Il comportamento della popolazione di Hechingen aveva tolto al suo principe il piacere della propria funzione, così che in agosto egli si ritirò, almeno provvisoriamente, nel castello materno in Slesia. La bavarese Adelgonda dovette fuggire con suo marito Francesco V, da Modena a Verona. Alla fine di marzo giunse una lettera di Giuseppina, nella quale lei scriveva che la plebe marciava contro il castello. Le truppe erano state accolte con lanci di pietre. Al rifiuto di consegnare le armi, si fece fuoco. Il re salì a cavallo con i suoi figli. Gli riuscì anche, con esortazioni, di ottenere una calma transitoria. L'insurrezione era stata organizzata con denaro dall'esterno.

Il nuovo re di Baviera fece rinforzare le guarnigioni delle fortezze di Landau e Gemersheim e fece quanto poteva per mettere in efficienza l'armata, piuttosto trascurata dal padre. La Dieta federale a Francoforte mise il 7° ed 8° corpo federale sotto il comando del principe bavarese Carlo, contro un'eventuale ingresso francese e contro i rivoluzionari nella Germania del sud. Il 9 aprile il re presenziò la sfilata della guardia nazionale e degli studenti davanti al Palazzo. Si sentiva parlare molto di un Parlamento tedesco, *ma nessuno sa cosa ne verrà fuori.* Nondimeno, in Baviera andava ancora bene, fino al Palatinato, che prendeva parte alla sommossa nel Baden, dove entrarono truppe prussiane e federali.

Il mattino del 27 aprile la duchessa fu portata alla Residenza, poiché la regina Maria era in travaglio. L'infelice futuro re Otto di Baviera affrettò a tal punto la sua nascita, che lei già all'ingresso ne riconobbe la voce. Egli è robusto, ma non quanto lo era il primo, e più piccolo. Il re Max disse con le lacrime agli occhi: " Ora ho finalmente ancora un po' di gioia, dopo così infinite preoccupazioni…" L'ex re Luigi mostrò di essere molto felice. Il battesimo nella sala del trono il giorno dopo, fu molto solenne e con grande corteo. Il battezzando fu portato dalla prima maitresse générale, mentre quattro gentiluomini di camera sostenevano gli angoli del lenzuolo di pizzo. A parte i ministri, il corpo diplomatico, dei ranghi militari superiori, erano presenti anche membri delle due Camere. L'arcivescovo battezzò il bambino con i nomi di Otto Leopoldo Guglielmo Adalberto Valdemaro. I due futuri re Luigi II e III, erano commoventi con le loro candele.

Alcuni giorni dopo, una notizia della sorella Carlotta, che la Famiglia imperiale aveva dovuto lasciare la capitale. Essa scrisse il 19, da Salisburgo, che si era dovuto intraprendere la partenza con un sotterfugio, poiché ci si doveva aspettare che la guardia nazionale si sarebbe opposta. Ella aveva visto come quella si era radunata sotto le sue finestre, evidentemente per proteggere il monumento del defunto imperatore. Poi si era introdotta nella fortezza, per richiedere ai ministri una concessione dietro l'altra, fra cui che le truppe potessero essere impiegate solamente su suo incarico.

Il re Luigi non riusciva più a sentirsi a suo agio nel suo nuovo ruolo. Quando dalle stanze del re guardò la processione del Corpus Domini, disse a sua sorella Augusta, con gli occhi umidi di lacrime: "Mi sento come se fossi morto e vedo come va dopo la morte". Si debbono ammirare il suo coraggio e la sua forza, ma lui ne soffre e noi tutti con lui.

Giorni dopo giunse la sconvolgente notizia che la principessa elettrice vedova, Leopoldina, aveva avuto un infortunio mortale nella sua carrozza, in viaggio verso Vienna, nelle vicinanze di Wasserburg sull'Inn. La sua morte improvvisa lasciò un gran vuoto anche in Augusta, la quale le era molto attaccata sin dalla sua fanciullezza.

Amelia si stabilì a Stein. Sua madre osservò ad Ismaning, che ci si aspettava molto dalla nomina dell'arciduca Giovanni a reggente dell'impero, tuttavia il Parlamento repubblicano non lo avrebbe lasciato agire come voleva. I sovrani non avevano più nulla da dire. Poiché tuttavia c'era mancanza di teste di prim'ordine, si diceva: se vivessero ancora l'imperatore Napoleone ed il principe Eugenio! Essi potrebbero ristabilire la pace e l'ordine, poiché si poteva contare su di loro. Questi potevano dirsi fortunati di non dover soffrire di più. Lei si preoccupava per Max, poiché a Pietroburgo imperversava il colera ed egli entrava nei diversi ospedali. In agosto lei si recò nuovamente dal fratello Luigi a Berchtesgaden. Già nel giorno dell'arrivo a Berchtesgaden, andò a Salisburgo con Luigi, Teresa, Adalberto ed Alessandra, in visita alle sorelle Carlotta e Sofia. Lì incontrò, con stupore, l'arciduca Alberto. Egli era venuto, per vedere sua moglie, dal teatro di guerra italiano, dove era stata conchiusa una tregua, dopo la vittoria di Radetzki sui piemontesi presso Custoza, e la riconquista di Milano.

Augusta si separò dolorosamente dal fratello, per stare vicina a Teodolinda, a Stoccarda, per il parto. Il re Luigi notò che sua sorella, alla partenza, piangeva.   La casa di Teodolinda a Stoccarda le parve più bella. Il genero era presso l'armata ad Holstein. I membri della Casa reale del Württemberg si dimostrarono ancora notevolmente premurosi. Il 13 settembre Teodolinda mise molto coraggiosamente al mondo una terza bambina, che fu battezzata con i nomi Eugenia Amelia Augusta Guglielmina Teodolinda. La sorella Amelia era madrina e la nonna la rappresentava. Il re del Wűrttenberg parlò per quasi un'ora con Augusta sugli inquietanti avvenimenti nel mondo. Il giorno dopo si acclamò alla repubblica in un assembramento di popolo a Cannstadt, e solamente le sue decise contromisure riuscirono a farlo cessare.

Il principe Paolo, padre della granduchessa Elena, le raccontò che suo nipote Luigi aveva ora un gran seguito in Francia, ed era diventato delegato dell'Assemblea Nazionale a Parigi. Egli poteva anche raggiungere una posizione più elevata, ma non aveva sufficiente ingegno, talento ed energia, per affermarsi. Era circondato solamente da persone mediocri che lo rovinavano completamente. *Tutto ciò lo so da molto tempo.* L'atteggiamento della duchessa nei confronti del comportamento di suo nipote Luigi Napoleone risulta dalla sua risposta, inserita nel suo diario, ad una domanda del generale Planat de la Faye, se lei avrebbe mantenuto corretto il suo legame con questo nipote. *Fino a che egli era in prigionia ed infelice, mi sono esposta più di una volta presso Luigi Filippo, per ottenere un miglioramento della sua triste condizione;   io infatti non ho dimenticato, nonostante che lui sia andato molto lontano con le sue colpe, che egli è il nipote dell'imperatore Napoleone e del principe Eugenio. Non appena però lui è stato libero, non ho più voluto avere rapporti con un uomo, i cui principi sono così contrari ai nobili sentimenti del principe Eugenio come pure ai miei ed a quelli dei miei figli....Inoltre egli voleva coinvolgermi nei suoi intrighi, quando ero per l'ultima volta ad Arenenberg presso sua madre morente. Egli evidentemente non ha avuto successo, ma io l'ho conosciuto profondamente ed ho compreso che un uomo con una così alta considerazione di se stesso da credersi superiore all'imperatore Napoleone ed al principe Eugenio, non avrebbe mai ottenuto qualcosa di buono, tanto più con torbide macchinazioni ed intrighi. Io sono ancora di questa opinione su di lui, a meno che non sia totalmente cambiato, cosa che desidererei ma che non credo, poiché egli si è ancora circondato di soggetti poco raccomandabili. Questo l'ho appreso da diverse persone venute da Londra. Sono convinta che coloro che adesso lo incoraggiano, lo fanno solamente per interesse personale, poiché con ciò sperano di raggiungere più facilmente i loro scopi. Ciò che il principe Eugenio aveva già predetto nel 1814, quando lesse il primo proclama dei sovrani quando avevano ratificato l'insurrezione popolare contro di noi, si è verificato spaventosamente. Chi avrebbe mai pensato che trentaquattro anni di pace non avrebbero portato ad altro, che a far maturare agitazioni e disordini, come sono ora all'ordine del giorno e che distruggono tutto!*

Le notizie dall'Ungheria e dall'Austria erano molto inquietanti. Un reggimento si era rifiutato di marciare contro gli ungheresi che si sollevavano sotto Kossuth, e si erano aggiunti la guardia nazionale, gli studenti ed il popolo. All'arsenale si era fatto fuoco. Il vecchio ministro della guerra conte Latour, che si era nascosto nel suo ministero, era stato bestialmente assassinato e gettato dalla finestra. La sorella Carlotta scriveva da Salisburgo, che il generale Jellačič era in marcia verso Vienna per ristabilire l'ordine.

Augusta, che era andata da Stoccarda a Stein, non vi trovò pace. Si recò a metà ottobre a Salisburgo dalla sorella. Se Jellačič non fosse riuscito a prevalere, tutto sarebbe stato perduto. Vienna sarebbe stata governata dagli studenti e dal popolo. Si venne a sapere che l'imperatore con i più stretti familiari, si recava ad Olmütz. L'arciduchessa Sofia, più energica della sua sorellastra Carlotta, solamente devota a Dio, era d'accordo con l'arciduca Giovanni, che il compassionevole imperatore Ferdinando in queste congiunture non era più accettabile e che suo marito Francesco Carlo doveva ritirarsi in favore di suo figlio Francesco Giuseppe, alla soglia dei diciotto anni. Nella sua lettera di congratulazione a Sofia, per l'ingresso del feldmaresciallo principe Windischgrätz a Vienna, la duchessa si culla nella falsa speranza che la tempesta fosse passata. La sorella doveva preoccuparsi, osservò ancora, di abbandonare le istituzioni antiquate. *Ora non si può riportare il popolo alle vecchie idee. Ci si deve abbandonare ai tempi e salvare dal naufragio quanto è possibile.*

Nel frattempo a Vienna si giunse a nuove sollevazioni, alle notizie di avvicinamento degli ungheresi. Non era stato facile tenere a freno i cittadini e gli studenti eccitati, notò la duchessa, e aggiunse che a metà novembre anche Berlino non era ancora tranquilla. A Francoforte i repubblicani si erano rivoltati contro la fucilazione di Roberto Blum che aveva scatenato la rivoluzione a Vienna. Essi volevano anche allestire un annuncio funebre per lui.

Anche il Papa fu minacciato e costretto a concessioni, dopo che il suo ministro delle finanze conte Rossi, aveva ricevuto un colpo di stiletto nel collo. Poiché il Papa non voleva farsi convincere ad accettare un successore, fu tenuto sotto il fuoco per un'ora nel Quirinale. Se potesse lasciare Roma!– Questo desiderio si realizzò e proprio grazie il rilevante aiuto dell'ambasciatore bavarese a Roma, conte Spaur, il quale lo portò con la sua carrozza fuori dalla città, al molo di Gaeta, alla frontiera napoletana. Un corriere annunciò al re bavarese, attraverso la Spagna, il successo della fuga del Papa. La storica carrozza si trova nel museo delle scuderie a Nymphenburg.

Il fratello Carlo andò a Berlino, ufficialmente per le nozze d'argento della coppia reale, ufficiosamente per vedere che cosa accadeva là. Egli ritornò con notizie generalmente buone. Sua sorella Augusta trovò la costituzione prussiana troppo ampia. *Non si può comprendere il carattere del re di Prussia, egli conta ancora di diventare imperatore della Germania attraverso la volontà del popolo.*

All'inizio di dicembre un generale austriaco portò al re la notizia della rinuncia al trono dell'imperatore Ferdinando e della nomina del giovane Francesco Giuseppe a suo successore. L'imperatore Ferdinando e l'imperatrice Anna si erano recati a Praga, l'arciduchessa Sofia rimaneva per il momento con la famiglia ad Olmütz.

Poco prima di Natale Augusta apprese della nomina del suo sottovalutato nipote Luigi, a presidente della repubblica francese. Ciò non accadde né per simpatia, né per grande apprezzamento, ma perché molti speravano, in questa maniera, di raggiungere i loro scopi. I bonapartisti avrebbero dato il loro voto per il suo nome. I legittimisti volevano il duca di Bordeaux ed i repubblicani speravano di appagare i loro desideri attraverso di lui. Egli era abbastanza adulto con i suoi quarant'anni, quindi il suo grande orgoglio e la sua presunzione produssero i loro ingombranti effetti. Come sua madre, si era sempre circondato di cattivi soggetti.

Augusta chiuse il suo diario di quest'anno, con l'osservazione che non ci si poteva rallegrare delle novità. Ci si doveva armare di forza e rassegnazione. *Il governo di qui è molto debole e la Baviera dovrà anche questa volta contare le pentole rotte.* Le camere dei deputati riunite, avevano una maggioranza orientata a sinistra. Il suo cuore bavarese si ribellò, quando lei seppe che questa maggioranza voleva fare della Baviera una provincia di un futuro impero. Al contrario, le notizie dall'Ungheria erano migliori, Windischgrätz era entrato a Budapest e Kossuth era fuggito. Lei credeva che questa sarebbe stata la fine della rivoluzione, ne era invece solo l'inizio.

Ancor più della politica, atterrì tuttavia la duchessa una lettera di sua nuora   da San Pietroburgo, della fine di gennaio, con la notizia che Max aveva superato un grave attacco di morbillo, ma che era ancora molto debole. Si era inizialmente temuto che si trattasse di vaiolo ed egli da tempo si era lamentato di esaurimento nervoso e depressione. Il suo medico era convinto che lui si sarebbe ristabilito completamente. Secondo i ricordi del dr. Mandt, egli sarebbe stato già allora dato per spacciato dai medici. *A causa della sua vita faticosa la sua giovinezza è passata prima del tempo....Io non posso far altro per lui, che pregare.* Scrisse la Madre. Presto lui riuscì di nuovo a scrivere, ma doveva ammettere di essere ancora debole e molto dimagrito. Anche Mary ed i bambini avevano avuto il morbillo.   Il medico personale di Max, dr. Fischer, raccomandò alla duchessa di darsi da fare affinché lui potesse fare la convalescenza fuori dalla città. Si trattava di una convalescenza molto lunga, poiché lui aveva avuto il morbillo dopo una febbre molto alta durata quattordici giorni. Essa scrisse immediatamente   allo zar pregandolo di inviarlo da lei. In Baviera egli sarebbe migliorato, così da poter riprendere il suo servizio, anche se non avrebbe mai recuperato la primitiva brillante salute. Egli non sapeva nulla di questa lettera, perché non l'avrebbe mai approvata. Lei non avrebbe mai intrapreso questo passo, se non l'avesse considerato l'unico mezzo per il suo recupero. Lo zar rispose che il medico era del parere che le due malattie verificatesi in rapida successione se lo sarebbero invero portato via, ma che non avevano lasciato alcuno strascico salvo un dimagrimento determinato dallo stretto regime dietetico. Egli necessitava solamente di tranquillità e cure. Gli aveva assicurato ampia libertà di decisioni, ma non credeva che ci fossero i motivi per viaggiare. *Il suo cocente desiderio di rivedersi con la madre sarà represso convincendolo che per il momento non sarebbe opportuno per lui, farsi vedere in Germania, dove la Russia, e tutto ciò che a lei si accomuna, è altrettanto deplorevolmente quanto ingiustamente odiato. Max lo sente profondamente ed io posso solamente essere del suo parere. Speriamo, Madame, che il tempo spazzi via tutte le infamie dell'epoca attuale e che Dio abbia pietà e porti migliori condizioni.* Lo zar Nicola si sentiva chiamato, come suo fratello Alessandro, al ristabilimento del vecchio ordinamento. Per questo, mandò delle truppe in Ungheria in aiuto al giovane imperatore Francesco Giuseppe. All'inizio di marzo la dieta ungherese aveva dichiarato decaduta la Casa Asburgo-Lothringen ed aveva chiamato Kossuth come capo supremo. Ad un incontro dei due imperatori a Varsavia fu promesso l'aiuto russo: in giugno i russi dovevano quindi mettersi in marcia oltre i Carpazi ed attraverso la Valacchia e costringere l'Ungheria alla capitolazione insieme agli austriaci.

A fine febbraio la duchessa registrò violente battaglie a Siebenbürgen, proclamazione della repubblica a Roma ed a Firenze. Il 22 marzo l'Austria vinse sui piemontesi a Novara. Il re Carlo Alberto di Sardegna abdicò in favore di suo figlio Vittorio Emanuele, il quale stipulò subito una tregua. Il re Ferdinando delle due Sicilie andò a riprendersi la sua isola ribelle così energicamente, che ricevette il soprannome di re

bomba. Egli si accinse a riportare a Roma da Gaeta il Papa Pio IX, con
l'aiuto dei francesi, austriaci e spagnoli. Anche il granduca di Toscana
ritornò nella sua terra. Nel Palatinato bavarese la rivoluzione continuò
ancora per qualche tempo.

Teodolinda aveva già un cattivo aspetto, quando giunse con le tre
figlie da sua madre. Lei affermò che da quattro settimane aveva la febbre.
Espettorava sangue, aveva violenti dolori al fianco ed al torace. Nonostante
ciò essa in qualche maniera continuava il suo diario. In questo è scritto che
era stata sparsa della paglia davanti al Palazzo, poiché il rumore delle
carrozze la disturbava assai. La Madre era da lei dalle sei del mattino, per
tutto il giorno. Il 10 aprile si ritenne che fosse giunta la sua ultima ora.
Aveva avuto febbre alta per tutta la notte, respiro intermittente e "la morte
sul volto". Gli zii vennero due volte al giorno nel Palazzo. Luigi
diagnosticò "febbre etica" e diede la nipote per persa: Nella notte del 12
deve essersi rotto un ascesso epatico. La febbre cessò. Linda si riprese, ma
così lentamente, che a suo marito, giunto per il suo compleanno, non fu
permesso di vederla.

Augusta era in grandi preoccupazioni anche a causa di Max.
All'inizio di maggio egli aveva scritto che era ritornato da Mosca a
Pietroburgo in più tappe, poiché era ancora molto debole. *L'imperatore gli
ha garantito una vacanza di quattro mesi, ma non lo lascia venire qui a
causa degli eventi politici.*

Il nuovo ministro bavarese von der Pforten le fece un'ottima
impressione. Un battaglione del reggimento del Palatinato, a Speyer, era
passato dalla parte dei ribelli. A Monaco furono raccolte delle truppe sul
campo di Marte, "auprés de Munich". In Sassonia si voleva portare il re ad
arrendersi come quello del Württemberg, ma lui si   mantenne fermo.
Anche la maggior parte delle truppe bavaresi e sassoni si trovava nello
Schleswig-Holstein. La duchessa poté visitare l'accampamento al campo di
Marte con sua figlia nuovamente guarita. I parenti sassoni si erano ritirati
sul Königstein, ed a Dresda entravano le truppe prussiane. Anche la Casa

regnante del Baden dovette lasciare la capitale. *Questo è il destino dei paesi che hanno riconosciuto la costituzione imperiale.* L'arrivo di cose preziose di suo genero Costantino, dimostrava che anche ad Hechingen non si era tranquilli. Il nuovo ambasciatore francese Lefévre consegnò alla duchessa una lettera del suo presidente dal *Elysée National, 2 Mai 1849: è passato molto tempo da quando non ho più avuto l'onore di scrivervi. Ma posso assicurarvi che tutti gli eventi che si sono succeduti non hanno potuto cambiare la mia devozione a voi rivolta sin dalla mia infanzia.*

Tutta l'Europa è in agitazione ed io mi pregio di non evitare alcuno sforzo per pacificare la Francia. La sua pace si farà sentire sul resto d'Europa. Se, come spero, tutto si mette tranquillo, io imploro di poter avere di nuovo la fortuna di rivedervi. Abbiate la bontà di ricordarmi a mio cugino ed alle mie cugine.....Luigi Napoleone B. La sua risposta del 22 maggio, contenuta nel diario, risuonava: *S.A. le Prince Louis Napoléon Président de la République....*che lei si era rallegrata dei suoi sentimenti espressi nella sua lettera. *Volesse Dio che i suoi buoni propositi fossero coronati da successo e che pace, tranquillità ed ordine potessero ritornare in Francia ed in Europa, dove attualmente uno spirito maligno ha la prevalenza.* Lei era commossa che lui la volesse rivedere. Anche lei sarebbe stata felice di esprimergli verbalmente i suoi auguri.

Truppe bavaresi furono inviate ad Hessen e nella Dieta   si giunse ad accesi battibecchi a causa delle aspirazioni all'indipendenza nel Palatinato. Il 1° giugno arrivò il genero Costantino dopo essere partito alle quattro del mattino da Hechingen, poiché lo si voleva prendere in ostaggio.

Max scrisse prima della sua partenza per la sua proprietà di campagna di Sergiewka, che si voleva riposare un poco là, e poi andarsi a curare a Fall presso Reval. Tuttavia l'8 giugno giunse una lettera di Mary a sua suocera che provocò nuova costernazione nel Palazzo. Max era così gravemente ammalato, che solamente il trasferimento in un clima mite avrebbe potuto salvarlo. *Io non potei leggere oltre, mi si bloccò il respiro e non riuscii più a calmarmi.* La successiva lettera con il bollettino medico suonava un poco meglio. Lui non aveva più febbre, tossiva meno e riprendeva peso. I tubercoli erano situati solamente nell'apice polmonare destro e potevano essere guariti con cure appropriate. Tuttavia, per prudenza, egli doveva essere portato a Madeira, per tenerlo lontano da Pietroburgo e dai suoi obblighi. Lui stesso non sapeva ancora nulla di questo piano. I giornali annunciarono che il duca di Leuchtenberg aveva una malattia inguaribile, ma Mary scrisse che i medici russi si erano sbagliati nella loro diagnosi. Anche Augusta si afferrò a questo raggio di speranza   e celebrò un poco meno preoccupata il suo sessantunesimo compleanno, assieme alla coppia Roux, a Tegernsee, dal fratello Carlo. Questo aveva lettere da Mustard che confermava il miglioramento. Lo zar, di propria iniziativa aveva messo a disposizione per il viaggio una fregata da guerra ed una nave a vapore   ed aveva disposto che fossero pagati al genero 100.000 franchi al mese, *così che non debba preoccuparsi personalmente delle spese, qualora, come previsto, mia figlia lo accompagni a Madera con i figli*. Sicuramente lo zar avrebbe visto con favore che la famiglia lo accompagnasse, poiché, secondo il dr. Mandt, aveva sofferto molto negli ultimi anni della sua vita, per il fatto che nel matrimonio di sua figlia non vi era più armonia.   Max viaggiò seguito da due aiutanti, il dr. Fischer ed da monsieur e madame Mussard. Una seconda nave seguiva la fregata. Egli passò due giorni con Giuseppina in Svezia. Questa scrisse che lui, dopo i cinque anni in cui lei non lo aveva più visto, sembrava piuttosto invecchiato, ma era allegro come prima.. Il 6 agosto egli volle proseguire il viaggio. Roux passò sei giorni con il suo sovrano a Londra e lo accompagnò alla nave a Southampton. Poi tranquillizzò un poco Teodolinda a Ostenda e la Madre ad Ismaning. Lui sembrava notevolmente migliorato rispetto al suo ultimo soggiorno a Monaco, e neppure era così spaventosamente magro. Il medico lo aveva assicurato che questo viaggio era stato intrapreso solamente per prudenza, poiché Nizza non era in questione nelle tensioni politiche. Augusta notò che se il viaggio non fosse stato così lungo, si sarebbe messa subito sulla strada, per passare l'inverno con il figlio. Lei temeva che lui avrebbe sofferto di nostalgia, se avesse potuto ricevere notizie solo due volte al

mese. L'ambasciatore russo a Londra – che poi gli farà visita a Madera -
era un uomo affascinante. Max aveva visto tutto quello che era possibile
vedere in così breve tempo, senza affaticarsi. Il 25 egli scrisse a
Teodolinda che era arrivato bene a Madera e che aveva dovuto sottoporsi
ad otto giorni di quarantena. Gli si era affittata la Quinta de las Angustias
fuori Funchal, con vista sulla città e sul mare, che un tempo era stata
abitata dalla vedova del re Guglielmo IV d'Inghilterra, una principessa di
Sassonia-Meiningen.   Max migliorò a tal punto, che la Madre poté
passare gli ultimi due anni della sua vita credendo che fosse guarito. Poiché
anche le tensioni politiche si erano attenuate, passarono per lei
generalmente sereni. La duchessa poté godere serenamente il suo
soggiorno autunnale a Berchtesgaden dal fratello Luigi. Passò di nuovo
una notte a Stein dalla sua "fille imperiale". A Berchtesgaden attendevano
le sorelle Carlotta e Sofia, venute da Salisburgo appositamente per vederla.

A metà settembre giunse la regina Amelia di Grecia. Lei aveva
mantenuto il suo bel colorito, ma non era più così graziosa, costatò la
duchessa. Il giorno dopo venne a Salisburgo anche il re Otto. In occasione
di una gita dalla Wimbachtal ad una casa di caccia situata in alto, la regina
andò a cavallo con le sue Dame greche ed Augusta. La regina Teresa si
fece trasportare ed i gentiluomini andavano a piedi. La regina Amelia si
trovava a suo agio sulla sella. *Si vede che è abituata a fare delle cavalcate
di due settimane.* Un'altra volta si incontrarono a Salisburgo l'imperatrice
madre Sofia con il suo arciduca, i quali erano in viaggio verso
Schönnbrunn per un incontro con Radetzki. A Salisburgo   fecero visita
anche alla coppia imperiale ritiratasi. Il fratello Luigi era di malumore
poiché da Berchtesgaden doveva trasferirsi nel Palazzo Wittelsbach.
Augusta passò la prima metà di ottobre a Stein dalle Amelie (l'imperatrice
del Brasile e sua figlia). Max scrisse che il primo mese a Madera gli aveva
fatto visibilmente bene. Sperava di ritornare grasso e robusto. Aveva fatto
una gita di quattro giorni nel nord dell'isola ed era salito a piedi su di un
monte di 5000 piedi, senza stancarsi. *A causa delle angustie e delle
emozioni di quest'anno, sono terribilmente dimagrita,* notò la Madre.

In questo autunno il genero Costantino concepì la decisione di rinunciare al governo del suo principato, per trasferirsi felicemente come privato nei suoi possedimenti della Slesia. Il 1° ottobre scrisse al suo reale cognato in Svezia e gli chiese il consiglio se dovesse rinunciare a favore del principe di Sigmaringen o del re di Prussia. La risposta fu vaga. Poiché il principe di Hohenzollern-Sigmaringen trasferì poco dopo il suo territorio al re di Prussia, a quello di Hechingen non rimase altra scelta. Il re Luigi I di Baviera se ne rammaricò: *Mi dispiace che l'Hohenzollern abbia ceduto il suo territorio alla Prussia, così a parte l'Austria, la Baviera il re di Sassonia, gli unici sovrani cattolici, così anche questo ha smesso di esserlo e contemporaneamente la Prussia è giunta nella Germania del sud.* Il principe Costantino sposò nell'anno successivo la baronessa Schenk von Geyern, la quale ricevette il titolo di contessa von Rothenburg e mise al mondo due figli ed una figlia.

La prima visita al Palazzo Wittelsbach fu spiacevole per la duchessa- *Fu per me una spiacevole sensazione quando entrai in questa nuova abitazione, che sembra un castello incantato....Il re Luigi è ammirevole...Egli si controlla a tal punto che nessuno si accorge quanto lui soffra per il cambiamento di abitazione.* Il re Max non si era ancora trasferito nella stanza   paterna a Nymphenburg.

L'altro Max scrisse da Madera che poteva nuovamente cavalcare e che il   polmone affetto era guarito. La zarina, meno ottimista, riferì che dopo il suo ritorno sarebbe stato trattato con cura e sollevato dal suo comando militare. *Noi speriamo in Dio che la guarigione del nostro caro Max sia totale.*

Per il diciottesimo compleanno della nipote Amelia, tutta la Famiglia bavarese arrivò con regali. La granduchessa Mary partorì a Natale un altro figlio, che ricevette il nome di Sergio. Il poliziotto militare con la notizia, arrivò proprio per San Silvestro, e la duchessa mostrò più gioia di quanto realmente provasse. Sino a che lo zar Nicola fosse vissuto, la posizione di suo figlio sarebbe stata sicuramente eccellente,   *ma che cosa ne sarà di lui e dei suoi figli, i quali non hanno più una vera patria e che sono di fede greca. In terzo luogo essi avranno appena di che vivere, tanto più che sono abituati al lusso orientale, ed a stento sono educati come io ho fatto con i miei figli. Essi non avranno nulla dei Leuchtenberg e non apprenderanno nulla della fama della nostra Famiglia... Tutto ciò che ho fatto durante la mia tutela, per costruire il patrimonio e l'esistenza politica della Famiglia, andrà perduto, non appena mio figlio non viva più; con lui si spegnerà contemporaneamente la Famiglia.*

Il 10 gennaio giunse nella cappella di casa il cuore di Eugenia. *Poiché il Paese è stato ceduto alla Prussia, non voglio che rimanga ad Hechingen. E' sufficiente che lei sia sepolta là. Questo prezioso cuore sarà riunito con quelli di mio marito, di mia figlia Carolina e di mio figlio Augusto....la sola cosa che mi rimane di loro. Neanche la morte mi riunirà con i miei figli. Saremo tutti sepolti in diversi Paesi.*

Nel suo anniversario di matrimonio, lei notò: *Allora, il futuro sembrava bellissimo. Comunque, all'inizio ero felice solamente perché avevo potuto dimostrare a mio padre quanto amassi lui, la mia Famiglia e la Baviera.... Solo quando conobbi le belle, buone e brillanti qualità di Eugenio, mi ritenni felice di essere sua moglie.... Io lo amai talmente dal fondo della mia anima, che non fui gelosa quando mi accorsi che lui onorava un'altra donna, ed ero solamente afflitta che qualcuno lo criticasse in qualche cosa. Non era vero che lui non lo avesse mai saputo, poiché con ciò non avrebbe mai riconosciuto la mia bontà nella sua completezza. Egli mi aveva sicuramente dato la sua completa fiducia.*

Sebbene lei fosse tutto meno che di umore festoso, partecipò ad alcuni balli per amore di sua nipote Amelia. La bella e riservata ragazza aveva gran successo nella società. Quando la regina Teresa la chiese per suo figlio Adalberto, fece nuovamente fiasco. Amelia disse che aveva altri progetti, e Teresa tornò a casa piangendo. *Noi genitori avevamo desiderato molto questo matrimonio ed altrettanto Adalberto.* Anche il futuro re Alberto di Sassonia fu rifiutato. Era ancora incerto se la madre già allora avesse in mente il futuro imperatore del Messico o suo fratello maggiore Francesco Giuseppe.

In novembre era morto giovane lo scultore Luigi von Schwanthaler. La duchessa era commossa, *che la morte di questo grande Maestro sia intervenuta già all'età di quarantasei anni. La sola Bavaria rende immortale il suo nome.* Secondo il re Luigi, il suo ultimo lavoro era anche il migliore: i piccoli modelli per i bassorilievi dei Propilei, progettati in onore di suo figlio Otto di Grecia. Il precedente pittore di battaglie di Eugenio, Alberto Adam dipinse la sua famosa battaglia di Novara, ed i paesaggi di Rottmann furono appesi nella nuova pinacoteca.

Max rimase a Funchtal fino a giugno, approdò in Olanda, andò a Stoccarda e da lì, con Linda a Monaco. Alla stazione di Stoccarda si gettarono reciprocamente fra le braccia. *Egli è più sviluppato, la sua voce è chiara e non tossisce.* I due fratelli restarono tre giorni insieme a Stoccarda. I due aiutanti principeschi e Mussard lo accompagnavano. La coppia dei fratelli fu attesa alla nuova stazione di Monaco dalla Madre e dalla sorella Amelia. Il suo aspetto provocò una gran gioia e false speranze. Egli rimase oltre tre settimane. Il re Luigi invitò gli abitanti del Palazzo Leuchtenberg a pranzo, prima della sua partenza per Salisburgo. La giovane regina venne da Nymphenburg a cena da Max. Il 15 luglio, giorno della partenza, essendoci bel tempo, si era fuori ad Ismaning. La sera fu commovente, come se si fosse intuito che sarebbe stata l'ultima insieme alla Madre. Il giorno dopo verso le cinque del mattino Max si accomiatò da Amelia. La Madre e Teodolinda andarono con lui fino ad Augsburg, con la ferrovia, Max proseguì in due giorni fino ad Eichstätt. Dopo il ritorno, a Linda il Palazzo parve abbandonato. *Il tavolo piccolo, eravamo solamente in dieci invece che in diciotto.* Tutti si sentirono indisposti nei giorni successivi. Alla Madre furono nuovamente applicate le sanguisughe, e Teodolinda soffrì di mancanza di fiato. Lei poco dopo partì per Friedrichshafen e Wolfsberg, e tre settimane dopo Amelia ritornò in Portogallo passando per Ostenda.

Quando Teodolinda si recò, con grande difficoltà, dal lago di Costanza a Kirchheim, per rivedere Amelia al suo passaggio, non fu salutata così calorosamente come si era aspettata. *Lei non mi ha capito,* notò tristemente. Sembra che avesse un vecchio amore per il lago di Costanza. Poi andò in pellegrinaggio ad Arenenberg e ad Eugensberg, e scoppiò in lacrime alla vista dei quadri di famiglia. Fece anche visita alla Famiglia Leopoldo nella sua nuova residenza estiva di Amsee presso Lindau, e ritornò in settembre a Stoccarda.

La piccola Amelia questa volta si separò con particolare dolora dalla nonna. Fu una fortuna per questa ragazza intendersi così bene con la sua nuova Dama di Corte, baronessa Carolina von Stengel, di appena ventotto anni. Entrambe amavano la musica, suonavano bene il pianoforte, erano padrone di diverse lingue ed avevano inoltre molti altri interessi in comune. La baronessa Stengel restò sgomenta per la fredda eleganza del grande Palazzo Pombal, come risulta dalle sue lettere. La stretta etichetta causava la completa separazione dal mondo. La regina e figliastra Maria da Gloria, che era già divenuta molto grassa, viveva con il marito e la sua schiera di figli nel castello Necessidades.

La Madre Augusta, dopo la partenza dei suoi figli, si sentiva sempre più sola nel Palazzo Leuchtenberg. Verisimilmente fu ancora una volta a Berchtesgaden da suo fratello Luigi, con sicurezza dalla sorella Carlotta a Salisburgo, e non fu a Monaco quando il vecchio re il 9 ottobre inaugurò la Bavaria e quando consegnò in dono alla città l'arco della vittoria. All'inizio di novembre le nuove lanterne a gas a Monaco, costituirono una grande novità tecnica.

Il 1° aprile la duchessa riprese le sue annotazioni nel diario. Esse terminano il 27 aprile 1851. La regina Giuseppina di Svezia vi ha scritto sopra: "ultima pagina del giornale di mia madre, duchessa vedova di Leuchtenberg".

Per prima cosa Augusta aveva registrato che suo fratello Luigi era partito per l'Italia con Adalberto ed il conte Pocci.

Il 6 scrive che il figlio l'aveva invitata ancora insistentemente a San Pietroburgo, ma non voleva andarci, ma neanche offenderlo. Ancora una volta si evidenzia la sua grande angoscia: *I bambini considerano come propria solamente la famiglia imperiale, e la Russia come la loro Patria. Ma essi non appartengono alla Famiglia imperiale, né la Russia è la terra paterna. Essi non sanno nulla del loro nonno, il principe Eugenio, che ha costruito la nostra fama, e sono di religione greca. Se io andassi in Russia dovrei constatare a vista ciò che so troppo bene, cioè che la Famiglia del principe Eugenio non esisterà più dopo la morte di mio figlio Max. I suoi nipoti diverranno solo semplici sudditi russi. Quale tragico destino, per la Famiglia del principe Eugenio, il solo ad essere uscito con fama ed onore dal crollo dell'imperatore Napoleone.*

La successiva registrazione l'11 aprile: *sto molto male e temo di prendere l'influenza. Qui è già caldo come in estate e vi è tempo eccellente.*

Teodolinda da parte sua, notò a Stoccarda il 15, che ad una sua richiesta telegrafica di notizie a Monaco, aveva ricevuto la risposta che la madre giaceva a letto con l'influenza.

Augusta, il 20, si credeva nuovamente guarita: *ho avuto una grave influenza con febbre. Tutta la malattia si è scatenata sulla testa…. Ora non ho più dolori, ma una gran debolezza. Avevo una specie di infiammazione alle mucose del naso e della fronte, ma non ho tossito…. Mio fratello Carlo e mia nipote Augusta mi vengono a trovare tutti i giorni. Per qualche istante vedo anche le mie Dame, quando ritornano dalla Messa, ma per il resto della giornata sono completamente sola; è meglio, così non sono di peso a nessuno. Poiché so anche che le mie Dame riferiscono tutto quello che dico, debbo misurare ogni parola prima di pronunciarla, cosa che è assai penosa. La mia "maitresse generale" nei cui confronti questa prudenza sarebbe inutile, è talmente sorda che né mi sente, né mi capisce.*

*Io da sola sono del tutto contenta, mi tengo occupata tutto il giorno e non
mi annoio mai.*

Il 25, lei poté recitare le preghiere pasquali nella sua cappella di
casa. Scese faticosamente le scale. Il suo corpo era diventato come di
piombo e le faceva male dappertutto. Lei considerava ciò come uno
strascico dell'influenza. Suo nipote Otto prese da lei commiato, poiché il
giorno dopo sarebbe partito per la Grecia. Il suo stato di salute, nel mese di
assenza dalla Grecia, non era migliorato. Aveva sempre un cattivo aspetto,
triste ed abbattuto. Aveva un cuore veramente buono, ma non le faceva
un'impressione eccellente. *Dio sa che cosa accadrà ancora, poiché l'uomo
propone e Dio dispone. A proposito di questo, ho fatto tristi esperienze.
Quale posizione avrebbe potuto essere più brillante della mia in Italia! Il
futuro dei miei figli era assicurato, nessuna preoccupazione turbava la mia
felicità, fino a quando improvvisamente, per la caduta di Napoleone, non
abbiamo solamente perduto il regno d'Italia, ma anche il nostro titolo, la
fama ed il patrimonio.... L'unica felicità che mi era rimasta, quella
familiare, fu distrutta dalla morte di mio marito. Una tutela spiacevole e
difficile non mi lasciò in pace di giorno né di notte. Dovetti difendere il
patrimonio rimasto ai miei figli contro tutto il mondo e fui sola con i miei
dispiaceri e le mie preoccupazioni... ma Dio ha benedetto le mie premure,
così, alla fine della mia tutela, ho potuto trasmettere a mio figlio maggiore
la sua parte di patrimonio in una situazione molto soddisfacente. Per due
volte giunsi al punto di vedere la Famiglia del principe Eugenio
recuperare il primitivo rango nel mondo. Il Belgio voleva mio figlio
Augusto come re, ma Luigi Filippo non lo volle ed i miei amici quindi si
dileguarono immediatamente. Io non mi lamentai, sopportai con
rassegnazione questo nuovo colpo. L'imperatore Dom Pedro, morente,
aveva disposto, che fosse consegnata a mio figlio Augusto la sua spada,
con la preghiera di proteggere la vedova, la figlia ed il Portogallo. Lui
pensò di dover seguire questo richiamo e si sacrificò sposando la regina
Donha Maria.... Conquistò i cuori di tutti i partiti... Si aveva la più
completa fiducia in lui, ma dopo due mesi la morte lo afferrò all'età di*

ventiquattro anni. Questa terribile perdita riaprì tutte le altre ferite del mio cuore. Mi rimaneva un figlio, ma l'imperatore di Russia lo trattenne con il matrimonio con sua figlia, e pretese che i figli fossero educati nella religione greca e che lui divenisse russo e null'altro che russo. Con ciò ha distrutto le mie ultime speranze e tutto ciò che avevo fatto per il ripristino della Famiglia del principe Eugenio. Io, la sua vedova, che ha sempre mantenuto alto il suo ricordo, debbo vedere tutto questo! Il dolore causatomi con ciò, è inesprimibile. L'imperatore di Russia ha fatto alla mia Famiglia un torto maggiore che non coloro che volevano la sua rovina – sia fatta la volontà di Dio. Che io possa avere la forza di sopportare tutti questi dolori.

Questo fu il bilancio finale della sua vita, e seguono solo poche registrazioni senza importanza, come quella che il 26 lei voleva visitare la regina Teresa che era indisposta, ma che il tempo era troppo cattivo per la sua prima uscita. *Tanto più che non mi sento ancora del tutto bene.* Tuttavia, il giorno dopo lei si recò al Palazzo Wittelsbach. *La mia testa è ancora debole. La città di Traunstein è stata distrutta dal fuoco nella notte dal 25 al 26. Rimangono in piedi solamente poche case e le saline. Oggi il re Max era là e tornerà solo domani.*

Di sotto, dalla mano della regina Giuseppina di Svezia: *Qui si è fermata la penna. La mia povera mamma si è ammalata ai primi di maggio ed è morta, lontano dai suoi figli, il 13 maggio 1851 alle tre del pomeriggio! Circondata da suo fratello Carlo, le sue nipoti ed i suoi nipoti, pianta e compianta da tutti!! Lei ha finito di soffrire e riceverà il compenso per la sua devozione, la sua rassegnazione ed insuperabile pazienza. Giuseppina.*

Teodolinda osservò il 29 aprile a Stoccarda, che sua madre stava male ed era tormentata dall'idea fissa di non riuscire a terminare un lavoro di cucito per la chiesa. *Pranzo da Olga in gala per il compleanno della zarina. Io sono triste, ho dei presentimenti.*

9 maggio: *voglia Dio che Maman non si ammali.*

11 maggio: *Si parla della costruzione di una ferrovia da Ulm ad Augsburg, ma sarà pronta solamente fra due anni.* Al ritorno dall'opera, trovò una lettera del barone Zoller, che la Madre aveva una polmonite e che le erano state applicate le sanguisughe. Ma non c'era alcun pericolo. *Su questo non sono d'accordo, partirò domani.*

Ad una richiesta telegrafica, il giorno dopo venne la risposta che andava abbastanza bene e che lei avrebbe visto volentieri Linda, se fosse stata meno debole... *Io sono disperata...* in due lettere si parlò di salasso... *Alle 7 un dispaccio, che Maman mi desidera lì...* Lei ordina subito carrozza e cavalli, durante la notte prepara i bagagli. Prende con se la sua Dama e Guglielmo le segue sino ad Ulm. Arrivò troppo tardi, come una volta da Eugenia.

Il principe Leopoldo riferì a suo padre a Roma, che il dr. Wurm aveva diagnosticato una polmonite, ma aveva dichiarato che non vi era pericolo di vita, così che la coppia Leopoldo aveva partecipato l'11 maggio all'*equipaggiamento della nave a vapore sul Würmsee.* Anche il 12, Wurm ed il dr. Graf chiamato a consulto, non avevano ancora visto alcun pericolo di vita, nonostante la gravità della malattia, ma durante la notte del 13 la situazione si aggravò a tal punto che si dovette far conto sulla fine. La polmonite era regredita ma *la malattia si era trasferita al vecchio mal di testa della cara zia.* Leopoldo si recò subito con sua moglie al Palazzo Leuchtenberg, dove si ritrovarono anche gli altri Wittelsbach presenti. La vista era compassionevolmente commovente. I medici affermarono che lei non era cosciente. Durante la notte, il vecchio prelato Reindl le aveva amministrato il sacramento dei moribondi e pregava durante l'agonia. Alle tre e un quarto lei si addormentò dolcemente, senza aver ripreso coscienza. *I suoi lineamenti si abbellirono e ringiovanirono nella morte.*

Teodolinda nota che era stata accolta ad Augsburg dal dr. May e portata alla ferrovia. *Egli disse che mia madre era molto ammalata, e*

vedendo le mie lacrime, mi disse la tremenda verità. Arrivo troppo tardi.
Quale dolore, quale infelicità! A Nannhofen mi abbracciò la buona
Augusta-Leopoldo e mi raccontò tutti i particolari. Alla stazione a
Monaco, aspettavano la regina Maria, la zia Luisa, i cugini…. Mi si portò
al Palazzo – tutti in lacrime. La mia buona, eccellente Madre giaceva nella
sua stanza da letto, fredda, bella.

Teodolinda rimase il giorno dopo dalle sei del mattino sino a notte inoltrata presso il letto di morte, pregò e scrisse alle sorelle. Altrettanto il giorno seguente, interrotta solamente da una Messa in casa, sino all'inizio dell'autopsia alle tre. Teodolinda passò nella sua stanza una notte terribile, sentiva parlare nella stanza sottostante. Quando di primo mattino ritornò di sotto, la morta era stata vestita dalla sua gente, in velluto nero con l'ermellino. Tutti gli altri dormivano. La deposizione nella bara fu fatta nella sala blu . Al posto del divano era stato allestito un altare, tutto velato di nero, un mare di fiori da Ismaning. Con l'imbalsamazione i lineamenti si erano alterati. Dalle otto alle dodici furono celebrate della Messe,. Le sue Dame ed i gentiluomini si sostituirono nella veglia funebre. Perfino i corazzieri pingevano.   Zoller era commosso come un figlio. Masse di gente andavano e venivano, singhiozzando. Anche durante la notte del 17 una Dama ed un gentiluomo restarono inginocchiati presso la bara. Poi si radunarono il clero, i ministri, le cariche di Corte, i principi. La morta giaceva nel feretro nella sua cappella. Teodolinda le mise in mano una corona. Per la benedizione, la cappella non poteva tenere lontana la gente. Suono di campane, salve di saluto dei cannoni. Al trasferimento a San Michele andarono solamente gli uomini. Nella cripta, il feretro di Eugenio Behauarnais dovette essere un poco spostato di lato per potervi mettere a fianco quella della moglie.

"Rien, plus rien", scrisse Teodolinda il 18 nel suo diario. Alcuni giorni dopo le si recò ad Ismaning con le Dame Sandizell, Aretin e Zoller, passò per tutti i giardini, per tutti i luoghi *dove fummo così felici. Io mi separai da quei posti. Sa Dio quando potrò ritornare.*

Tutti i dipendenti piangevano quando lei il giorno dopo scese le scale per fare ritorno a Stoccarda.

Il fratello Luigi pianse nella sua villa Malta a Roma, quando Pocci gli portò la notizia della morte.

Giuseppina trovò con ragione, che un viaggio a Monaco per regolare l'eredità, sarebbe stato troppo faticoso per Max. Anche perché *a Monaco non abbiamo più che tombe ed una casa paterna vuota ed abbandonata.* Nonostante ciò, si rallegrò con Teodolinda, per il fatto che lui volesse venire. In risposta alla dichiarazione di Mary che lui non sarebbe stato in grado di viaggiare prima di settembre, lei scrisse al fratello che non c'era fretta per l'apertura del testamento. Lei aveva fatto celebrare una Messa funebre nella sua piccola cappella, assieme alla suocera Desirée. Da lettere di Teodolinda e della regina Maria risultava che il corpo della Madre fino ad una malattia cronica nel cervello, che aveva anche causato il colpo apoplettico, era completamente sano.   Lei aveva invitato Teodolinda con i suoi figli in Svezia. Max poteva anche venire ed andare poi assieme lei a Monaco. Così lui non avrebbe dovuto avere davanti agli occhi, da solo, il Palazzo abbandonato per sempre. Di tutto ciò non accadde nulla, e neppure della riunione familiare in Svezia.   Mary scrisse che Max sarebbe andato in nave a Rotterdam e avrebbe risalito il Reno per venire insieme a Teodolinda a Baden Baden . Lei avrebbe viaggiato con i figli via terra. Teodolinda arrivò là il 21, con Guglielmo. Ha descritto questo soggiorno nel suo diario. Mussard l'andò a prendere alla stazione e l'accompagnò   da suo fratello all'albergo Kleinmann. Al momento dell'incontro, lei naturalmente scoppiò in lacrime. *Max ha un cattivo aspetto, è magro.* Invero era preparata ad una situazione anche peggiore. La cognata era nuovamente incinta e metterà al mondo il 29 febbraio

ancora un figlio, Giorgio. *Marusca è bella, Eugenia graziosa,
Eugenio "à croquer". Io avevo con me le mie figlie…Max mi
riaccompagnò.* Non appena arrivarono i cavalli di Teodolinda, si
partì in compagnia. Il mattino del 1° agosto le case sull'Oos erano
sott'acqua. L'albergo des Anglais fu sloggiato per il pericolo di
crollo. Le cantine si riempirono. Linda corse su dalla zia Stefania,
fece attaccare la sua carrozza e si fece portare le cose della zia, la
quale poi fuggì essa stessa da lei. Il giardino era un lago, il viale
Lichtental fra lei e Max era sott'acqua.   Un ponte crollò e l'acqua
continuò a salire fino a sera. Poi cessò.

A metà agosto Teodolinda ritornò a Stoccarda, e la coppia
russa la seguì per alcuni giorni.. Di là andarono insieme a Monaco,
nel Palazzo vuoto. La divisione dei gioielli ed altri beni ereditari
nella stanza dove era morta la Madre, fu uno strazio, anche una visita
con Zoller ad Ismaning. Il 4 settembre Max Leuchtenberg lasciò
Monaco per sempre. Subito dopo Teodolinda partì per Salisburgo
dalla zia Carlotta e lo zio Luigi. Con questo termina anche il suo
diario, in ogni caso non si è trovato alcun proseguimento per gli
ultimi sei anni della sua vita. Il biografo di Giuseppina riferisce che
lei, nell'anno successivo, aveva visitato Teodolinda e che insieme a
lei aveva pregato davanti ai cuori dei loro cari nel Palazzo a Monaco.
L'occasione per farlo fu grazie ad un soggiorno di cura del re Oscar
a Bad Kissingen. Il figlio maggiore rimase in Svezia. Il resto della
Famiglia andò a trovare lo zio re Luigi nella sua Ludwigshöhe
presso Edenkoben nel Palatinato. *La regina Giuseppina ricorda
molto sua madre, la mia defunta sorella Augusta, "cajolante" come
lei per natura, come nostra madre.* Subito dopo, il 24 settembre,
morì di tifo a Cristiania, il figlio preferito di Giuseppina, Gustavo.
Egli si era raffreddato durante la tempestosa traversata verso la
Norvegia. Lei riportò la salma a Stoccolma. Max le aveva scritto da

Pietroburgo, che poteva immaginare quale triste impressione le avesse fatto la chiesa di sepoltura di Riddarholm. Era terribile non poter sfuggire alla malattia. *Le notizie di Amelia del 17 non sono tranquillizzanti. Linda era piuttosto nervosa. Qui per la moglie ed i figli va tutto bene. Io stesso non sono in grado di dire come sto. I medici mi hanno messo a dieta e a digitale, ed io mi sento debole e stanco. Mi curo e porto avanti la mia vita tranquilla e ritirata. Non sembra che l'inverno voglia cominciare, Abbiamo sempre tre gradi di temperatura, ma solo poca neve. Ad ogni modo, alcune slitte con gli zoccoli di legno si avventurano di tanto in tanto nelle strade.* Questa pare essere stata la sua ultima lettera.

L'ultimo di ottobre, Mussard riferì, per incarico della granduchessa, che Max, al momento di andare a letto, il 16 ottobre, aveva espettorato sangue, come era accaduto più spesso nelle ultime sei settimane. Al venerdì, alla stessa ora, era accaduto la stessa cosa e durante la notte ancora tre volte. Si era comunque riusciti tutte le volte ad arrestare l'emorragia. Aggiunta della granduchessa del 19 ottobre: *Se si riescono ad arrestare le emorragie, c'è ancora una speranza di guarigione, poiché i polmoni sono intatti, nessuna traccia di tubercoli.... Io spero! Mi ripeto questa parola da oggi, domani per mille volte.* 20 ottobre: *Lui è in Cielo con   sua Madre!* Il 27 *l*a vedova ha descritto con molta precisione, con una lettera di undici pagine alle tre cognate, il decorso della malattia dal suo ritorno a Pietroburgo: egli era ritornato allegro e pieno di speranze. Il giorno successivo al suo rientro, aveva avuto un'emorragia, e dopo di allora ancora alcune più piccole ogni tre o sei giorni, sino a che il 17 ne venne una terribile che durò due ore. I diversi medici che lo avevano visitato nei due mesi passati dichiaravano che i polmoni erano liberi, ma che il cuore era ammalato. Nella notte del 17 lo trovò che sputava sangue e molto agitato, seduto sul letto. Il dr.

Fischer gli aveva dato solamente ancora tre giorni. Lei aveva fatto venire immediatamente il suo confessore e per sé il Pope. Al mattino alle cinque, di nuovo un'emorragia, ma poiché non si sentiva debole, si era alzato come il solito alle sette. Al pomeriggio si sedeva su di un divano o guardava dalla finestra i cavalli del suo allevamento che trottavano lì appresso. Alle quattro, ancora una piccola emorragia. Lei lo lasciò mangiare da solo, poi gli mandò i figli uno alla volta. Egli li baciò e li benedisse senza commuoversi. Al più piccolo, che gli tendeva le braccia, egli disse alcuni vezzeggiativi. Fra le nove e le dieci giunsero nella stanza Alopeus, Fischer e l'altro medico francese che egli aveva fatto cercare. Lei leggeva il giornale e Max sedeva sulla sedia con il capo eretto e rideva di cuore alla sua maniera. Quando lei gli augurò la buona notte, egli rispose: "io non ho paura". Lei lo abbracciò, lo coprì e stava andando via, quando il suo domestico Benedikt disse: comincia di nuovo. Il rantolio del sangue ed il soffocamento erano terribili. Egli si gettò sul letto, gridò: muoio e perse i sensi per circa un quarto d'ora.. Mary, i tre medici e Benedikt cercarono di farlo riprendere. Si dovette togliergli dalla gola un coagulo di sangue. Egli rovesciò gli occhi, era pallido come la morte. Lo si bagnò con acqua fredda per farlo rabbrividire, e lo si mise a letto. *Egli vi si accoccolò tremando. Io lo coprii con il mio mantello....Egli mi baciò la mano e disse: "povera piccola, come sei terrorizzata.* Allora lei tentò di portargli il sacerdote. *Oho, siamo già a questo punto, disse lui e gettò uno sguardo verso il medico.*

Mary rispose al posto del dr. Fischer, ciò che le venne in mente "si, se così deve essere" Quando vide le lacrime sui suoi occhi, lui la guardò con aria talmente spaventata, che lei gli disse di avere il raffreddore. Egli si sentì meglio, dormì quattro ore ed ebbe ancora un piccolo sanguinamento. La domenica passò relativamente bene con il polso meno veemente. Egli si esprimeva a gesti. A sera ricominciò la febbre. Il polso scese sotto i cento ed egli si tranquillizzò. I medici si coricarono nella stanza accanto. Lei era sola con lui. Egli dormì poco, tossiva ma non espettorava quasi mai sangue. Attorno a mezzanotte divenne nuovamente irrequieto, ricevette un tranquillante. Egli chiese l'ora.   *" di già?" disse, sapendo che aveva dormito tanto a lungo."non ti stancare"….. Io mi avvicinai, lo baciai sulla fronte, e gli diedi da baciare il mio crocifisso che avevo con me per farmi coraggio. Fu il suo ultimo bacio su questa terra. Poiché la sua agitazione mi sembrava aumentare, chiamai i medici. Un tremendo rantolare. Egli strappò via le coperte e voleva gettarsi dal letto, così che lo si dovette trattenere. L'emorragia si arresta. Gli faccio coraggio. Già soffocando, egli disse "non ho paura, mais j'ét…." E perse i sensi.. Pensavo che avesse perso i sensi, ma era morto. Per un'ora si fecero tutti i   tentativi di rianimazione – tutto inutile. Il sacerdote afferma di avergli dato l'estrema unzione e l'assoluzione quando lui respirava ancora. Che Dio lo voglia!* Tutti notarono l'espressione di bontà sul suo volto. Egli assomigliava molto a suo padre. Per conoscere le sue volontà in merito alla sepoltura, lei aveva chiesto a suo padre di aprire il testamento. *Non vi si è trovato nulla, se non le disposizioni per l'invio del suo cuore a Monaco, cosa che, come credo, ha fatto per voi sorelle… La mia Famiglia lo rimpiange come un figlio, l'esercito come un camerata ed il terzo stato come un amico….Tutti i miei figli hanno pianto molto, specialmente Colly….Quando ho portato Giorgio nei pressi della salma, lui stese tre volte le braccine verso di lui….Nel suo ultimo mese, il suo carattere era diventato ancora più dolce, la sua pazienza grande, ma lo aveva preso un profondo scoraggiamento…."Quando finirà tutto questo! Che modo di essere alla mia età" mi aveva detto.La sepoltura fu commovente sotto tutti i punti di vista. Papà ha fatto venire la sua intera divisione e di ciascun reggimento un battaglione.* Tre mesi di lutto generale, come per i granduchi. La sera precedente il funerale, la vedova fu presente alla chiusura del feretro.

Dopo il Requiem romano-cattolico a "palazzo Maria", la spoglia mortale fu trasferita nella Chiesa romana-cattolica di San Giovanni di Gerusalemme per la sepoltura nel Corpo dei Paggi dello zar, con il seguente ordine:

Tre squadroni del reggimento dei cosacchi della guardia

Un maestro delle cerimonie a cavallo con una sciarpa nero-bianca sulla spalla.

Un ufficiale delle scuderie della granduchessa Maria Nikolajewna a cavallo, in alta uniforme

da lutto.

Due a due i domestici di Sua Altezza Imperiale in livrea di gala, ed i suoi ufficiali di Casa.

Il suo cavallo da sella, condotto da uno stalliere, con equipaggiamento da generale.

Lo stemma del duca, portato da un generale e da due ufficiali subalterni.

Il maresciallo nobile Tamboff ed i nobili del governo, che si trovano a San Pietroburgo.

Tutti gli impiegati della cancelleria ed il capo stalliere di Corte della granduchessa, in uniforme con nastro nero al braccio e la spada – quest'ultima la portano anche i seguenti.

I funzionari dell'accademia imperiale delle belle arti, in uniforme.

Gli ufficiali di tutti i gradi ed i funzionari del Corpo degli ingegneri minerari in uniforme.

Gli ufficiali generali dello stesso Corpo in grande uniforme, a due a due in base

all'anzianità.

Ciascun ordine del duca su di un cuscino, portato da un gentiluomo in uniforme, per primi i

quindici stranieri, poi le sue quattro gran croci   russe.

Un tiro a due con il confessore del duca.

La carrozza funebre con tiro a sei, i cavalli con cappucci neri e lo stemma ducale, portato da

sei stallieri con il mantello da lutto ed i cappelli tirati giù. Sulle predelle due aiutanti del

duca e due ufficiali subalterni. I comandanti della guardia sostenevano i cordoni.

Sua Maestà l'Imperatore con il granduca Costantino Nikolajewitsch, Nicola Nikolajewitsch,

Michele Nikolajewitsch ed il principe di Oldenburg.

Tutti i generali aiutanti, gli aiutanti di bandiera dello zar ed altre persone del suo seguito e le

Altezze Imperiali, a cavallo.

Una compagnia dell'Istituto degli ingegneri minerari.

I reggimenti della 1^ divisione della cavalleria leggera della Guardia.

La seconda batteria leggera dell'artiglieria della Guardia a cavallo.

Otto battaglioni della fanteria della Guardia ed una batteria dell'artiglieria appiedata della

Guardia fanno spalliera nelle strade che il corteo funebre percorre.

Gli aiutanti del defunto duca portano il feretro nella chiesa, assistiti da persone appositamente selezionate, e lo posarono sul catafalco. La veglia d'onore nella chiesa fu svolta da ciascun gruppo della seconda, terza e quarta classe e da un gentiluomo di camera della Casa imperiale. Il feretro era coperto con il manto funebre di un principe imperiale, di broccato d'oro con orlo di ermellino. Le estremità giungevano al piede del catafalco. Gli ordini furono posti, secondo il rango, su cuscini ad entrambi i lati. Una guardia d'onore militare restò fuori dalla chiesa ed alle entrate due sottufficiali. Sei ufficiali subalterni della Guardia, montarono la guardia d'onore ai due lati, due ufficiali dei granatieri del castello a capo e due ai piedi del catafalco in grande abbigliamento da lutto. Per tutto il tempo in cui il morto stava nella bara a Palazzo Maria – sino alla sepoltura – ciascuno poteva andarci; il teatro e gli stabilimenti di divertimento rimasero chiusi. Il giorno della sepoltura, ad un'ora preordinata, si riunirono nella chiesa le Dame di Corte di Sua Maestà l'Imperatrice, di tutti i gradi, il corpo diplomatico, i consiglieri dell'impero, le cariche di Corte di prima e seconda classe, come pure tutti i generali non inquadrati, secondo l'ordine stabilito dai cerimonieri. Le truppe del servizio d'onore ed il corteo funebre presero i posti loro assegnati.

Dopo la fine del Servizio Divino funebre il feretro fu portato dal catafalco alla tomba dalle stesse persone che lo avevano portato in chiesa. Mentre il feretro era portato nella cripta, tutte le truppe armate, ad un segnale sparavano salve a rotazione.

L'ambasciatore bavarese a San Pietroburgo, conte Bray, ha mandato al suo re la descrizione di questo cerimoniale in ventitré capitoli, ed inoltre, il 4 novembre riferisce:

L'accompagnamento solenne della salma è avvenuto oggi dopo il previsto Servizio Divino   nel Palazzo ducale dei Leuchtenberg, nella chiesa dell'Ordine di Malta, secondo il cerimoniale allegato, in presenza di tutta la Famiglia imperiale secondo il rito cattolico. La cerimonia iniziata alle nove, è terminata alle dodici. – Nella notte precedente, l'illustrissima vedova aveva preso commiato in maniera toccante, dai resti terreni di suo marito, circondata dai suoi figli a da tutti i domestici. La prescritta autopsia ha dimostrato un notevole ingrossamento del fegato ed in parte una distruzione dei polmoni. Il cuore del defunto duca, per suo desiderio, sarà portato a Monaco, e per quel che si sente, il suo aiutante, comandante conte Alopeus, sarà incaricato di accompagnarlo là.

La vedova scrisse alla cognata Giuseppina che il mattino era stata nella chiesa maltese per sincerarsi che tutti i preparativi per la sepoltura fossero stati rispettati. Il sarcofago di legno provvisorio era stato sistemato come altare. Lei sperava che quello di marmo sarebbe stato pronto in breve tempo. *Per quello ho scelto il marmo preferito da Max, cioè come quello nella cattedrale di Sant'Isacco. E' verde e ricorda le antiche rappresentazioni della morte.* Sopra vengono quattro angeli oranti e teste d'angeli nel mezzo dei lati lunghi, e sopra una croce bianca. Sui lati brevi, gli stemmi e le iscrizioni. *Sarà semplice, ma bello. Lo scultore incaricato di eseguirlo ha dichiarato di non volere alcun compenso, poiché doveva a Max tanta gratitudine....Max aveva stabilito una notevole somma per la costruzione, nel Palazzo a Monaco, di una degna cappella per la conservazione del suo cuore. Egli trovava quella vecchia mal collocata e triste....meschina. Diceva che si sarebbe un giorno voluto privare di quel Palazzo, il cui mantenimento gli costava del denaro inutile, così voleva saper mantenuta intatta almeno la cappella. Naturalmente non farò nulla in fretta, ma ti riferisco tuttavia le sue intenzioni che mi hanno trovata consenziente.*

Lei era completamente presa dalla sua tutela sui figli, in cui l'aiutavano il fratello Alessandro e due gentiluomini russi. Per gli affari bavaresi era designato lo zio Carlo. Lei era felice che il signor Roux fosse lì e sperava di trattenerlo a lungo. Già nel giorno di San Nicola russo, da duchi di Leuchtenberg divennero principi e principesse Romanowski. Questa era la russificazione della Famiglia dopo la morte di Max, profetizzata dalla Madre. Nonostante ciò, il nome bavarese doveva rimanere ed una parte della Famiglia sarebbe ritornata in Baviera.

Il cuore di Max fu consegnato al principe Carlo, a Monaco, dall'aiutante di bandiera imperiale, comandante conte Alopeus, 18 dicembre 1852, in un'urna d'argento brunito. Sopra, sotto una croce d'argento satinato, quattro teste d'angelo alate, e su due lati lo stemma ducale, l'aquila russa in argento ossidato con corona d'oro, scettro e globo reale. Lo stemma, in forma di scudo a cuore, in smalto. Lo zio Carlo fece celebrare nella cappella una Messa di requiem e fece porre l'urna presso le altre dal lato del vangelo.

La piccola Amelia Braganza, che al commiato a Monaco aveva intuito che non avrebbe più rivisto sua nonna era stata destinata da sua madre per l'arciduca Ferdinando Massimiliano d'Austria. Questo era stato a Lisbona subito dopo il ritorno delle due Amelie, come giovane ufficiale di marina, a giudicare da una successiva lettera, ma una morte prematura le impedì di condividere il destino di lui come imperatore del Messico. Nel febbraio 1852 lei ebbe il morbillo, ma in breve ne guarì, per ammalarsi dopo alcuni mesi così tanto che fu considerata perduta. Un soggiorno in campagna non portò alcun miglioramento. I medici prescrissero anche a lei Madera come ultima speranza, e la madre disperata affittò la Quinta das Angustias, dove anche Max aveva abitato durante il suo soggiorno a Madera. Là lei morì il 4 febbraio 1853 nel suo ventiduesimo anno di vita. L'infelice madre rimase ancora tre mesi a Madera e fondò a Funchal un sanatorio per malati di polmoni, in ricordo di sua figlia. Solo all'inizio di maggio portò la salma a Lisbona. Il feretro fu accompagnato, con grande partecipazione di popolo, sulla nave inviata dalla sua sorellastra, la regina Maria da Gloria. La madre la ricevette accompagnata dal suo maggiordomo di Corte marchese di Rezende, dalle sue Dame e dalle personalità

inviate dalla regina, nella cappella, e camminò insieme al vescovo di
Funchal subito dietro il feretro portato da dodici marinai. Seguivano
i dignitari. Furono distribuite ottocento candele, e questa strada verso
il mare porta da allora il nome della defunta. Sulla fregata era stato
preparato un catafalco. Il 10 maggio ci si ancorò davanti a Cascaes e
si giunse il giorno seguente a Lisbona.

La regina Maria da Gloria pianse accogliendo la sua
sorellastra defunta, che avrebbe dovuto seguire già in novembre
nella cripta dei Braganza di São Vincente de fòra, dopo un parto. Il
feretro della giovane Amelia sarà posto presso quella di suo padre
Dom Pedro.

In quest'anno 1853 il Palazzo Leuchtenberg entrò in possesso
del principe Leopoldo di Baviera. Il padre Luigi, lo zio Carlo, e la
zia Carlotta, che finanziarono l'acquisto, ritennero adeguato ai tempi
che questa coppia con i suoi tre figli e la loro figlia Teresa, si
stabilisse in una propria casa. Per l'estate essi avevano la villa
Amsee presso Lindau, fuori sul lago di Costanza, ma in inverno
vivevano sino ad allora nella Residenza.

Città e principato di Eichstätt ritornarono in possesso dello
stato bavarese, il 21 aprile 1855, essendosi conclusa la recessione del
fidecommesso, ed il castello tornò ad essere una residenza vescovile.
La raccolta di storia naturale curata dal duca Augusto fu incorporata
in quella statale.

Una delle ultime vittime del colera a Monaco, fu la regina
Teresa, morta nel giugno 1854. In Russia morì lo zar Nicola I nel
marzo 1855 ed il fratello di Mary, Sascha, divenne zar Alessandro II.
Mary stessa sposò il 16 novembre 1856 il conte Gregorio Stroganow

ed ebbe ancora una figlia. Essa restò anche come contessa Stroganow, la granduchessa Maria. Secondo Mandt, era sposata anche prima segretamente con il conte Stroganow.

Teodolinda viveva a Stoccarda durante l'inverno e l'estate sul lago di Costanza, occupandosi delle sue figlie e dei poveri, silenziosa e riservata. Suo marito era diventato comandante della fortezza di Ulm. Lei morì dopo una breve malattia il mattino del 1° aprile 1857, e lasciò quattro figlie, delle quali la maggiore aveva allora quattordici anni e la più piccola tre. Le chiese a Stoccarda, sempre piene durante la sua ultima malattia, dimostrano la sua popolarità Fu sepolta nella cripta di Ludwigsburg. Il suo cuore giunse nella cappella sotto la custodia del cugino Leopoldo, ma sembra che sia rimasto sino al successivo inizio dell'anno dopo la sua morte, nella villa sul lago di Costanza e che sia stato trasferito a Monaco solo su ammonimento di sua sorella Giuseppina. Sua sorella Linda le aveva detto,   scrisse al principe Federico di Württemberg, l'esecutore testamentario, che in caso di una autopsia, il suo cuore doveva andare nella cappella di Casa del Palazzo di Monaco., *dove un giorno tutti i nostri cuori dovranno essere riuniti e dove con questa intenzione è stata fatta una fondazione russa.*

Il vedovo sposò nell'anno 1863 la principessa Florestine di Monaco, la quale gli diede due figli. Guglielmo, il più giovane portò avanti la famiglia con una principessa bavarese, Wiltrud, figlia del re Luigi III la figlia Amelia con il duca Carlo Teodoro in Baviera. Sono i duchi ed i principi di Urach.

Due cuori di questa generazione dei Leuchtenberg non sono più arrivati nella cappella sull'Odeonplatz – quelli di Giuseppina e di sua sorella Amelia.

La vita di Amelia si svolse uniformemente e triste nel palazzo con le imposte verdi, in continuo lutto per la figlia, il marito ed il fratello, ma in costante scambio di lettere con la sorella in Svezia e con la figliastra, contessa Isabella Treuberg, in Baviera. Dopo la morte della regina Maria da Gloria in seguito alla nascita del suo undicesimo figlio, suo figlio maggiore Pietro, era diventato re del Portogallo e governò all'inizio sotto la tutela di suo padre Ferdinando di Coburgo, e, dopo il 1855, da solo. Amelia ebbe con lui contatti più stretti quando tre anni dopo egli sposò la principessa Stefania di Hohenzollern-Sigmaringen, che era una nipote della granduchessa del Baden, con lo stesso nome, nata Behauarnais. Essa morì già nel successivo luglio 1859, pochissimo dopo che Giuseppina era diventata vedova per la morte del suo re Oscar di Svezia.. Era l'inizio di una nuova tragedia portoghese.

La granduchessa Maria-Stroganow ritornò a Monaco dopo diciotto anni, all'inizio di quest'anno così tragico per la Svezia ed il Portogallo. Essa scese nel consolato russo. Il vecchio re la invitò nel Palazzo Wittelsbach, con la coppia degli ambasciatori, dovette mostrarle la sua Santa Cecilia di Raffaello e pare che lei l'abbia osservata con sguardo da intenditore. *Più bella che diciotto anni fa, la trovai per lo meno affascinante, poiché allora era magra ed adesso si è riempita..* Solamente la sua voce non gli piacque. *È simile a quella di suo padre, di suo zio imperatore Alessandro, che non sono i soli della sua famiglia, in cui io l'ho trovata aspra.* L'ambasciatore russo gli presentò il suo "scudiere e marito", il conte Stroganow. In luglio la incontrò di nuovo ad una festa musicale a Mainz, con sua madre e le sue due figlie. Queste principesse Romanowsky si erano fatte molto belle, specialmente la diciottenne Marussja.

L'anno 1861, fortunato per la Casa Savoia poiché le portò il Regno unito d'Italia, finì tragicamente per la Casa Braganza. Per una epidemia di tifo, morirono uno dietro l'altro, nel Paco das Necessidades, tre dei figli di Maria da Gloria: l'Infante Ferdinando il 6, il re Pietro l'11 novembre e l'Infante Giovanni il 28 dicembre. Ancora prima della morte di Giovanni, il giorno di Natale, il Magistrato di Lisbona inviò al re Luigi, fratello e successore del re Pietro, l'ordine di lasciare rapidamente lo sfortunato castello. Egli lo fece e si stabilì già nella notte stessa, seguito da una folla di persone con fiaccole,   nel castello di Caxias, abituale soggiorno estivo di Amelia fuori della città. Degli undici figli di Maria da Gloria ne vivevano ancora solamente quattro, il re Luigi, l'Infanta Maria Anna, sposata con il futuro re Giorgio di Sassonia, Antonia, moglie del principe ereditario Hohenzollern-Sigmaringen, e l'Infante Augusto.

Un pacco di telegrammi di Amelia alla sorella Giuseppina, dimostra che negli anni seguenti lei fu molto malata, nel suo Palazzo Pombal e lo scrivere le riusciva molto difficile. Sin dai settant'anni rimase confinata nella casa e sempre di più anche a letto. Si sentiva sola.   Fanny Maucomble era morta, Almeida era molto in Baviera. Giuseppina, che, dopo la morte del suo re Oscar nell'anno 1859, si era ritirata completamente dal mondo ed ancor più di prima viveva per la beneficenza, si preoccupava molto di lei, come dimostra la sua corrispondenza tedesca con la baronessa Stengel. Lei le scrisse, per esempio, il 1° agosto 1864, che l'ultima lettera della sorella le aveva straziato il cuore.

Il grande desiderio delle sorelle di rivedersi si realizzò finalmente nel 1872. Giuseppina venne da Amelia a Lisbona. Molte lettere a Stoccolma, difficilmente leggibili, tradiscono la gioia anticipata della malata e la paura che questa visita non potesse verificarsi. Amelia preparò la sorella al suo aspetto. Lei, dopo ventinove anni, non l'avrebbe riconosciuta. Era incurvata come una donna di ottant'anni, si muoveva solamente dal letto alla poltrona, a letto sedeva quasi eretta.

L'Europa era molto cambiata in questi quasi tre decenni. La Famiglia Napoleone non era più così richiesta. Il cugino Napoleone III, dopo Sedan, era andato nuovamente in esilio in Inghilterra. – questa volta con l'imperatrice Eugenia ed il figlioccio di battesimo di Giuseppina, Loulou. In Francia c'era la terza repubblica, in Germania il secondo impero sotto l'imperatore Guglielmo I.

L'Italia stava sotto lo scettro di Vittorio Emanuele I, - tutti gli altri sovrani della penisola erano stati cacciati. Il Papa Pio IX, a Roma era ora solamente capo spirituale.

Giuseppina, durante il viaggio, vide Parigi, che dal cugino e dall'architetto Haussmann era stata trasformata nella più bella città d'Europa., ma anche le rovine delle Tuileries distrutte dalla Comune, in cui sua madre aveva abitato sotto il primo Napoleone e Luigi Filippo.

Il viaggio attraverso la Spagna verso Lisbona, con l'afa ed il treno che procedeva lentamente, fu orribile. Il 24 giugno lei arrivò, accolta alla stazione da Almeida ed accompagnata da lui all'albergo. Per non essere di peso alla sorella, lei aveva insistito, a fronte delle sue preoccupazioni, per abitare in incognito come contessa Tullgarn, nell'"Hotel de Bragance". Essa arrivò dalla sorella con il batticuore. Questa sedeva sul letto ed ebbe un accesso di tosse e difficoltà a respirare. Durante le due settimane passate insieme, lei poté a stento alzarsi. Per la visita al Panteon di S. Vicente, Amelia mandò alla sorella due corone di fiori, una per la tomba della piccola Amelia e l'altra per quella "de notre pauvre frére".Giuseppina passò la maggior parte del tempo al capezzale della sorella. Al ritorno in Baviera, volle rinverdire i ricordi di gioventù e visitare gli Enzenberg nella Villa Leuchtenberg sul lago di Costanza.

Delle quattro figlie di Teodolinda, a parte Augusta Eugenia, sposata con il conte Rodolfo von Enzenberg, era ancora vivente solamente Matilde, che più tardi sposò il principe Paolo Altieri. Giuseppina scrisse da Lisbona al conte Enzenberg. *Io parto di qui l'8, viaggerò lentamente per Madrid, Pau, Lione, Ginevra e di quando in quando farò diversi giorni di riposo. Per inciso, posso aggiungere che, Dio sia lodato, ho trovato mia sorella meglio di quanto mi aspettassi, e temevo per lei il momento della separazione, poiché lei rimane così sola!! Qui ho visto molte cose interessanti, una terra del tutto particolare con grandiose costruzioni, che spesso sono incompiute per mancanza di fondi. Giardini con tutte le possibili piante tropicali, che da noi si ritrovano solamente in miniatura nelle serre, ed una popolazione che ricorda molto da vicino l'Africa. La terra è coltivata e fertile. Ho visto mucche come non mai. Nella città c'è una "vaceria", dove le mucche non stanno in una stalla, ma in una sala. Vicino ad essa vi è un Caffè con dei tavolini, si dice, dove poi viene servito il latte ancora caldo. L'afa è molto opprimente, ma qui a Lisbona c'è abitualmente una brezzolina mattina e sera, dove ci si può per qualche istante ristorare. La città è costruita su sette colli come Roma, e dall'Hotel Braganza, dove abito, si ha una vista meravigliosa sul Tejo, il porto militare, ed in lontananza si intravede il mare. Al contrario, Madrid è asciutta, calda, ed il chiasso nelle strade dà sui nervi. Il viaggio di trenta tre ore da qui a là è spaventosamente stancante, faticoso, ed era già caldo, quando io stessa ritornai qui. – che cosa capiterà poi adesso.* Era molto felice di rivedere Augusta ed i suoi figli.

La separazione delle sorelle dovette essere tremenda. Amelia seppe dalle sue nobildonne che Giuseppina era rimasta a lungo singhiozzando nell'anticamera, prima di prendere la decisione di partire. Poi, mandò alla sorella lettera su lettera. Giuseppina da Pau fece una deviazione per il nuovo luogo di pellegrinaggio Lourdes. Bernadette viveva ancora, anche se non più lì.

Non solamente nella Villa Leuchtenberg sul lago di Costanza era morta Teodolinda, la padrona di casa, ma anche nella adiacente Villa Amsee. L'Augusta del principe Leopoldo era morta nell'anno 1864, nel quale, a parte questa nuora del re Luigi I, se n'erano andati rapidamente uno dopo l'altro due dei suoi figli, il 10 marzo il re Massimiliano II ed il 2 di aprile Ildegarda, la moglie dell'arciduca Alberto.

Lo stesso Luigi I era morto il 29 febbraio dell'anno bisestile 1868, a Nizza. Regnava il re Luigi II. Sua madre, la regina vedova Maria, viveva ritirata ad Hohenschwangau ed in Tirolo con la preoccupazione per il suo secondo figlio Otto, demente.

Il conte Enzenberg fece preparare la Villa Leuchtenberg per la visita della zia regina. Essa giunse con il "Muffat", cameriera, guardarobiera e due servitori. Il giorno dopo vennero in visita: il principe Leopoldo, suo figlio Luigi, la moglie, l'arciduchessa Maria Teresa d'Austria Este e sua madre, l'arciduchessa Elisabetta – tutti uno alla volta, dalla Villa Amsee. *Giorni dopo,* prosegue Enzenberg nella sua relazione alla madre, *la regina ricambiò le visite ed ancora giorni dopo fummo tutti invitati a pranzo dal principe Leopoldo. La regina era veramente   così straordinariamente amabile, è una tale santa, un tale angelo, che si farebbe qualsiasi cosa per lei ed ogni sforzo è lieve e dimenticato, ed io trovo che la gente dovrebbe solamente sentirsi imbarazzata e ci si può conformare solamente ad essa. Le maggiori virtù, accanto alla grande amabilità, la cortesia, la cordialità, la spigliatezza e la maestà, sono riunite in lei. Ad ogni modo, lei è stata abbondantemente fornita dalla Natura di comprensione, bellezza e salute. Ma lei non ha sepolto i suoi talenti, ma li utilizza per la felicità della gente ed a gloria di Dio.*

Da Villa Leuchtenberg si trasferì   Tegernsee naturalmente dallo zio preferito, Carlo. Dalle lettere di Amelia si deduce che il giovane re aveva messo a disposizione di Giuseppina la "Villa reale" di Berchtesgaden, fatta costruire da suo padre, e che a Monaco l'aveva accompagnata personalmente nel palco reale del teatro di Corte, affinché vedesse meglio il suo amato "Lohengrin". Come per il suo ultimo soggiorno in Baviera, ancora una grande sofferenza attendeva la regina Giuseppina al suo ritorno in Svezia. Allora era morto suo figlio Gustavo, questa volta l'altro, il re Carlo. Ad Amburgo la raggiunse un telegramma, che lui durante un viaggio in campagna si era ammalato gravemente. Nonostante tutti gli sforzi, non le riuscì di affittare una nave per l'immediata traversata. A Malmö lo trovò morto. Poiché il suo unico figlio era morto da bambino, divenne re di Svezia e Norvegia. suo fratello Oscar II, il quale aveva già quattro figli dalla principessa Sofia di Nassau, e fu capostipite dei successivi re; era scienziato e poeta.

Anche con Amelia si giunse alla fine. Lei si spense il 26 gennaio 1873. Giuseppina divenne sua esecutrice testamentaria e principale erede.

Il testamento olografo scritto in francese, è del 16 gennaio 1863. Ciò che proveniva da suo marito Dom Pedro, andava ai suoi figli di primo letto, ciò che essa possedeva in Baviera, ai figli del fratello Max e della sorella Teodolinda, con una eccezione.

Il paragrafo 11 del testamento, suona così:

Nel caso che io non possa durante la mia vita, come è mia intenzione, dare come donazione all'arciduca Ferdinando Massimiliano d'Austria la mia tenuta di Stein in Baviera, così, con l'attuale testamento gli lascio in eredità la suddetta tenuta di Stein con tutto ciò che gli è annesso e ciò che contiene al momento della mia morte. Con ciò voglio dimostrare che io lo amo come un figlio e che mi sarei considerata fortunata di averlo come genero, se Dio mi avesse conservato la mia amata figlia Maria Amelia. La grande selva chiamata Höhenberg, che prima apparteneva a Seeon, costituisce ora una parte della tenuta di Stein. Inoltre assegno all'arciduca un capitale di 40.000 fiorini, dal mio patrimonio in Baviera, per la conservazione della tenuta e della birreria. La tenuta di Seeon, che era una volta un convento, con le piccole valli che le sono annesse ed il castello di Niereid, non fanno parte della tenuta di Stein e rimangono nel mio asse ereditario. Qualora l'arciduca Ferdinando Massimiliano dovesse morire senza figli dal suo matrimonio con l'arciduchessa Carlotta, nata principessa del Belgio, in tal caso la tenuta di Stein andrà a mio nipote Nicola di Leuchtenberg, figlio maggiore del mio amato fratello duca Massimiliano di Leuchtenberg.

Poiché l'imperatore del Messico era morto e non aveva lasciato figli, il principe Nicola Romanowsky fu l'erede di Stein.

Personaggi citati nel testo

ABEL, Carlo von, Ministro di Stato bavarese

Adam, Alberto, pittore di battaglie

Adelswert, Erik Rheinold, conte di-, Consigliere di Stato svedese

Alençon, Sofia, Duchessa di-, nata Duchessa in Baviera*

D'Allarmi, Dama di Corte della Contessa Teodolinda di Württemberg

Almansperg, Conte di-, Ministro di Stato bavarese

Almeida, Marchese di-,

      -      Sofia, Marchesa di-

Alopeus, Conte di-, Comandante

Altieri, Paolo, Principe

S. Amaro, Marchese di-

Andlau, Signorina di-, Dama di Corte della Principessa Teodolinda di Leuchtenberg

D' Andrada, Ministro brasiliano

Antonmarchi, Francesco, medico di Napoleone

Araktschejew, Conte di-

Arco, Ludwig, Conte d'-

Arco-Zinneberg, Massimiliano, Conte d'-

Aresi, Conte di-

Aretin, Rosa, di-, Dama di Corte della Duchessa Augusta di Leuchtenbeg

Argentau, Charles Mercy, d'-, Arcivescovo di Tyr

Aubin, Comandante svedese

Austria, Alberto, Arciduca d'-

- Anna, Imperatrice d'-, nata Principessa di Sardegna

- Carlotta, Imperatrice d'-, nata Principessa di Baviera *

- Elisabetta, Imperatrice d'-, nata Duchessa in Baviera *

- Ferdinando I, Imperatore d'-

- Francesco I, Imperatore d'-

- Francesco Giuseppe I, Imperatore d'-

- Francesco Carlo, Arciduca d'-

- Hildegard, Arciduchessa d'-, nata Principessa di Baviera *

- Govanni, Arciduca d'

- Carlo, Arciduca d'-

- Carlo Ludovico, Arciduca d'-

- Sofia, Arciduchessa d'-, nata Principessa di Baviera *

Austria-Este, Elisabetta, Arciduchessa d'-

BADEN, Carlo, Granduca del-

- Carlo Leopoldo Federico, Granduca del-

- Maria, Principessa del-, nata Principessa Romanowsky

- Massimiliano, Granduca del-

- Massimiliano, Marchese di-

- Stefania, Granduchessa del-, nata de Beauharnais

- Guglielmo, Principe del-

Baillet de Latour, Teodoro, Conte

Barbacena, Felisberto Caldera Brant Pontes, Marchese di

Basdea, Visconte di-

Bassano, Duca di-, *vedi* Maret

Bayard, Marchese di-, Ambasciatore della Regina Maria da Gloria del Portogallo

Baviera, Adalberto, Principe di-,

- Alessandra, Principessa di-

- Augusta, Principessa di-, nata Arciduchessa di Toscana

- Carolina, Regina di- nata Principessa del Baden

- Carlo Teodoro, Principe di-

- Carlo Teodoro, Duca in-

- Ludovica, Duchessa in-, nata Principessa di Baviera*

- Luigi I, Re di-,

- Luigi II, Re di-

- Luigi III, Re di-

- Leopoldo, Principe Reggente di-

- Maria Leopoldina, Principessa Elettrice di-, nata Arciduchessa di Austria-Modena

- Maria Teresa, Regina di-, nata Arciduchessa di Austria-Este

- Maria, Regina di-, nata Principessa di Prussia

- Massimiliano (Max), Duca in- *

- Massimiliano Emanuele, Duca in- *

- Massimiliano I Giuseppe, Re di-

- Massimiliano II, Re di-

- Otto, Re di-

- Teresa, Regina di- nata Principessa di di Sassonia-Hildburg-hausen

Bayrstoff, Baronessa di

Beauharnais, Alessandro, Visconte di-

- Eugenio Rose, Visconte di-, *vedi* Leuchtenberg,

- Eugenio Beauharnais-Bonaparte

- Francesco, Marchese di-

- Nadine, Contessa di-, nata Anjenkoff, moglie del Duca Nicola di Leuchtenberg

- Zeneide, Contessa di-, nata Skobelew, moglie del Duca Eugenio di Leuchtenberg

Beisner, Studente

Belgio, Leopoldo I, Re dei Belgi

Bergheim, Conte di-, Aiutante del Duca Massimiliano di Leuchtenberg
**

Berks, Dr. Francesco, Ministro di Stato Bavarese

Berlioz, Ettore

Bernadotte, Giovanni Battista, come Carlo XIV Giovanni, Re di Svezia e Norvegia

Besserer, Nobile di-

Blacas d'Aulps, Pietro Luigi, Duca di-

Blum, Roberto

Bombelles, Conte, Educatore dell'Arciduca Francesco Giuseppe

Bonaparte, Carolina, Regina di Napoli, † come Principessa di Lipona

- Carlotta Napoleone, Duchessa di St. Leu, nata Bonaparte

- Ortensia, Regina d'Olanda, nata Viscontessa di Beauharnais, † come Duchessa di St. Leu

- Girolamo, Re di Westfalia, † come Principe di Montfort

- Giuseppe, Re di Napoli, poi Re di Spagna, † come Conte di Survilliers

- Giulia, Regina di Spagna, nata Clary, †come Contessa di Survilliers

- Katerina, Regina di Westfalia, nata Principessa del Württenberg, † come Principessa di Montfort

- Letizia (Madame Mère)

- Luigi Napoleone, *vedi* Napoleone III

- Luigi, Re d'Olanda, † come Duca di St. Leu

- Lucine, Principe di Canino

- Napoléon *vedi* Napoleone I

- Napoleone Luigi, Granduca di Berg e Cleve, Duca di St. Leu

Brasile, Amelia, Imperatrice del-, *vedi* Leuchtenberg

- Leopoldina, Imperatrice del-, nata Arciduchessa d'Austria

- Pedro I, de Alcántara, Duca di Braganza, Imperatore del-

-     Pedro II, de Alcántara, Duca di Braganza, Imperatore del-

Braganza, Maria Amelia di-

-     Dom Miguel di-

Brahe, Magnus, Conte di-, Maresciallo del Regno svedese

Braun, biografo della Regina Giuseppina di Svezia

Bray, Otto, Conte di-, Ambasciatore a San Pietroburgo

Bray-Steinberg, Otto Cam. Ugo, Conte di-, Ministro di Stato

Breslau, Enrico di-, Professore

Broglie, Achille Carlo Léonce Vittorio, Duca di-

Bunsen, Cristiano Carlo Josias, Nobile di-, Diplomatico prussiano

CABRAL, Pietro Alvarez

Cabrona, Dom, Governatore di Terceira

Canova, Antonio

Cantagallo, Marchesa di-, Dama di Corte dell'Imperatrice Amelie del Brasile

Carracci, Annibale

Casanova, Dr., medico

Ceara, Duchessa di-

Chambord, Enrico, Conte di-, Duca di Bordeaux

Coligny, Gaspard de-, Signore di Châtillon

Colloredo, Conte di-, Ambasciatore austriaco a Monaco

Comeau, Dr., medico

Cornelius, Pietro, Cavaliere di-

Croy, Carlo, Principe di-

Cumberland, Ernesto, Duca di-

-    Federica, Duchessa di-, nata Principessa di Meklenburg-Strelitz

Custine, Astolphe, Marchese di-

DANIMARCA, Federico VI, Re di-

Dalekarlien, Augusto, Duca di-

Dannecker, Giovanni Enrico di-, scultore

Danthouard, Conte, Generale francese

Darney, Barone, Consigliere della Duchessa Augusta di Leuchtenberg

Delacroix, Eugenio

Deroy, Maria Teresa, Contessa di-

Dichtl, ufficiale di polizia

Dino, Dorotea, Duchessa di-, nata Duchessa di Sagan Biron-Kurland

Dönhoff, Augusto Enrico di- Ambasciatore prussiano a Monaco

Domitilla, Marchesa de Santos, amante di Dom Pedro I del Brasile

Dostojewski, Fedor Michailowitsch

EDOUARD, Maggiordomo di Corte della Duchessa Augusta di Leuchtenberg

Eichtal, Nobile di-

Elßler, Fanny, ballerina

Enzenberg, Rodolfo, Conte di-

-    Augusta Eugenia, Contessa di, nata Contessa del Württenberg

Eugenia, Imperatrice dei Francesi, nata Contessa di Montijo e Teba

FERDINANDO MAX, Imperatore del Messico *vedi*   Messico

Fesch, Giuseppe, Cardinale

Feuerbach, Anselmo, criminalista

Ficalho, Marchese di-

Fischer, Dr., medico

Fischler von Treuburg, Ernesto, Conte

Florenzi, Marianina, Marchesa di-

Francia, Carlo X, Re di-

-    Luigi Filippo, Re dei francesi

-    Luigi XVIII, Re di-

-    Maria Amelia, Regina dei Francesi, nata Principessa di Borbone-
     Sicilia

Freyberg, Massimiliano, Nobile di-, Consigliere di Stato bavarese

GÄRTNER, Federico di-

Galizin, Principe, Gran Maestro dell'Ordine russo

Garde, de la-, Comandante

Gardi, Axel, Conte de la, Governatore di Schonen

-    Giovanni, Conte de la-, Maresciallo di Corte della Regina di
Svezia

Gefrörer, Dr., medico

Gérard, Etienne Maurizio, Conte, Maresciallo di Francia

Gise, Federico Augusto, Nobile di-, Ministro di Stato bavarese

Glincka, Generale russo

Godin, Bernhard, Nobile di-

Gortschakoff, Alexander Michailowitsch, Statista russo

Gourgaud, Gaspard, Barone

Goyaz, Isabella, Duchessa di-, coniugata con il Conte Fischler von Treuberg

Graf, Dr., medico

Gregorio XVI, Cappellari, Papa

Grecia, Amalia, Regina di-, nata Principessa di Oldenburg

-    Otto I, Re di-

HAGEN, Lotte, di-, attrice

Hamilton, Maria, Duchessa di-, nata Principessa del Baden

Hauber, Monsignore

Hauke, Giulia, Contessa di-

Hauser, Gaspare

Haussmann, Giorgio Eugenio, Barone

Heideck, gen. Heidegger, Carlo, Nobile di-, Generale bavarese

Heidelhoff, Carlo Alessandro, architetto

Henin, M., rappresentante di Casa Leuchtenberg a Parigi

Hergraphos, ambasciatore greco a Costantinopoli

Hess, Pietro, pittore

Hessen, Federico Guglielmo II, Principe Elettore di-

- Luigi, Granduca di-

- Matilde, Granduchessa di-, nata Principessa di Baviera

Hessen-Darmstadt, Alessandro, Principe di-

- Maria, Principessa di-

Hessen-Kassel, Guglielmo, Conte palatino di-

Hofstetten, Francesco di-, Generale bavarese

Hohenhausen, Leonardo, Nobile di-, Ministro di Stato bavarese

Hohenzollern-Hechingen, Eugenia, Principessa di-, *vedi* Leuchtenberg

- Federico Guglielmo Costantino, Principe di-

- Paolina, Principessa di-, nata Duchessa di Sagan Biron-Kurland

Hohenzollern-Sigmaringen, Antonia, Principessa ereditaria di-, nata Infanta del Portogallo

- Giuseppina, nata Principessa del Baden

- Carlo Antonio, Principe del-

IGUASSU, Contessa d'-

- Anastasia, Duchessa di-, nata Principessa del Montenegro

- Augusto Carlo Eugenio Napoleone Beauharnais, Duca di-

- Augusta Amalia Ludovica Georgia, Duchessa di-, Principessa di
  Eichstätt, nata Principessa di Baviera

- Carolina Augusta, Principessa di-

- Eugenio Beauharnais-Bonaparte, Vicerè d'Italia, † come Principe
  di Eichstätt e Duca di-

- Eugenio, Duca di-, Principe Romanowsky

- Eugenia Ortensia Augusta, Principessa di-, Principessa di
  Hohenzollern-Hechingen

- Giorgio, Duca di-, Principe Romanowsky

- Giorgio, Duca di-

- Elena, Principessa di-

- Giuseppina Massimiliana Eugenia Napoleone, Principessa di-,
  Regina di Svezia

- Constantino, Duca di-

- Maria Nikolajewna, moglie del Duca Max, *vedi* Russia

- Massimiliano Giuseppe Eugenio Augusto Napoleone, Duca di-
  **

- Nicola, Duca di-, Principe Romanowsky

- Nicola, Duca di-, (figlio del Duca Nikolaus Leuchtenberg-

Romanowsky)

- Nicola, Duca di-, (figlio del Duca Nikolaus di Leuchtenberg)

- Olga, Duchessa di-, nata Principessa Repnin, moglie del Duca Georg di-

- Sergio, Principe Romanowsky (figlio del Duca Massimiliano di Leuchtenberg)   **

- Sergio, Duca di- Principe Romanowsky (figlio del Duca Georg di Leuchtenberg, Principe Romanowsky

- Teresa, Duchessa di-, Principessa Romanowsky, nata Principessa di Oldenburg

- Teodolinda Luisa Eugenia Augusta Napoleone, Principessa di-, Contessa del Württenberg

Leyen, Francesco, Principe del-

Lichtenthaler, Filippo di- Bibliotecario di Corte e di Stato

Liegnitz, Augusta, Principessa di-, nata Contessa Harrach

Lind, Jenny, cantante

Liszt, Franz

Ljungby, Conte di-

Löwenhaupt, Contessa di-

Loulé, Marchese di-

MAGALHAES, Comandante di Vena, Cavaliere d'onore dell'Imperatrice Amelie del Brasile

Maometto II, Gran Sultano

Maierhofer, gioielliere

Maltzahn, V., Nobile di-

Mandt, Dr. Medico

Marchand, Aiutante di camera di Napoleone

Maret, Ugo Bernardo, Duca di Bassano

Maria Luisa, Imperatrice dei francesi, nata Arciduchessa d'Austria, † come Duchessa di Parma

Mark, von der-, Ufficiale di polizia

Masejo, Marchesa di-, Dama di Corte dell'Imperatrice Amelie del Brasile

Massimo, Gabriele, Principessa, nata Contessa di Villafranca

Maucomble, Fanny, istitutrice in Casa Leuchtenberg

Maurer, Gorgio Ludovico, Cavaliere di-, Ministro di Stato bavarese

May, Dr., medico

Mayerhofer, cioccolataio

Mecklemburg-Strelitz, Carlo, Duca di-

Mejan, Maurizio, Conte di-, Maresciallo di Corte della Duchessa

- Matilde, Contessa di-

Montgelas, Massimiliano Giuseppe, Conte di-, Ministro di Stato bavarese

Mortier, Edoardo Adolfo Casimiro Giuseppe, Maresciallo francese

Murat, Achille

- Giovacchino, Re di Napoli

Musignano, Carlo Lucine, Principe di-

Zenaide Carlotta Giulia, Principessa di-, nata Bonaparte

Mussard, Eugenio, segretario del Duca Max di Leuchtenberg

Mussinan, Giovanni Battista, Commissario Capo della Guerra

NACHTMANN, X, pittore

Napier, sir Charles, Viceammiraglio inglese

Napoleone I, Imperatore dei francesi

Napoleone II, Imperatore dei francesi

Napoleone III, Imperatore dei francesi

Narischkin, Principe

Neipperg, Alfredo, Conte di-

- Maria, Contessa di-, nata Principessa del Württemberg

Nemours, Luigi, Duca di-

Nesselrode, Carlo Roberto, Conte di-, Diplomatico russo

Neubert, Baronessa, Dama di Corte della Principessa Eugenia di Hohenzollern-Hechingen

Ney, Michele, Maresciallo, Duca di Helchingen, Principe della Moskwa

OLANDA, Alessandro, Principe d'-

- 	Luisa, Principessa d'-, nata Principessa di Prussia

Öttingen-Wallerstein, Ludovico Crato Carlo, Principe di-, Ministro di Stato bavarese

Oldenburg, Alessandro, Principe di-

- 	Eugenia, Principessa di, nata Principessa di Leuchtenberg

- 	Peter, Principe di

- 	Teresa, Principessa di, nata Principessa di Nassau

Orléans, Adelaide Eugenia Luisa, Duchessa d'-

- 	Ferdinando, Duca d'-

- 	Elena, Duchessa d'-, nata Principessa di Mecklenburg-Schwerin

- 	Luigi Filippo Egalité, Duca d'-

Ostini, Cardinale

Oxenstjerna, Giovanni Gabriele, Duca di

-    Contessa di

PAHLEN, Conte di

Palmela, Marchese di

Palmerston, Henry John Temple, Visconte di

Pappenheim, Carlo, Conte di

Parigi, Luigi Filippo, Conte di-

Paskiewitsch, Maresciallo di campo russo

Patrizzi, Monsignore

Paumgarten, Francesco, Conte di,   Aiutante Generale bavarese

Pechmann, Dr., Guglielmo Giovanni Nepomuceno, Nobile di-

Pedra Branca, Visconte di-, Diplomatico brasiliano

Peel, sir Robert, Statista britannico

Perier, Casimiro, Primo Ministro francese

 Pfeffel, Conte di-

Pfordten, Dr., Luigi Carlo Enrico von der, Ministro di Stato bavarese

Piccolomini, Monsignore

Pio VII, Chiaramonti, Papa

Pio IX, Mastai Ferretti, Papa

Planat de la Faye, Cavaliere

Pocci, Francesco, Conte di-, Maggiordomo bavarese, disegnatore, poeta, musicista

Polignac, Augusto Giulio Armando Maria, Principe di

Portogallo, Augusto, Infante del-

- Carlotta Joaquina, Regina del-, nata Infanta di Spagna

- Ferdinando II, Augusto Francesco Antonio, Re del-

- Ferdinando, Infante del-

- Giovanni VI, Re del-

- Giovanni, Infante del-

- Luigi, Re del-

- Maria da Gloria, Regina del

- Pietro, Re del-

- Stefania, Regina del-, nata Principessa di Hohenzollern-Sigmaringen

Poschinger, Nobile di-

Potemkin, Conte, Ambasciatore russo

Prussia, Adalberto, Principe di-

- Augusto, Principe di-

- Elisa, Regina di-, nata Principessa di Baviera *

- Federico Guglielmo III, Re di-

- Federico Guglielmo IV, Re di-

- Carlo, Principe di-

- Luisa, Regina di-, nata Principessa di Mecklenburg-Strelitz

- Maria, Principessa di-, nata Principessa di Sassonia-Weimar

- Guglielmo, Principe di-, poi

  Guglielmo I, Imperatore di Germania

Puckler-Muskau, Hermann Luigi Enrico, Principe di-

RADETZKI, Giovanni Giuseppe, Conte di-, Maresciallo di campo austriaco

Raimund, Ferdinando

Rauch, Cristiano Daniele

Ré, Conte di-, amministratore dei beni dei Leuchtenberg in Italia

Rechberg e Rothenlöwen, Luigi, Conte di-

Reichstadt, Duca di-

Reindl, Prelato

Reisach, Carlo Augusto, Conte di-, Arcivescovo di Monaco-Freising

Rezende, Antonio, Marchese di-, Maggiordomo maggiore dell'Imperatrice Amelia del Brasile

Rosen, Conte di-

Rossi, Conte di, Ministro delle Finanze Papali

Rothenburg, Contessa, nata Baronessa Schenck von Geyern

Rothenhahn, Nobile di-

Rothschild, Anselmo Mayer, Nobile di-

- Carlo, Nobile di-

Rottmann, Carlo

Roux de Damien, Cavaliere

Rumigny, Conte di-

Russia, Alessandro I Pawlowitsch, Zar di-

- Alessandro II Nikolajewitsch, Zar di-

- Alessandra, Zarina di- nata Principessa Carlotta di Prussia

- Alessandra Nikolajewna, Granduchessa di-

- Elisabetta, Zarina di-, nata Principessa del Baden

- Elena, Granduchessa di-, nata Principessa del Baden

- Costantino Nikolajewitsch, Granduca di-

- Maria Michaelowna, Granduchessa di-

- Maria Nikolajewna, Granduchessa di-, coniugata con il Duca Massimiliano di Leuchtenberg, ** poi con il Conte Grigorij Stroganow

- Michele Nikolajewitsch, Granduca di-

- Michele Pawlowitsch, Granduca di-

- Nicola I Pawlowitsch, Zar di-

- Nicola Nikolajewitsch, Granduca di-

SASSONIA, Albero, Re di-

- Amalia, Regina di-, nata Principessa di Baviera

- Federico Augusto II, Re di-

- Giorgio, Re di-

- Giovanni, Re di-

- Luisa, Principessa di-, nata Principessa di Lucca

- Maria Anna, Regina di-, nata Infanta del Portogallo

- Maria, Regina di-, nata Principessa di Baviera

- Maria Amalia Federica Augusta, Principessa di-

- Massimiliano, Principe di-

Sassonia-Coburgo, Alberto, Principe di-

-    Ernesto, Duca di-

Sassonia-Weimar, Bernardo, Principe di-

Saldanha Oliveira e Daun Giovanni Carlo, Duca di-

Salerno, Clementina, Principessa di-, nata Arciduchessa d'Austria

-    Leopoldo, Principe di-

Sandizell, Sofia Filippina, Contessa di-, Capo del personale di Corte
della Duchessa Augusta di

    Leuchtenberg

Santos, Marchesa di-, *vedi* Domitilla

Saporta, Conte di-, Maresciallo di Corte del Re Otto di Grecia

Sardegna, Carlo Alberto di Savoia Carignano, Re di-

Sauler, Dr., medico

Schenk von Stauffenberg, Francesco Ludovico, Nobile di-, Ministro di
Stato bavarese

Schilcher, Dr. Massimiliano Augusto, di-, Consigliere di Stato

Schmeller, Giovanni Andrea

Schmitt, predicatore privato bavarese

Schnorr von Carolsfeld, Giulio

Schönlein, Dr., medico

Schuh, Maggiore, istitutore del Duca Massimiliano di Leuchtenberg
**

Schwanthaler, Luigi di-

Schwarzenberg, Federico Giovanni Giuseppe Celestino, Principe di-,
Cardinale

Spaur, Carlo, Conte di-, Ambasciatore bavarese a Roma

Spreti, Federico, Conte di-, accompagnatore del Duca Augusto di
Leuchtenberg

Stedingh, Curt Bogislaw Luigi Cristoforo, Conte di-

Steinndorf, Gaspare, Sindaco di Monaco

Stengel, Carolina, Baronessa di-, Dama di Corte dell'Imperatrice
Amelia del Brasile

Stieler, Giuseppe Carlo,

Stiglmaier, Giovanni Battista

Stroganow, Grigorij, Conte, Rappresentante Imperiale in Russia

Sussex, Augusto, Duca del-

Svezia, Albertina, Principessa di-

- Desirée, Regina di-, nata Clary

- Eugenia, Principessa di-

- Federica, Regina di-, nata Principessa del Baden

- Giuseppina, Regina di-, *vedi* Leuchtenberg

- Carlo XIV, Giovanni, Re di-, *vedi* Bernadotte

- Carlo XV, Re di-

- Oscar I, Re di-

- Oscar II, Re di-

- Sofia, Regina di-, nata Principessa di Nassau

- Schwind, Maurizio, von

- Scribe, Agostino Eugenio

- Sebastiani, Francesco Orazio, Ministro degli Esteri francese

- Seinsheim, Carlo, Conte di-

- Senfft, Conte di-, Ambasciatore austriaco a Monaco

- Séverin, Dmitri, von, Ambasciatore russo a Monaco

- Sforza Riario, Cardinale

- Sicilie, Ferdinando II Carlo, Re delle due-

- Isabella, Regina delle due-, nata Infanta di Spagna

- Maria, Regina delle due-, nata Duchessa in Baviera *

- Maria Cristina, Regina delle due-, nata Principessa di Savoia-Sardegna

TAGLIONI, Maria, ballerina

Talleyrand, Carlo Maurizio di-, Duca di-, Principe di Benevento e Duca di Dino

Tamboff, Maresciallo della Nobilà russo

Tascher de la Pagerie, Conte

Tassinardi, Marchese di-

Teichlein, pasticciere

Terceira, Antonio Giuseppe de Souza, Duca di-, Conte di Villaflor

Testa-Ferrata, Cardinale-Vescovo

Thiersch, Federico, Professore

Thon Ditmar, Gottlieb, Nobile di-, Ministro di Stato bavarese

Thorwaldsen, Bertel

Thurn und Taxis, Teresa, Principessa di-, nata Duchessa di Mecklenburg-Strelitz

Torlonia, Famiglia principesca romana

Toscana, Carolina, Granduchessa di-

-    Leopoldo II, Granduca di-

-    Maria Antonietta, Granduchessa di-, nata Principessa delle due Sicilie

-    Maria, Granduchessa di-, nata Principessa di Sassonia

Triaire, Barone, Francesco, Generale

Tunderfeld, Contessa di-

UPLAND, Gustavo, Duca di-

VIEREGG, Conte di-

Voit, Augusto di, architetto

Voltz, Bernardo Luigi Federico von, Consigliere di Stato bavarese

WAGNER, Giovanni Martino di-, scultore

Waldkirch, Clemente, Conte di-, Ministro di Stato bavarese

Weber, funzionario

Wellington, Arthur Wellesley, Duca di-

Wilonski, Conte, Maresciallo di Corte del Duca Massimiliano di Leuchtenberg   **

Windischgrätz, Alfredo, Principe in-, Maresciallo di Campo austriaco

Witte, Conte di-, Generale russo

Wittgenstein, Conte di-, Maresciallo di Corte del Re Federico

Guglielmo III di Prussica

Wolkonski, Principe, Maresciallo di Casa dello Zar Nicola I di Russia

-   Principessa

Wrede, Carlo Filippo, Principe, Maresciallo di Campo bavarese

-   Principessa

-   Eugenio, Principe, Presidente-reggente bavarese

-   Giuseppe, Principe, Comandante russo

Württenberg, Alessandro, Conte del-

-   Amelia, Duchessa del-, nata Duchessa in Baviera *

-   Augusto, Principe del-

-   Cristiano Federico Alessandro, Conte del-

-   Eugenio, Principe del-

-   Eugenia Amelia Augusta Guglielmina Teodolinda, Contessa del-

-   Federico I, Re del-

-   Federico, Principe del-

-   Elena, Contessa del, nata Contessa Festetic

-   Carlo I, Re del-

-   Maria Giuseppina, Contessa del-

- Maria, Contessa del-

- Matilde, Contessa del-

- Olga, Regina del-, nata Granduchessa di Russia

- Paolo, Principe del-

- Paolina, Regina del-, nata Duchessa del-

- Teodolinda, Contessa del-, *vedi* Leuchtenberg

- Guglielmo I, Re del-

- Guglielmo, Conte del-

Woronzoff, Principe, Ambasciatore russo a Monaco

Wrangel, Carlo Gustavo, Conte di-, Maresciallo di Campo svedese

Wurm, Dr., medico

Wurmb, Signora di-

YRSCH, Edoardo, Conte di-, Maresciallo di Corte bavarese

- Conte di-, Comandante di squadra

Ysenburg, Guglielmo, Conte di-, Generale bavarese

ZENETTI, Giovanni Battista von, Ministro di Stato bavarese

Zoller, Ludovico, Barone di-, Aiutante del Duca Massimiliano, poi Maresciallo di Corte della

Duchessa Augusta di Leuchtenberg

Zu Rhein, Federico, Nobile, Ministro di Stato bavarese

NOTE

- * (la linea ducale **in** Baviera è secondaria alla linea **di** Baviera che comprende anche la

- linea regnante)

- ** Massimiliano di Leuchtenberg è chiamato comunemente Max nel testo

- La maggior parte dei nomi sono stati tradotti per lo più anche nel testo, solamente alcuni sono stati lasciati invariati perché intraducibili o caratteristici del personaggio